Every Day Is A Gift
A Memoir

活著的每一天

譚美・達克沃絲回憶錄

譚美・達克沃絲著

郎淑蕾———譯

目錄

獻給我世界裡的喜悅——我兩個美麗的女兒。
妳們要知道，任何事都有可能，每一天都是恩賜。

任務第一。
絕不認輸。
絕不放棄。
絕不拋棄倒下的同袍。

——美國軍隊戰士精神誓詞

台灣各界感恩推薦

「達克沃絲女士是雪中送炭的台灣好朋友，有著感動人心的生命故事。」

——**蔡英文**總統

「一個自由民主鬥士激勵人心的動人故事，一本帶來勇氣與希望的必讀佳作。」

——**吳釗燮**（外交部長）

「絕對是一本老少咸宜的好故事書，真實、溫暖、又勵志。二〇二二必讀，是疫後充電、整裝、重新出發的好推手。」

——**何美鄉**（中研院生物醫學科學研究所兼任研究員）

「我幾乎是用追劇的心情看完達克沃絲的自傳，她生命裡的每個階段都有著不可思議的戲劇性：曾經富裕小康，又陷落在貧困線上求生存的童年；身為亞裔混血兒、女性，卻在最大男人主義的軍中當上了黑鷹直升機的駕駛，被派任伊拉克出任務時敵軍炸爛了她的雙腳，她卻在身殘之後重新站起來，當選了參議員。她在五十歲時仍懷孕，現在是兩個女兒的母親。她總是能在絕境中找到任務，在不可能中看到可能：接受自己的處境，然後採取行動改變它。在疫情籠罩，壞消息大於好消息，容易憂鬱沮喪的年代，我們需要像達克沃絲這樣的真實勵志故事，書中的每個篇章都提醒著我們，人活著的每一天，都是實實在在的恩賜。我們都有選擇，不讓自己活成受害者。」

——**何琦瑜**（《親子天下》創辦人兼執行長）

「注意到譚美．達克沃絲是在二〇二一年六月台灣Covid-19疫情最緊繃時，譚美偕同另外兩位參議員如同聖誕『婆婆』旋風般的代表美國政府送來七十五萬劑莫德納疫苗。讀完了她的傳奇人生，瞭解了她從小到大都處在少數（Minority）族群中，遭遇過許多的不公平及歧視，其人生有如電影劇本不僅曲折且頗為顛簸，但她能一直以正面心態，勇敢、堅韌、積極的克服一道道難關，甚至把自身體會到的不公平不方便，在有權力時去引領改變，用她的影響力讓世界更美好，這應和她內在深層的使命感、道德感、愛冒險等特質有關，不愧是女性領導的一個典範。她在二

○○四年伊拉克戰爭中失去雙腿，在復健過程中，身體與心理的煎熬相信是你我無法感同身受的，然而每每感到絕望之時，她想到不能辜負冒死去搶救她的軍中弟兄們，而轉念決定克服萬難，好好的每天活下去的這種情操與勇氣，是令我最感動的。我認為我們每一個人一生的遭遇都是不同的，如何活出精彩的人生讓生命更具意義卻是我們可以選擇的。」

——**童至祥**（前IBM台灣總經理）

「讀這本達克沃絲參議院的《活著的每一天》，很難不讓人從『美國夢』的角度去理解，畢竟，一位泰裔又有華人血統，在貧窮線上掙扎生存的女性，能透過自身的努力奮進，透過女性從軍，在戰場上負傷身殘卻堅持職守到最後的故事，已經很感人了！卻沒想到，這故事還有續集，是她成為美國最高民意殿堂參議院的一分子，身兼了少數族裔、戰爭英雄、女性身分等等特質。而且，她還年輕，這人生的劇本還可以繼續寫下去！讀這本書，我們可以從另一個側面去理解美國也許沒有外人想像的那麼脆弱！」

——**蔡詩萍**（資深媒體人、作家）

「這本書所傳達的，遠超過作者用文字講述出來的。光是作者在書中三言兩語帶過的政治生涯，她選上眾議員的始末及在任期內推動的改革，都使人心蕩神馳，並對民主生出敬意及信心，而她輕描淡寫的程度，像是她並不認可這些細瑣的段落都是足以獨立寫成幾百頁政治專著的成就。這本書之所以動人，不只在於作者的生命經歷，也在於作者不多著墨的內容，那折射出作者的品格，也或許是我們最期待在當代公眾人物身上看到的——難以置信的傑出，及難以置信的不自戀。」

——**賴淑玲**（大家出版總編輯）

推薦序

在輪椅上飛馳的黑鷹

蕭美琴
台灣駐美代表

美國是台灣在國際間最重要的安全、經貿、價值盟友。台美關係，是台灣最重要的對外關係。為了持續維繫、強化這個重要關係，我們需要朋友。參議員達克沃絲，就是我們在美國國會最真誠的朋友之一。

這本書的前半段，有一段這樣驚心動魄的記載：

二〇〇四年十一月，當時還是黑鷹直升機飛行員的達克沃絲被火箭彈擊落，她的腿瞬間被爆炸高熱汽化消失，戰友拖著只剩半身、滿身彈片、血流不止的她送入戰地醫院，醫護人員為了動手術而緊急讓她昏睡。

這時沒人知道這是否她最後一口氣，或她還醒不醒得過來，而在這一瞬間，她對著醫護人員吐出的最後一句話是：「你最好給我好好照顧我的弟兄。」

真是典型。我不禁回想起第一次跟她面對面互動的場景。

我是在二〇二〇年七月底到達華府的。在抵任之後，因為疫情的關係，有很長的一段時間跟國會朋友都只能透過視訊或是電話來互動。有機會跟達克沃絲面對面實體互動，已經是二〇二一年的六月二十四日。就在那個月初，即六月六日，也就是台灣本土疫情最嚴重的時後，達克沃絲跟蘇立文、昆斯等三位參議員專程飛到台灣，在松山機場宣布捐贈疫苗給台灣。那時我獲悉她剛剛開始接受實體會面，於是立刻安排去拜訪她，當面表達感謝之意。

我還記得那天是下午兩點半左右，我們抵達她在參院Hart辦公大樓的辦公室。她比預計時間晚到了一點點，遠遠的就看到她「飛奔」過來。

真的。坐在輪椅上的參議員，沒有半點行動不便的樣子。她兩手豪邁地狂推輪子，在參院走廊上飛馳而進。百分之百的黑鷹戰士風格。

我送給她一個相框，裡面有她們三人的軍機飛過台北一〇一、以及圓山飯店在她們抵達當晚打出「USA」致謝燈光的照片；我也寫給她一行感謝文字：「**在逆境中，我們看到了真正的友**

誼」（In adversity we see true friendship）。她很高興，也分享了那次訪問的一些其他「內幕」，然後她仔細詢問「還有什麼可以幫忙的地方」。

我們談了很多。其中，由於她的背景，她特別關注台灣的安全、防衛需求，尤其對如何促進美國國民兵與台灣的合作，表達高度興趣。我再三感謝她對台灣的關心與支持。

她也完全沒有讓我們失望。

就在我們會面之後短短三個多禮拜，七月二十日，她就跟共和黨參議員柯寧（John Cornyn）聯名，提出了「台灣夥伴法案」，支持美國國民兵與台灣建立夥伴關係，增進雙方在演訓、教育等方面的軍事交流，及協助提升台灣的後備戰力。

然後，為了盡可能提高這個法案的通過機率，她與參院同僚合力把「台灣夥伴法案」的核心內容納入「二〇二二會計年度國防授權法」，並推動兩院陸續通過。

耶誕節剛過，拜登總統終於在十二月二十七日簽署「二〇二二會計年度國防授權法」，完成立法。「台灣夥伴法案」的核心內容，就在第一二四九條。支持美國國民兵與台灣合作，正式成為美國法律。

她在自傳裡記載，當她在艱苦承受嚴重幻肢痛進行復健時，病房門口貼著的是：

「絕不接受戰敗。」

「絕不放棄。」

「絕不拋棄倒下的同袍。」

這正是她的寫照。在台海安全議題上，台灣與美國是當然的同袍，是共同守衛民主陣營的堅定夥伴。我看到達克沃絲對支持台灣的堅持，就像看到了她的同袍之情。前方無論有多少阻礙，也要奮勇向前，因為就像她說的另一句話，「爛攤子發生時，你不是讓它搞死你，就是你去搞定它。」

我相信，與朋友站在一起，就可以一起面對任何困難。達克沃絲參議員，就是我們真誠的好朋友。

這是一本深刻描寫生命、團隊與絕不放棄的好書。在她幽默又豪邁的筆下，你會不時熱淚盈眶，而看到她如何打破百年桎梏、成為史上第一個帶嬰兒進入參院議場投票的議員的過程，又很難不開懷大笑。很榮幸向所有讀者誠摯推薦。

第一章

滿臉雀斑的「半個孩子」

「譚美，整棟屋子都在搖，都是妳害的！」在阿姨曼谷家的客廳裡，我的表哥雙臂當胸一疊，就這麼嘲笑我。「妳這樣重重踏來踏去，好像肥仔法朗人。」

小時候在泰國，我就是聽「法朗人」這個字眼長大的，泰國小孩對我這種混血兒的各種恥笑我也沒少聽過。法朗人（Farang）源於「法蘭克人」（franc）或「法國人」（française），泰國人用來統稱白人，不過從我表哥嘴裡吐出來還有更刻薄的意思，是說我個頭大、胖嘟嘟、笨手笨腳……笑我跟別人不一樣。我在一九六八年出生，爸爸是身高一八〇的美國人，媽媽是身高一五〇出頭的華裔泰國人，而我比同齡的泰國女孩子來得高大——我的表哥表姊一有機會就拿這取笑我。我在阿姨家的木屋裡走動，腳步比別的女生來得沉，光是這樣就足以引他們拿我的體型「開玩笑」。

泰國表親也覺得他們在其他方面高我一等，而且毫不掩飾。他們會叫我別待在太陽底下，免得長更多雀斑，這在泰國人眼裡是種瑕疵。皮膚凡有任何斑點，他們都嫌那不符合亞洲人習於推崇的白瓷肌：出身高的人不會在戶外勞動，所以皮膚保持柔細，沒有日曬的痕跡。我長雀斑不是因為在田裡或任何地方做苦工——這是從我爸爸身上遺傳來的。可是表哥表姊才不管，只要找得到理由取笑我，他們都高興。

還有一個哏也是他們百說不厭的：「妳爸爸身上有乳酪的味道！」乳酪不是傳統泰式烹飪會

用的食材，很多泰國人覺得那氣味令人作嘔，我小時候也這麼覺得。我大概七歲的時候，我媽媽第一次做乳酪漢堡給我吃，我差點吐出來。乳酪發出倒胃口的惡臭，完全蓋過美味多汁漢堡肉的香氣，那個黏膩的質地也超噁心！長大成人後，我終究養成愛吃乳酪的口味，現在當我緊巴著軟膩牽絲的卡門貝爾（Camembert）或臭氣熏天的史蒂爾頓（Stilton），我祝你有本事把我拉開。話說回來，當年我還是個會為與眾不同感到彆扭的孩子，當表哥表姊摀住鼻子，嘲笑我爸身上那股據說好像有的味道，我還是覺得好丟臉。

在泰國，跨種族混血兒的處境艱難，尤其在一九七〇年代，因為越戰爆發，美國人和東南亞人的關係永遠變了調。父親是「法朗人」的混血兒遭人貶為半個孩子，這不只是一個比喻而已，泰語的「混血兒」直譯成英文真的就是「半個孩子」。同一時間，因為白人衡量美貌的標準正開始傳揚國際，所以泰國人又覺得有些混血的人比較好看。白皮膚、金頭髮、藍眼睛、鷹勾鼻——在他們看來都叫美。這些長相特徵我自然一項也沒有，父親是非裔美國軍人的許多混血兒也沒有，而且很不幸地，比起我們這些父親是白人的混血兒，他們更是飽受欺凌。

我的長相是混合型的：我有一張圓臉和亞洲黃種人的鼻子，眼睛卻是雙眼皮；現在到處流行割雙眼皮手術，我倒是省了這個麻煩。而且我的頭髮是深褐色的自然捲，不過我的表姊都頂著光滑閃亮、有如一簾黑幕的直髮，不像我在熱帶的濕氣裡很容易一頭毛燥。媽為了治服我這一頭雜毛，想盡辦法給我編辮子、別髮夾，最後還是宣告放棄，乾脆給我留短髮算了。

我既討厭被人取笑，也討厭感覺跟別人不一樣，不過我在別的地方就很幸運了。很多美國生父棄我這種「半個孩子」於不顧，但我爸沒有一走了之，任憑我媽帶著我和弟弟湯姆自尋生路。他留在泰國，讓我們成為父母雙全的一家人。

父母的相遇

我爸爸法蘭克・達克沃絲（Frank Duckworth）在維吉尼亞州的溫徹斯特（Winchester）長大，那是個位於藍嶺山脈雪南多亞谷（Shenandoah Valley）的小鎮。他從不知道父親約瑟・達克沃絲（Joseph Duckworth）是什麼樣的人，因為約瑟在一九二九年騎摩托車出車禍身亡，當時法蘭克才十個月大。法蘭克的母親溫妮（Winnie）年方十八就成了寡婦，只好搬回娘家，與父母和兩個未婚的阿姨同住。所以我爸從小跟著四個女人和外公長大，在經濟大蕭條的黑暗年代勤儉度日。

溫徹斯特以三件事聞名。南北戰爭期間，溫徹斯特是最常改變立場的城鎮，在北方的聯邦和南方的邦聯陣營之間反覆倒戈。這也是鄉村歌手珮西・克萊恩（Patsy Cline）的老家，爸在約翰韓德利中學（John Handley High School）念書時就跟她是同學。此外，溫徹斯特自稱是美國的「蘋果之都」。

這個小鎮被果園重重包圍，自一九二四年起舉辦「雪南多亞蘋果花節」，有盛大的遊行和「蘋果女王」加冕典禮。法蘭克的母親與外公外婆家徒四壁，不過他們和許多鄰居一樣，院子裡都有幾棵蘋果樹。所以在大蕭條年間，那是他們一家子唯一永遠不缺的食物。爸凡是肚子餓（他老是肚子餓），大人總給他吃蘋果食品，你能想到的應有盡有：蘋果派、蘋果脆片、蘋果奶油、燉蘋果泥、蘋果汁、蘋果酒。爸靠蘋果活過童年，不過他後來一想到這東西就倒胃口。他也無心留在蘋果之都發展，十五歲就找上地方的徵兵官並謊報了年齡，加入美國海軍陸戰隊。

陸戰隊訓練他成為通信兵，負責架設通訊設備、牽通訊線路。據他說，二戰最後幾個月他在沖繩度過，任務是背著一捆管線從一個散兵坑跑到另一個散兵坑，為戰地電話系統牽線。我無從證實他二戰是不是真的在沖繩，從我們持有的軍隊文件看不出來。但話說回來，那些文件錯誤百出，到處是塗銷痕跡，就連他的出生日期在不同文件也寫得不一樣。我們唯一確知的就是在他從軍初期，他的右臂曾破了很深一道傷口並留下二十來公分的疤痕，就落在他那個有錨、地球和老鷹圖樣的陸戰隊徽刺青上。後來他獲頒紫心勳章，但據我媽說，他餘生不時因為重回戰場的夢魘驚醒。

根據我爸的說法呢，他在入伍大約五年後自陸戰隊退役，參加陸軍一個輔導志願役士兵完成大學學業的預官計畫。他在阿拉巴馬大學念了一年書，後來雖然捨不得放棄學業，還是應召恢復現役軍人的身分，接受任官並受訓成為通信軍官。陸軍派他去法國，一九五〇年代他大半都在那裡架設電話線路和總機，那也是歐洲戰後重建工程的一部分。到了一九六〇年代，美國加強對越南的軍事干預，調遣數千人兵力到泰北支援空軍中隊的戰區飛行任務，爸也奉派前往。然後他就在那裡墜入愛河——不只愛上我母親，也愛上東南亞的生活。

那時我媽媽拉邁（Lamai）年紀二十五歲上下，與哥哥合開一家紀念品店並在店裡工作。經營店鋪於他們是自然而然的選擇，因為在二十世紀初期，他們的父母也在中國潮州開店營生。不過到了一九三〇年代末，毛澤東聲勢漸起，他們的父母擔心共產主義崛起會害他們這種資本家遭受打壓，或是面臨更悲慘的命運，於是他們賣了店鋪，把現金換成黃金，往泰國出發——一路搭火車、步行、乘船，不惜任何方式只求抵達目的地。他們離開中國時已育有兩個孩子，前往泰國途中又生了一個。至於老么，也就是我媽，是一家人總算抵達泰國後在一九四一年出生的。

隨著毛澤東鞏固大權，中國有好幾千人移居泰國，其中就有我媽一家人。他們抵達泰國時已身無分文，但能來到這個泰文意思是「自由之地」的地方，他們滿懷感激。雖然媽依血統算是華人、第一語言是潮州話，不過她不只自認是泰國人，也一點都不想去中國——連去玩都沒興趣。

有一次我問她想不想去看萬里長城，她說：「譚美，那道牆是血淚砌成的，牆裡埋著奴工的屍首。我為什麼會想去參觀？」就她和她的家人看來，在中國，掌權的人暴虐無道，小老百姓受苦受難，他們很慶幸自己逃離了那個地方。

雖然如此，悲劇仍如影隨形。媽還在學走路的時候，有一天，她母親去家附近的河邊洗她的小尿壺。因為年代久遠，詳情已經不得而知，不過她母親不知怎地失足落水，就這麼溺死。雖然媽當時年幼，錯顯然不在她，全家人還是把她母親的死怪在她頭上。從此以後她的父親和手足就狠狠虐待她，兩個姊姊會揍她，父親不願為她付學費，她只好自己設法念了美容學校。唯一沒惡待她的家人是哥哥——長大以後她就跟這個哥哥在一九六〇年代合開了那家紀念品店。

從前我爸會去逛那家店，對滿屋子的雜貨紀念品東摸摸、西看看，不過他其實對我媽賣的東西不真感興趣。他只是對我媽有興趣。他會跟著我媽到處轉，撂撩妹話術引她注意，不過她顯然看另一些也常來逛店的美國大兵比較順眼。一九六〇年代，數千名美國士兵為了支援戰事被派駐到泰北——一群美國大男孩離家千里遠，在那裡追求泰國女生，跟她們約會又讓她們懷上身孕。可是媽深怕和當兵的糾纏不清，心知他們在役期結束後大多會一去不復返。

起初她不知道爸也是軍人，因為他從沒穿著制服在店裡現身過。當時他隸屬於美國陸軍預備役，不過正職是陸軍的聯邦平民雇員。等他們開始約會，他才向我媽吐露實情，當我媽退縮了，他承諾不只會照顧她，也會照顧她的家人，就這麼贏得了我媽的芳心。

媽同意嫁給他，唯一的問題是：爸已經結婚了。

我對他第一任太太所知不多，不過他們倆育有三個孩子——他們生了兩個女兒，還有一個他太太前段婚姻帶來的繼女。在我看來，爸一愛上媽就決定與那個家庭切斷關係。他從泰國飛回家辦離婚，接著馬上回泰國娶了我媽。小時候我總有點忐忑不安，因為爸好像拋棄了他第一個家庭，所以我擔心他哪天搞不好也會就這麼棄我們而去。媽的兩個姊姊絕不放過任何損她的機會，她們咬定爸將來絕對會重蹈覆轍。

我最早的一段記憶來自一九七〇年代初期，當時我三、四歲吧，我弟弟湯姆還在學走路。有天媽把我拉到一旁，跟我說爸要離開一陣子。他接獲命令，要調到芝加哥附近的謝里登堡（Fort Sheridan）服役一年，不過我們其他人會留在泰國，不跟他一起去。我不確定當時她預期我會有什麼反應，不過我跳起來跑進廚房。為了怕爸爸不回來，我打開水槽下面的櫃子，檢查家裡的米夠不夠吃。我看到一大袋米堆在那裡，便鬆了一口氣對媽說：「我們有米，沒事沒事。」

她厲聲說：「別傻了。」一把把我從櫃子旁邊推開。看到我擔心，她心情也不好，而媽只要心情不好，第一反應通常就是生氣。不過她一定也很擔心，因為實在沒人能擔保爸會回來。要是他不回來，媽就會落得孤苦無依，得在排斥混血兒的社會風氣中撫養我們姊弟倆。

對混血兒的歧視深植於泰國文化，就連官方也不例外。我出生幾天後，爸媽去曼谷一個市政廳為我登記，辦事人員卻否決了他們為我選的名字。爸想依奶奶的名字叫我溫妮菲（Winnifred），不過櫃臺後的先生說，除非我取個泰國名字，否則他不會為我辦出生登記。我爸媽和他吵起來，但他堅決不讓步。其實他應該不至於死都不發出生證明給我，但最後媽認為這不值得爭，於是她很快選了拉妲（Ladda）這個名字——在泰國算是普遍又好聽，大致相當於在美國叫安娜或瓊安。

歧視絕不可取，但特別就這件事來說，至少還是有個因禍得福的地方：我因此倖免於溫妮菲這個名字。世界上所有可愛的溫妮小姐，這廂失禮了，不過這名字實在不適合我。說真的，拉妲也不適合——不過媽就像大多數的泰國人，決定叫我小名而不是正式取的名字。她給我的小名是譚美，從此以後別人也都這麼叫我。

被遺棄的女人

爸不在家那一年，我們不得不搬去跟大阿姨同住，那段期間她都在數落我媽，對我媽說我們再也看不到他了。大阿姨會說：「這就是跟美國人結婚的下場，妳早該知道才對！他再也不會回來了。」表哥表姊也拿這來取笑我，他們說：「看！妳的法朗人爸爸不要妳了。美國人都是這樣啊。」

他們會那樣想也是情有可原。我們都看過無家可歸、圓眼鬈髮的「半個孩子」在街頭乞討維生。人人知道孤兒院裡滿是混血兒——美軍父親丟下這些孩子，泰國母親不是養不起就是不想養。這些年紀輕輕的母親有很多備受屈辱，別人冤枉她們跟法朗人上床是賣淫，有些人受家人所逼，不得不與孩子斷絕關係。

越戰時期，在越南、寮國、柬埔寨、菲律賓、泰國，有成千上萬的美亞混血兒呱呱落地。越南人會恥笑這些孩子是「塵土兒」。泰國的美亞混血兒如同在東南亞其他國家，往往淪落社會底層，要是能在餐廳、夜總會、脫衣舞吧混口飯吃，充當異國風的花瓶，就算走運了。有時會有陌生人出錢，跟這些年輕媽媽說要「領養」她們的「半個孩子」。這些領養絕少在檯面上進行，很多孩子其實是被賣了，為人做牛做馬。最悲慘的是，也有無數孩子被賣入東南亞惡名昭彰的性產業，被迫成為性奴。

我還不到一歲時，有天下午媽帶我搭水上巴士，沿著貫穿曼谷市中心的昭披耶河航行。船上有個男人低下頭來看著我，露出笑容，轉頭對我媽說：「她真可愛。」媽點點頭，注意到他衣裝昂貴又操著南泰口音，而且整個人似乎在發抖。那人突然脫口而出：「兩萬五！」這是在開價買我，兩萬五千泰銖大約等於一千兩百美元。顯然他以為我媽是獨力撫養我，或許正走投無路，甚至賣淫維生都有可能。媽馬上發自內心大喊：「不要！」並緊緊抱著我從那人身邊走開。「我才不賣我的寶寶！」她有先生，我有父親——不過有太多別人沒有了。可悲的是，像他那種人，隨便再找也不愁沒有孤兒寡母可以剝削。

對許多美亞混血兒來說，遭人拋棄所留下的傷痕永無癒合之日。直到今天，還是有與我年齡相仿的人會從泰國聯繫我的參議院辦公室，求我們幫忙尋找失聯已久的父親。他們的電郵讀來令人為之心痛：「妳能幫我找父親嗎？他叫山姆，從前是陸軍中士。」此外就沒有更多線索了。有時他們握有一小塊制服布，或是一口棄用已久的軍用小提箱，或是一張黑白老照片，裡面是一臉青春洋溢的美國男人與笑容可掬的泰國少女雙人合影。不得不對這些人說：「很抱歉，可是美國有太多人跟你父親一樣叫山姆了。」實在令人不忍。我能幫就盡量幫，不過那裡實在發生過太多故事，又有太多孩子被丟下不管，這些人的靈魂深深烙下了超過五十年的疑問，答案卻又太少。

如今回頭看，我明白了那時爸要是一去不回，我們會陷入怎樣的絕境。媽年紀輕輕就成了棄婦，帶著兩個美亞混血兒又沒有工作，只能看手足刻薄的臉色過活。我們在流落街頭之前能撐多久？我幾乎肯定會被迫輟學，只能去當女工或幫傭。我知道我媽的性子，她很堅忍，不會拋下我跟湯姆不管。但帶著兩個「半個孩子」，除了回頭過她早年的清苦日子，實在看不到什麼其他出路。

我雖然還小，也知道我們沒有爸爸就沒有未來。我擔心害怕到一個地步，竟然會在阿姨開口數落媽的時候對阿姨大發脾氣——亞洲小孩一般是不會有這種反應的。

我曾經大吼：「他一定會回來！妳怎麼可以講他壞話，妳屋子裡有一半的東西都是他付的錢耶！」一個孩子竟敢這樣頂嘴，阿姨聽了氣個半死，反手就甩我一巴掌。她把我打到求饒，媽從頭到尾只是默默站在一旁。

媽沒有在我挨揍時出面把我拉開，因為她從小也挨這個姊姊的揍，心知要是反抗，阿姨只會加把勁再打。不過她會在事後把我摟進懷裡說：「譚美，以後別這樣了。」她告訴我，我們在阿姨的屋簷底下過日子，要是阿姨修理我，她一點辦法也沒有。我因為這種無能為力的感覺羞憤交加，卻也看得出來媽很感激我為她說話。我也知道我以後絕對、肯定不要讓自己淪落到這種處境，在無辜之人挨揍時只能晾在一旁乾瞪眼。我會做點什麼，就算那不是明哲保身也一樣。

大人物

那一年對我們全家人來說都很漫長，不過爸信守承諾，最後真的回來了。他是很愛我媽、我弟跟我，但我們不是他回泰國唯一的理由。後來我才明白，爸也愛他在泰國能當的那個人。

在美國，法蘭克·達克沃絲永遠只是又一個平凡無奇的大頭兵，一個中下階級男子，在美國某某小鎮省吃儉用度日。可是在亞洲，他是個身高一八〇、體重九十公斤的彪形大漢，旁人幾乎全都得抬頭看他。泰國文化的歧視問題再怎麼嚴重，美國人依舊是大家尊敬的對象。爸的皮夾裝滿美鈔，走起路來有老美的闊氣，他太喜歡在泰國那種身為大人物的感覺了。

隨著越戰接近尾聲，駐守東南亞的美國軍人大多巴不得趕快離開，爸卻找起能讓他留下來的工作，先是在泰國，後來又往柬埔寨、印尼、新加坡等國謀職。他在這些地方的收入不如在美國那麼多，不過他一個外國人在海外的薪水還是比當地人來得優渥——這是他自覺是大人物的另一個原因。

多虧陸軍教給他的技能，他找起工作輕而易舉；到處都有人需要通信專家來安裝總機線路、牽電信網，後來還有衛星小耳朵和雷達站台。他也憑著從前學過的步槍槍法在本地射擊俱樂部擔任職業射手，在飛靶射擊比賽中技壓群倫，並藉此搭起泰國和馬來上流社會的人脈。爸是世界級的神槍手，還拿過總統百大射手標章（President's Hundred Tab），這是每年一度、頒發給排名前一百名的平民與軍隊射手的獎項。這更增添了他的大人物光環，從而幫他找到更多工作。

我們在曼谷過著安逸的生活，爸賺的錢供得起我上泰國私立聖約翰學校的幼稚園。我學會讀寫泰文，很快就手邊拿到什麼讀什麼。媽跟我用泰語溝通；爸通常對我說英語，但我自己不太會講。所以我長得雖然不像那些纖細柔美的泰國女同學，認識的泰國人還是比美國人多。

媽一心想讓我融入當地，為了彌補我半是白人的血統，曾經送我去學泰國傳統舞。雖然我寧可到外頭玩球或偷讀媽的泰文言情小說，不過為了討她歡心，我還是鼓起勇氣在舞蹈教室施展粗手大腳，好像置身小人國的巨人。雖然我跳得不太好，泰族舞蹈之美還是令我由衷欣賞。有些泰國人對我這種「半個孩子」心懷成見，但我依舊以自己的泰國傳承為傲，現在也是一樣。

攝氏三十七度的聖誕節

媽想盡辦法為我跟弟弟注入泰國本色，同一時間，爸則在家打造出他自己的小小美國仙境。每年耶誕節前夕，他都會一頭栽進傑西潘尼（J. C. Penney）和西爾斯（Sears）百貨公司的型錄，郵購一大堆裝潢道具、小飾品和禮物。因為他是駐外軍人，陸軍軍郵局配給他一個收件地址，他訂的東西總會在過節前及時寄達。我們會給弱不禁風的松樹掛上金蔥條和彩色大泡泡燈，直到今天我都搞不懂他哪來的本事，竟然在地處熱帶的泰國搜羅到那些松樹。媽也感染了那個過節的勁，雖然泰國氣溫高達攝氏三十七度，她還是給我穿上扎人的羊毛長襪、紅綠格紋背心裙和長袖毛衣，把我打扮得像個娃娃。至於爸，他總會為湯姆跟我準備紅色塑膠織帶做的那種小聖誕襪，在裡面裝滿黏答答的美國糖果；這些糖在運往亞洲途中永遠逃不過融了又硬、硬了又融的命運。

幾十年後，我去同樣酷熱（但遠沒那麼熱帶）的伊拉克出戰鬥任務，每當我打開美國教會團體寄來的耶誕勞軍包，心裡都會湧起一股愉快的似曾相識之感。我會拆開包裝盒，陶醉在奶油糖與薄荷糖融為一體的氣味裡，旁邊還有化成一大團的水果軟糖。這些糖果讓我瞬間重返多年前在曼谷的童年。

爸很努力為我們打造一個小美國，但我不禁猜想，他寧可要我們留在東南亞或許有另一個更黑暗的理由。爸的家族史可以追溯到美國大革命之前，他在溫徹斯特有好幾代的深厚淵源。如同很多維吉尼亞州的家庭，他們家也有歷史造成的裂痕，有些親戚在南北戰爭中為北軍打仗，另一些親戚又為南軍效命。家族有支持南方邦聯的過去，他自己卻有兩個混血子女，兩者間的落差似乎總令他無法化解。

這在今天已是難以想像，不過當年我父母相遇時，他們在維州不能合法結婚。直到一九六七年六月，最高法院就洛文訴維吉尼亞州（Loving v. Virginia）＊一案做出判決，維州才允許跨種族

＊　譯註：一九六〇年代，維州法律仍明令禁止跨種族通婚，當地居民理查・洛文（Richard Loving，白人）和米德芮・潔特（Mildred Jeter，黑人）相識相戀，為了結為連理便遠赴華盛頓特區結婚，但返家後仍遭維州當局逮捕判刑並被迫離開家鄉，後來經民權團體協助提起一系列訴訟。最高法院於一九六七年判決洛文夫婦勝訴，同時宣告維州相關法律違憲，連帶使得別州禁止跨族通婚的法律一併失效，美國異族聯姻自本案判決起終於全面合法化。

通婚，而就算到了那時候，針對跨族聯姻的偏見和種族歧視還是陰魂不散。我只能推測，爸覺得在異國面對偏見，還是比在自家後院就得面對偏見來得好過些。

就像媽很快發現的，對爸來說，就連帶著他剛建立的小家庭前往戰區，都比回美國來得好過些。

第二章

豪宅裡的小公主

一九七四年，爸接下一份工作，為聯合國開發計畫署在金邊的一個專案接電話線路。當時柬埔寨陷入激烈內戰，掌權的是美國援助的高棉共和國，不過共產分子的赤色高棉叛軍在腥風血雨中逐漸攻城掠地。戰事持續了將近五年，有如對鄰國方興未艾的越戰發出野蠻的迴響。

柬埔寨風雨飄搖，不過六歲大的我渾然不覺。我很喜歡住在金邊。之前我們在曼谷只有一間小公寓，不過在金邊住的是花園透天。我們是聯合國員工眷屬，享有保全措施——住屋被高聳的柵欄環繞，屋前有個配槍的士兵站崗。我不知道守衛上滿膛的步槍不只是拿著好看，也不知道這座首都的暴亂威脅不只迫在眉睫，也從未和緩。我只知道跟士兵玩，還想多學點柬埔寨語好跟他們聊天。

當我回憶我們在柬埔寨的時光，腦海冒出的情景是我們驅車穿過寬闊的大街，有芒果樹和九重葛夾道。我還記得法式圓麵包的氣味，那種麵包外層是金黃脆皮，裡面熱呼呼地飄散著發酵香，柔韌的口感超對味。每次媽媽帶我跟湯姆上市場，她都得一口氣買兩、三個，因為我們一上車立刻掰開麵包狼吞虎嚥，司機還沒載我們回到家，一整個就沒了。金邊繁華又熱鬧，市場的人感覺總是很親切。

只不過，我也會記起另一個場景。一回媽跟我坐車去市場，車子開著開著，她突然抓住我，把我一頭猛壓到車底。她向司機大喊掉頭，我躺在那裡滿頭霧水，臉緊貼著腳踏墊，她按住我的後腦杓不准我抬頭張望。幾分鐘前有一枚炸彈在市場爆炸，鮮血和屍塊在攤位間四散，她護女心切，不想要我目睹慘狀。司機把油門催到底，我們飛也似地直衝回家。

奇怪的是，雖然炸彈愈炸愈接近我們家，我還是不知道害怕。爸媽會帶我跟湯姆站到我們家屋頂上，一起看炸彈在河對岸落下、烈焰直衝天際。爸會說：「譚美妳看，煙火多漂亮。」我信以為真，所以每次聽見爆炸聲、看見飛彈照亮天空，從來沒怕過。

爸也會帶我們去機場看C－130運輸機，有時他就搭這一型飛機去寮國和泰國出差。偶有幾次他去曼谷時也帶我們同行，讓我們去探親。媽對搭飛機沒太大興趣，但我呢，能坐在這些大飛機的機艙後方，從下放的裝卸跳板往外看著叢林、河流和村落在身下疾飛而過，沒有比這更酷的事了。當時的我想像不到的是，三十年後有一天，我會駕駛自己的飛機飛越棕櫚林和村莊，與兒時所見沒太大差別。

多年後，我向媽問起我們家在柬埔寨的經歷，她說那段時間很辛苦。我記得的是繁華的街景和剛出爐的麵包，她記得的則是戰火往首都逼近，我們大半時間都關在柵欄圍繞的家裡。在烽火漸熾的戰區為一雙稚齡兒女的安危操心，她那時的壓力一定大得不得了。爸的工作地點在市區另一端，媽也無從預料他每晚會不會安全回家。到了一九七五年初，美僑大多開始逃離金邊，不過爸還是堅持要我們留下來。他認為美國絕不會任由柬埔寨淪陷，美國大軍隨時都會開來打赤色高棉。

他會說：「等著瞧，他們要來了。」他對骨牌理論深信不疑：只要有一國落入共產分子手中，其他國家很快也會像骨牌倒下一樣紛紛被赤化。越戰打成血淋淋的僵局，我們就算打不倒那裡的共產分子，也一定可以在柬埔寨築一道防火牆。美國也非如此不可！爸有信心，美國人會不惜一切必要手段守住東南亞的防線。他不相信我國政府不會這麼做。

不過，隨著戰鬥往我們的住處逼近，爸終於覺悟他再也不能讓我們一家留在原地。所以在一九七五年四月初，他送媽、湯姆和我搭上飛離金邊的最後一班民航客機。我只記得我們不過就是去機場搭飛機，然而媽在多年後告訴我，我們那時在機場得坐在地板上，背貼著牆並縮在窗戶以下的高度，以免被頭頂上亂飛的子彈打中。

我們安全抵達曼谷，沒多久爸就打電話告訴媽，一枚炸彈在我們家屋外爆炸，彈片破窗而入，飛過他睡的床鋪，把房間另一頭的牆面打得開花。同一星期稍早，他爬在電話線杆上跟一個柬埔寨工人一起牽線，結果天外飛來一枚飛彈落在杆底，萬幸是沒有爆炸。不過爸知道連他也非走不可了，否則恐怕會在金邊送命。

爸是在鷹遷行動（Operation Eagle Pull）中撤離的——那是美軍在當年四月十二號的最後一波金邊空中撤退航班。到了那天，赤色高棉已經包圍首都並完全切斷供給，砲火沒完沒了連番轟炸。五天後，一九七五年四月十七號，赤色高棉發起衝鋒，金邊陷落。我們在最後關頭及時抽身。

西貢淪陷

在曼谷的避風港，我們在電視新聞上目睹了中南半島混亂四起。金邊淪陷兩週後，北越和越共部隊長驅直入，西貢就此淪陷。西貢有很多美國人跟爸一模一樣，待到最後一刻才倉皇離開。

起初他們搭飛機撤離，不過北越軍隊後來開始轟炸新山一國際機場，於是美國發動了史上最大規模的直升機空運，也就是常風行動（Operation Frequent Wind），在二十四小時之內，我軍直升機把大批人員從西貢撤離到南海上的美國航空母艦，總計有超過一千名美國人和五千名越南人。

我在電視上看到那著名的畫面：一架休伊直升機停在西貢某棟建築頂端，民眾爭相爬上梯子登機。幾十年後我自己開始接受軍事訓練，學開同一款休伊直升機，而我的教官有很多是越戰老兵；後來我跟其他飛行員一起出任務，他們的教官也是。我受訓時哪裡知道，這些直升機駕駛在越戰學來的戰鬥飛行技巧有天會救我一命。

我還目睹了更多嚇人的影像：載浮載沉的船隻擠滿一臉驚惶的民眾，他們的孩子在一旁嚎啕大哭。一九七五年春天，成千上萬的越南人除了一身衣服什麼也沒帶，拚命爬上漁船、拖網船和舢舨，巴望抵達海岸外停泊的美國戰艦。此後將近二十年的時間，數以萬計的「船民」踏上離開東南亞的旅途，我看到的就是第一波逃難潮。

雖然我年紀太小，看不太懂是怎麼回事，不過七歲大的我還是被這些情景大為震撼。我知道美國在用直升機救人，擠上船的人希望我們提供保護。我不太確定共產黨究竟是什麼東西，他們又為什麼想做這麼可怕的事，就連可怕的到底是什麼事，我也搞不清楚。我只知道我們之前跟他們打仗，現在他們贏了，美國人要離開。當地人拚了命都想跟美國人一起走，因為他們需要我們幫忙。這讓我感覺很切身相關，因為我跟爸爸都是美國人。我很得意我們是好人，但也困惑，為什麼美國人救不了全部的人？

我對一九七五年民眾擠上船隻的電視畫面留下強烈的印象，後來也親眼目睹難民的困境。爸找到一份聯合國難民援助計畫的工作，負責運送救援物資到泰國的難民營，裡面滿是勉強出逃的柬埔寨人和越南人。有幾次爸帶我一起去，好讓我瞧瞧他是怎麼運送物資的，那些大袋稻米和一箱箱醫療補給品外面都印了美國國旗，我也看到難民是如何在物資運抵時喜出望外。這些時刻讓我感到驕傲。在一個孩子眼裡，一切看來很簡單：美國人就是會扶貧濟弱，打開大門收容難民，會在乎別人的那種人嘛！

爸帶我去參加曼谷醫院和學校的竣工啟用典禮，當我看著美國外交官剪綵，心裡也有同樣的自豪。我在人群中興沖沖地告訴別人：我爸爸是美國人，所以我自己也是美國人。那時我還是從沒去過美國，還要再過五年才會首次踏上美國國土。雖然如此，這些經歷是我打從心底熱愛這個國家的起點。

印尼的美國社區

隔年，我們舉家遷往印尼。爸受聘經營「鄉林別墅社區」（Country Woods Estates，現改名為鄉林住宅區〔Country Woods Residences〕），一片有圍牆大門與外界相隔的高級住宅區，環境打理得有如美國郊區的豪宅，供富有的外僑與他們的家屬居住。鄉林別墅有大約八十棟房子、林蔭街道、一片開闊的草坪，還有網球和籃球場，全座落在雅加達南區一塊幾英畝大的私有土地上。社區內環境宜人，可謂熱帶版的美國小鎮，外緣則被牆頂嵌著碎玻璃的水泥磚牆圍繞，全年全天候都有警衛駐守。

鄉林的住戶沒有印尼本地人，主要是外籍的石油公司主管和商人，偶爾有幾個國際學校的老師——但除非他們是雙薪家庭，否則光靠一個老師的薪水是住不起鄉林的。和平工作團（Peace Corps）的人也住不起，而我們很快就開始瞧不起那種甘願「省吃儉用」、與當地人混在一起的僑民。住在鄉林別墅讓我覺得自己很特別，或許還有點自命不凡。

爸卯足全力把鄉林打造成連續劇《天才小麻煩》（*Leave It To Beaver*）裡面那種社區，對孩子來說也是絕佳的環境。湯姆跟我可以在鄉林裡隨意騎腳踏車閒逛，不必有人看顧也能在多處遊樂場玩耍，社區裡還有個游泳池。我們要是餓了，可以在雜貨店或游泳池的俱樂部抓根熱狗或冰棒解饞，也能來碗印尼炒飯（一種本土料理，炒飯上會加個煎蛋和脆脆的蝦餅），把帳掛在爸媽名下就好。到了萬聖節，鄉林的孩子都會出門玩「不給糖、就搗蛋」，為了迎接耶誕節，全社區一起辦點亮耶誕樹的派對。

爸基本上就是鄉林的總管。他架設交通號誌，為全區安裝專屬的自來水和電力，不過他最酷的成就是把每棟屋子連線，讓大家能同時觀賞他播放的電影，用的是一種新穎的發明：卡式錄放影機。不論VHS或比較昂貴的Betamax，我們都有，爸兩相比較後，宣稱Betamax將來一定會稱霸市場。他熱愛電影，尤其是戰爭片和約翰·韋恩的西部片，於是他安裝好線路，每當他自己想看第N次的《火爆浪子》、《第三類接觸》，或隨便哪部二戰電影，全鄉林的住戶都能跟他一起看。大家嘖嘖稱奇，爸也愛死這種感覺了。在鄉林，他再度成為龍頭老大——那個美國英雄。

他也忙著把湯姆培養成少兒版的美國英雄。身為美國南方老爸和亞洲媽媽的獨子，湯姆集萬千寵愛於一身。大人覺得我該打雜做家事，卻從沒交代什麼差事要他做。爸會花很多時間鉅細靡遺地教湯姆打棒球，我只能在一旁嫉妒地乾瞪眼，希望我能得到弟弟享受的一半關注就好。我們因此手足相爭得很凶，實在可惜，因為湯姆小時候聰明又逗趣。

湯姆從小什麼都能修，六歲就把一具收音機解體又拼回去。他非常喜歡玩遙控汽車，甚至自己從零動手做了一輛。有時要是朋友都不在，我們兩個會一起玩樂高。我們都很有機械頭腦，會花好幾個小時蓋複雜的建築和結構。

湯姆顯然天資聰穎，念書卻念得很辛苦。在我看來他是不用功，不過湯姆不喜歡跟課本硬碰硬，而是在課堂外找到一片天——例如他每次必定入選棒球全明星隊，或是動手做出一個比一個更複雜的電子器材。我恰恰相反，拚了小命想在課堂上拿高分。我實在太想當爸爸的得意女兒了，可是不論我再怎麼努力，他好像從來不以為意。湯姆從不像我這樣需要刻意引爸爸注意，他不必費這功夫。就因為他是男孩，爸總是對他關愛有加。

爸爸是科技知識家，講話大言不慚，遇有不同意見往往嗤之以鼻，所以他在我眼裡好像無所不知。我從沒想過他的見解未必是對的；他會大聲下個定論，然後我們全深信不疑。他一口咬定Betamax會打敗VHS，現在想來也是好笑，不過我後來發現那只是個小例子，他的胡說八道可多了。我們家直到付出了沉重的代價，才曉得爸說的話未必有道理。

我們家在我八歲時搬到鄉林，在我十五歲時離開，我們從沒在同一個地方定居這麼久，我也很喜歡這種感覺。我的死黨安娜就住在同一條街上，我們會一起騎腳踏車到處晃，爬到樹上摘果子解饞，像是外皮粉紅、又甜又脆的蓮霧，或是長了軟刺的紅毛丹。我在雅加達國際學校念書，在那裡學會讀寫英文。等我在幾年後滿了十二歲，爸讓我坐上鄉林維修部的紅色豐田小貨卡的駕駛座，在社區後方的泥土空地教我來來回回練車。這麼做有兩個目的，一來教我開手排，二來順便把地壓平，好讓他把那裡整理成一座棒球場。

每個月我們全家至少會飛新加坡一趟，因為鄉林母公司的總部設在那裡，爸得去開會報告。這可不是無聊又老套的出差——差得遠了。我們都超喜歡去新加坡，那裡簡直是流著奶與蜜的迦南美地。

新加坡這個島國座落在馬來西亞南端，到處乾乾淨淨，有很多超好逛的店，最棒的是……那裡有一家麥當勞。我跟湯姆會因為麥香魚（我跟亞洲朋友大多都最喜歡這個口味）、薯條、奶昔，興奮到不行。超級市場買得到夾心土司餅乾（Pop-Tarts），這種特別的零食在雅加達幾乎見不到——就算你總算找到了，裡面往往生了象鼻蟲或夾著扭動的小蟲。就連媽在新加坡都會敗家，買個指甲油或口紅犒賞自己。不過我們的第一站永遠是冷藏超市（Cold Storage），新加坡兩大超市之一（另一家是費派克〔Fitzpatrick's〕）。

媽會選購各式肉品，讓超市的人放進超低溫冷凍庫。我們在新加坡停留的三、四天期間，肉會凍成磚塊，行程結束時我們再提保冷袋把肉領出來，直接前往機場。每次我們去新加坡必定到冷藏超市補貨，原因是媽雖然大多在雅加達買菜，不過爸拒絕吃那裡的肉。他不信任當地肉類的品質，但這也難怪，畢竟那裡的夾心土司餅乾都會生蟲了。

爸也不信任印尼的牙醫，所以他也帶我去新加坡做牙齒矯正。有幾年時間每次去新加坡，我都要去一家矯正科診所報到，給牙醫調整牙套。雖然這是件苦差事，身在新加坡那種神奇的感覺沒有因此減損。看牙醫只是例行事項，我們家每個月都要一起做的一件事。

那幾年我覺得自己簡直幸運得不可思議。雖然阿姨在我小時候老是尖酸刻薄地唱衰，我們全家人還是守在一起。爸是個嚴父，待我們不怎麼慈愛，不過我很敬佩他，他似乎無所不能、什麼事都有辦法解決。每逢星期天，我不是一起床就跑出去找安娜玩，而是盤腿坐在我家皮沙發旁的地板上，看著爸坐在那裡讀《海峽時報》週日版。他每讀完一張就放到我旁邊的地板上，我接著很快讀過一遍，我們再一起討論當週的新聞和漫畫。

我總是很期待週日早晨的到來，我們父女倆坐在自家舒適的屋子裡，吃了飽飽的早餐，一起享受讀報的樂趣。我小小年紀卻有強烈自覺，我在泰國、柬埔寨和印尼看過很多不如我好命的人，我的生活跟他們相差太多了。我也有所領會，我能在這世上如此養尊處優，憑的是與那遙遠、神秘的美國有血緣關係。

初訪美國

一九八〇年，我十二歲時，終於去了一趟我長久夢想的這個國家。那年夏天我們去美國玩了三個星期，先到夏威夷，接著是舊金山、華盛頓特區，然後是錦上添花的夢幻行程：迪士尼樂園！說也奇怪，我對那次旅行竟然不記得太多細節了。我記得在夏威夷看到呼拉舞者、我們在那裡游泳，也記得爸把我們的迪士尼遊樂器材搭乘券整本弄丟，只好重買，搞得他自己很生氣。不過，我最深刻的回憶跟美國國旗有關。

當時美國剛慶祝建國兩百週年，走到哪都看得到星條旗設計商品，衣服、毛巾、印花大手帕，就連內衣都有。在夏威夷那個星期，我在海灘上看到一個女人穿著美國國旗比基尼，我下巴都掉下來了。拜託，這樣合法嗎？你真的可以拿國旗製作任何產品、想賣就賣嗎？在我從小長大的那些國家，這是完全無法想像的事。

小時候在曼谷，我跟七〇年代的每個小孩一樣，穿那種包小腿的白色長筒襪。襪頭有三槓色帶，顏色的隨機組合之一是兩條紅夾一條藍，不過這很像泰國國旗，所以在當地禁止使用。你要是穿錯襪子，可能會被略施薄懲。生產國旗內衣？就等著吃牢飯吧。泰國政府對國家象徵符號嚴肅以待，你要是一腳踩到泰銖上可能會被逮捕，因為那上面印了泰國國王蒲美蓬的肖像。

所以說，在美國逛大商場，現場直擊星條旗四角褲和胸罩，我十二歲的心靈震驚到無以復加。我不斷四處張望，等警察衝進店裡把大家全抓起來。雖然這沒有發生，我還是不敢相信真有人會買這些東西來穿。而且在光天化日之下耶！

美國人無論想說什麼、穿什麼、做什麼，都享有那麼寬廣的自由，令我很震撼。我習慣的是新加坡這種對人人嚴加管控的地方。那裡禁止嚼口香糖——不論你人在任何場合，被抓到嚼口香糖都要罰款。隨地吐痰可能會吃一張三百美元的罰單。男性乘客要是頂著一頭長髮飛抵巴耶利峇機場，官員會當場把他剪成一頭短髮再放人入境。我念八年級時，美國搖滾天團「吻」（KISS）飛到新加坡開演唱會，星國政府就逼他們卸下舞台妝才准他們踏入國門。

我是在這種嚴格的環境長大的，也覺得這很「正常」，所以見識到美國人的自由真是大開眼界。從小就無拘無束，很容易覺得這些權利理所當然，然而我是透過移民的眼光看待這一切，儘管我並非移民。因為這種種原因，我很小就發現身為美國人的確是得天獨厚。

除此之外，我從來不必想方設法證明自己是美國人，很多人就沒我這麼幸運了。一九八二年，我十四歲，雷根總統簽署了《美亞混血移民法案》（Amerasian Immigration Act）。這部新法案是為了讓美軍的混血子女移民美國，也就是自一九五〇年起在韓國、越南、寮國、柬埔寨、泰國出生，又被美籍父親拋棄的兒童。雷根總統說這是「為承擔我們不能忽視的道德義務，跨出重要的一步」。他也說，「我們對這些孩子該說的不是『歡迎』，而是『歡迎回家』。」

成千上萬的「半個孩子」深受歧視、貧困和被拋棄的精神折磨，他們一定覺得《美亞混血移民法案》有如上天應許了他們的禱告。但現在問題來了：他們得證明自己真有個美國父親。這部法案預期會有這個狀況，所以條文規定，除了「出生與受洗證明，當地民事紀錄，推定為生父者的照片、信件或經濟支援證明」，司法部長也會就「該僑民外貌」加以考量。

這部法案一通過，大批人群馬上蜂擁至東南亞各地的美國大使館，他們都想證明自己有個美國父親。離奇的場面也應「外貌條款」而生：亞美混血的青少年站在美國領事官面前，緊抓著戰時留下的褪色照片，指向自己的捲頭髮、淺色眼珠、雀斑臉。我看到一些孩子，很多年紀不比我大，拚命想拿到他們的美國國籍和護照——我運氣不錯，這兩樣我都有了。這時我照著鏡子，發現小時候令我懊惱萬分的雀斑其實是一大福氣。對很多人來說，有沒有雀斑，人生是在美國當公民或流落難民營的差別。

從很多方面看來，我當時的人生都可謂處處逢源。不過到了一九八二年春天，爸失業了。麻煩也從那時起一一浮現。

第三章

寄人籬下

那一天，我們都在新加坡，享受每月一次的全家出遊。爸跟老闆開完會回到旅館，說他有消息要宣布，叫我們在床上坐好。

「鄉林被賣掉了。」他說——一家跨國企業把它轉手給另一家大企業。我對著他目瞪口呆。這代表什麼意思？我們得搬家嗎？爸被炒魷魚了嗎？

他很快安撫我們：「別擔心，每個人都會留任原職。」他一副滿不在乎的模樣，但我還是不禁有點擔心。在新加坡得知這個消息特別不好受，因為這裡是我們家的逍遙天地，我也知道我們之所以跑得起新加坡，全有賴爸在鄉林的工作。

爸一再保證，公司就算有員工會失業也不會是他。他覺得很有自信的理由，因為過去七年間，他幾乎是獨力把鄉林改善成現在的榮景。我們一九七六年剛搬進去的時候，鄉林年久失修，有一半是空屋。從房屋、周遭環境到基礎設施，這片產業上的每個環節，他都一點一滴整頓翻新。因為有他，鄉林成為雅加達美僑的居住首選，住滿了深愛這一個小美國的家庭。住戶全認識他，也很感激他匠心獨具，把鄉林打理得跟老家沒兩樣，如今想搬進來的人還得排候補名單。

只不過，對新業主來說，爸過去的貢獻都無濟於事。他們知道能雇個薪水不及我爸一半的印尼籍經理，還不用幫忙付湯姆跟我念雅加達國際學校的學費。爸工作起來是很有一套，可惜太貴了。所以在鄉林轉手幾星期後，公司遣散了他，而他也決定，與其在雅加達再謀個職位，我們不如收拾家當搬去新加坡。

離開鄉林讓我很難過。對我這樣好動的孩子來說，鄉林有如人間天堂，又因為我們家在我年幼時不斷輾轉搬遷，鄉林也有如一座安穩的島嶼。雖然我們都熱愛每個月的新加坡之行，卻也很快發現要在那裡安家困難重重。爸沒有立刻找到新工作，星國的食衣住行又遠比雅加達來得貴。我們的手頭很快就變緊了。

爸媽送我去一間規模超小的新學校讀完八年級，全校只有十幾個學生。爸四處應徵，可是雇用美國人要付比較高的薪水，沒有雇主感興趣。奇怪的是，儘管我們的存款逐漸見底，他還是氣定神閒。他說：「沒事的，你們等著瞧，工作轉眼就有！」

如此這般過了好幾個月，他終於應徵上一家航運公司。我不知道那家公司付他多少薪水，總之足以讓爸媽供湯姆念新加坡美國學校、我念東南亞世界聯合書院，一家英式寄宿學校。我要在自己住的城市念寄宿學校，實在沒道理，不過爸覺得我應該學習高尚的儀態和禮節，英國學校似乎正是個好所在。

父女之間

現在我開始上中學了，對學業也自有打算。我下定決心，即便得使出九牛二虎之力都要想辦法跳級，原因出自爸的第一個家庭，他在多年前拋棄的那個家庭。

爸不常提到從前的妻小，但時不時總會漏句口風。我得知在他離開那個家的時候，他的孩子已經到了上大學的年紀。據他說，他們對越戰持反對立場。身為美國在東南亞戰場的陸軍軍官，他覺得他們在批評他的不是。不過我在意的是他有次提到繼女戴安娜時說的某件事。戴安娜似乎是個格外優秀的學生，聰明到在中學跳了一級。

我初次聽他提起這件事，是我小學有次拿成績單回家的時候。我表現相當不錯，大半科目都拿A，少數幾個B，或許團體合奏是C吧，我在這一項向來表現最差（我毫無節奏感卻學了長笛，因為爸說那是很適合女孩子的樂器）。我知道有件事他聽了一定會開心，於是對他說：「爸，你看，我數學拿A！」我又在討他的讚美了，儘管他頂多只會回答：「很好啊，譚美。」可是這一次，我注意到他眼眶泛淚，於是我胸口跟著一緊。我終於得到他的肯定了！他接著激動哽咽道：「妳知道嗎，戴安娜總是每科都拿A。」我聽了下巴都掉下來了。「她過目不忘，還跳過一級。」

從小到大我都知道湯姆是獨子，也是爸媽的心肝寶貝。身為女孩，我拿這一點辦法也沒有。但現在，讓我覺得既震驚又恐怖的是，我發現比起我，爸有個讓他更得意的繼女。在他眼裡她既聰明又獨特，我就不是了。發現這件事讓我大受打擊。

爸隨著年紀漸長，情緒會為了某些事特別激動。他中年以後凡是提到雷根總統、陸戰隊，或是戴安娜，都會泛淚哽咽。他既以他們為榮，也不避諱流露驕傲之情。不過他一次也沒說過以我為榮，而這正是我不顧一切想得到的肯定。

他給過我唯一的正面評價是：「譚美這孩子不是頂聰明，卻頂勤奮。」他說得沒錯。我瘋狂苦讀，常常連午餐時間都拿來念書。只要能勝人一籌，我從來不怕下鐵杵磨針的工夫。可是我真恨聽他那麼說，因為我自認聰明，他竟然不這麼想，很傷我的心。他會說：「好好念書，哪天妳說不定能進杜克大學，跟戴安娜一樣。」

我花了多年時間才明白，爸喜歡把人物和地方形容得極盡理想。他會告訴我們：「我們從前在維吉尼亞吃的玉米甜得不得了！比世上其他玉米都更甜。」他創造出自己的神話世界，從雅加達的《天才小麻煩》社區到無可挑剔的耶誕節（含耶誕樹在內），就連他在東南亞的大人物形象也不例外。當時我不知道，不過戴安娜也是他珍愛的神話人物。她當然真實存在，就我所知也的確上了杜克大學。不過他把戴安娜理想化成一個完美的青年，為我立下無可超越的目標。又因為天性使然，我從未停下追趕她的腳步。

爸不只愛挑剔，有時更流於刻薄。我八歲時想學芭蕾舞，結果他取笑我的身材，說我太壯了。他說：「譚美呀，男生想舉起妳的時候，妳會把人家壓扁了！為什麼不改參加女童軍呢？」他邊說邊笑嘻嘻的，可是我年復一年聽表哥表姊笑我是胖妹，這話直戳我的痛處。

最後他幫我報名女童軍而不是芭蕾課，氣死我了，不過童軍課後來倒是成為我生活中的一線光明。課程中的露營、健行、闖關混戰，我全超愛，而且一路參加到成為一級女童軍（現在叫金章女童軍，相當於鷹級男童軍）。就算我不能像戴安娜一樣念書拿全A，我決心不論嘗試什麼別的活動都要成為頂尖好手。

我為了討爸爸歡心，玩起運動來。我開始打排球和壘球，兩樣都變得很強，先後入選儲備校隊和正式校隊。因為爸中學時曾是鐵餅冠軍，所以我中學也練過鐵餅。他花了不知多少時間訓練我——在我的人生當中，那是我們父女倆唯一有過的重要相處時間。爸是有照的棒球裁判，於是我也追隨他的腳步當起裁判來。他在雅加達組織了一個棒球聯盟，隊伍都由美僑小孩組成。我在他需要更多裁判的時候自告奮勇，也是唯一的女裁判，感覺滿酷的，可是爸從未多加留意；他就只是打發我去當兒童棒球隊的裁判而已。

爸雖然訓練我擲鐵餅，也看過我比賽很多次，卻從沒來看我打壘球和排球。至於湯姆的棒球比賽，他跟媽自然一場也沒錯過。他們伺候湯姆打點隊服，親自載他去球場，我卻得搭隊友和朋友的便車去打我的比賽。

媽媽的愛

媽對我跟湯姆也有差別待遇。她管我的穿著管得超緊，不准我穿短褲出門，因為那樣不得體，甚至有礙觀瞻。當我得練排球或打排球賽，她會叫我穿長褲去體育館，進去再換上短褲，回家時又得穿回長褲。我看過媽年輕小姐時的照片，知道她在六〇年代也相當時髦，是會穿短裙的人。可是一等自己有了女兒，她就變得分外講究端莊得體了。

她老是說：「譚美，妳要好好打扮自己，我不想別人看不起我們。」同一時間，多虧剛發掘的體能天賦，我終於如魚得水，在運動場上綻放光芒。我愛死穿隊服了，那些不知是阿貓還阿狗的「別人」對我的外貌作何感想，我一點也不在乎。

媽在其他方面也很保守。她向來篤信佛教，不過她的保守無關信仰，只是一心想把我塑造成泰國小淑女，讓別人覺得我教養好又得體。有多年時間她都不准我在朋友家過夜，因為她認為我跟一個陌生男人——指的是我朋友的爸爸——睡同一間屋子很不像話。後來她總算准我去我朋友艾莉森・帕森（Allison Parson）家過夜，因為她喜歡也信任艾莉森的媽媽，不過這是難得的待遇。反觀我弟，他想去哪個朋友家過夜當然都沒問題。

媽是負責照顧我們、確保我們吃飽穿暖，永遠陪在我們左右的那個人。不過她不是用尋常的方式表達母愛，不會摟抱人或說安慰的話。我小時候凡是跑進廚房抱她，她都會把我推開，說：「我在忙！」她既不苟言笑，要求也高，全心全意預防我們重蹈她年輕時的覆轍，落得貧困度日或中輟正式教育。要她給溫情慰藉她給不出來，倒是找到另一種方式向我們傾注母愛。

媽花大把時間鑽研廚藝，每次學校辦一人出一菜的餐會或烘焙販賣會，她的目標都是端出全場最棒的菜。要湊齊所需食材並不容易，但她找到了門路。她認識了一個大飯店的德國廚師，於是對他死纏爛打，硬要他吐露德式酸菜和炸肉排的美味秘訣。她先精通了德式烹飪，後來又找到一個女人教她做頂級的派餅和蛋糕。媽在雅加達竟然弄得到奶油乳酪，天知道她是怎辦到的，不過她做的奶油乳酪糖霜胡蘿蔔蛋糕，美味只應天上有（現在也還是做得那麼好吃）。她看到我吃披薩那副饞樣，就學了一手從頭揉麵的工夫，又纏著要那個德國廚師分她一點莫札瑞拉乳酪。她聽說正宗披薩會加鯷魚，於是永遠都會確保她買得到鯷魚。多虧媽的不屈不撓，我到今天都超愛吃鯷魚披薩（別批評我的口味，那就是很好吃嘛）。

爸認為教養孩子就是跟我們討論《雅加達郵報》和《海峽時報》的最新報導，還有指導我們玩運動。為了學會他認為我該掌握的技能，我會花大把時間下苦功。我開始開車時，他告訴我：「妳應該要知道怎麼給車子換輪胎跟機油。」我二話不說，馬上就學。後來在很多年間，朋友都會要我幫忙修洩氣的輪胎，我成了大家的私人修車師傅。

從前我並不覺得自己對爸的肯定求之若渴，現在回頭看卻再明顯不過。我想當他的得意女兒，卻好像怎麼也無法企及。所以，要是我能引他關注的唯一方式是學換車胎，我就照辦。或許他其實很為我這個女兒感到光彩，只是嘴硬不肯說出口，或想激勵我精益求精。無論如何，我總是不斷逼自己更進步、更聰明、更強壯——永遠在追逐一個可望而不可即的目標。

不過，後來我確實了了一樁念念不忘的心願——我設法跳過了九年級。這一部分得歸功於我從英制的東南亞世界聯合書院轉學，改念新加坡美國學校。英美教育體系的年級不完全對應，所以我在一間美制小學校念完八年級後，進聯合書院念的是英制九年級的第二學期。一年後我轉回美國學校，又能再度跳級半年，從十一年級念起。我或許沒有過目不忘的本事，至少趕上了戴安娜跳級的紀錄。爸沒注意到就是了。

寄人籬下

我們搬到新加坡的第一年，爸被航運公司辭退，從此以後他似乎怎麼也找不到工作了。不論他應徵多少次、拿到多少面試機會，對方總是說他資歷過高、開價太貴，又或者，五十五歲已經太老。世界上不是所有國家都像美國有禁止就業歧視的法規，在東南亞，雇主常在徵人啟事上明列該職缺偏好的性別、年齡，甚至是種族。

有一兩次爸找到了短期工作，例如為石油開採公司管理工作營地。雖然這讓我們家經濟暫時無虞，他從未應徵上長期職缺。媽提議搬到美國，爸卻否決了。我們以為他只是頑固——我們想得也沒錯——我們沒想到的是，他其實也害怕。他在亞洲待了幾十年，不確定自己回到美國本土還能不能如常生活，在美國就業市場又有沒有競爭力。

所以他依然像被鄉林解雇一樣，不斷拍胸脯保證絕無問題、他馬上就會找到工作。然而住在新加坡很貴，我們念的私校學費也在掏空父母的銀行帳戶。媽跟我在失望之餘，開始懇求他帶全家人去美國。可是爸就是充耳不聞。他想留在東南亞，而且還是老樣子，反覆堅稱理想工作轉眼就來。

我心裡多少知道他在吹牛，卻不可能開口點破他。在我們家，男人為大：吃正餐的時候，爸永遠先盛第一塊雞肉，然後是湯姆這個兒子，再來是我，最後才是媽。爸是我們這座城堡的國王，不是媽有資格質疑的，我們姊弟倆頂嘴就更天理不容了。爸如果說我們不搬去美國，我們就不搬。除此之外，我們全家只有他在美國住過，他顯然最懂，我們除了相信他還能有什麼選擇？

雖然如此，我能感覺到爸逐漸陷入絕望，又因為家裡除了他只有我英文程度夠好，於是我開始幫他在專業雜誌和國際報紙上找徵人啟事。我會把這些報刊仔細讀過，圈出職缺在東加群島、阿曼或菲律賓的廣告。爸會說：「是啊，我一定能拿到那個缺！我的資歷完全符合。」我們打好求職信和簡歷，裝進信封寄出，然後一等再等又等，卻總是一點回音也沒有。

我們家在新加坡那些年花錢如流水，終於在一九八四年、我十一年級快念完的時候，我們家拮据到一個地步，爸不得不帶我去銀行，要我把自己儲蓄帳戶裡的錢提領出來。我的存款只有三百美元上下，都是生日和耶誕節的禮金。我把鈔票遞給爸，他拿這湊成一筆款子，買了我們回曼谷的機票。泰國的生活消費便宜多了，我們在那裡也有家人。我們得設法另起爐灶，而這在新加坡顯然再也不可能了。

一九八四年六月，爸媽帶著弟弟飛往泰國，可是我沒有跟他們一起走。高中的田徑教練貝克老師給了我一份暑期工作，讓我去馬來西亞當寄宿露營的輔導員。我去樟宜機場為家人送行，在朋友家度過新加坡的最後一夜，隔天早上就啟程前往馬來西亞，行囊只有一個小背包。

十六歲的我在馬來西亞獨自前行，一路搭乘巴士和嘟嘟車（一種三輪自動人力車）來到豐盛港這個濱海小鎮。我口袋裝著貝克老師給我的一家雜貨店地址，到了以後，我用馬來語（跟印尼語很像）對老闆說：「Saya akan berkerja di Camp Castaway untuk Pak Baker」——「我要去浪民營為貝克老師工作。」他領我到碼頭搭上漁船，駛向南海，前往營地所在的一座彈丸小島。

大豬島（Pulau Babi Besar）是個幾無人煙的地方，島嶼一端有座小村子，只有幾個馬來人住在鐵皮屋裡，他們養的牛和雞在泥土路上隨意漫步。浪民營位於大豬島另一頭，營區有一座長型房屋連著一片面向大海的超大陽台。浪民營的宣傳小冊說：「這裡沒有收音機、電視、錄影帶，也沒有垃圾食物。在沒有商店的小島上，有錢也不管用。」我們地處叢林，遠離文明世界——我愛死這塊地方了。

在浪民營，我們教小朋友釣魚、採集熱帶果實、搭設掩蔽處、不用火柴的生火法。那年春假我來參加過營隊，貝克老師看到我在叢林裡跋涉時女童軍模式全開，摘野鳳梨、挖芋頭、殺魚清理內臟外加野炊，樣樣都來，於是他說：「妳今年夏天非回來幫我工作不可。」對我來說，這是畢生難得的機遇。我可以過著原始的生活，在叢林裡闖蕩，而且還有人會付三百美元讓我這樣大玩特玩？本人欣然接受！我熱愛當露營輔導員，那年夏天結束時真教人依依不捨，尤其是因為我不會回新加坡的家了。我要飛去曼谷，跟家人擠一間租來的鴿子籠公寓。

我收下貝克老師發的三百美元薪水，前往機場，並且在免稅商店幫爸買香菸。我想買他最愛抽的「高檔」牌子：閃亮紅金雙色包裝的登喜路（Dunhill）。從前我們每個月去新加坡，他要是得跟老闆開會，就會差我幫他跑腿買這種菸。雖然我們現在一窮二白，我還是有那筆夏令營的薪水，我知道我買得起兩條菸，給爸一個驚喜。我希望這些代表他身價不凡的香菸能提振他的心情，也希望我賺錢補貼家用能博得他的稱讚。

我獨自飛往曼谷，自己找路抵達我們家的公寓，然後得意地把菸遞給爸。他只說：「嗯。謝謝。」這冷淡的反應很傷我的心，可是接下來幾天，每次只要看到他打開菸盒來一根，我還是不禁有點得意。我也把我賺的現金全交給他了。我從沒想過把錢留給自己，儘管那時爸爸終於、總算又找到一份工作，再度為一家運送物資到聯合國難民營的公司效力。我開始在曼谷國際學校念十二年級，同時盼望我們家時來運轉。

不過希望很快破滅。據媽說，爸發現難民營的主管貪汙（不是竊占就是收回扣），而那些主管一發現爸知情立刻要脅他，硬是逼他辭職。我無法證實箇中細節，但不論實情如何，總之爸不出幾個星期又宣告失業。我們負擔不起那間租來的小公寓了，只好又一次收拾家當，去住媽的二姊家。

我們至此已經搬過無數次家，每個人都把各自在這世上的物品削減到只剩一口行李箱的量。

直到今天我都是世界打包冠軍，什麼東西我都塞得進行李箱，因為我從前非如此不可。我們在東南亞最後那兩年，每隔幾個月就搬家。有些美僑小孩，例如我弟湯姆，長大以後不論哪種旅行都討厭，但我一直樂在其中。我可以提起一卡塞得超緊實的行李箱說走就走，去哪裡都好。

幾乎哪裡都好啦。我對阿姨家就不感興趣了，我爸媽也是。

少一張機票

爸媽為我們辦退學，我們一家四口搬進二阿姨在曼谷的家。那棟木造小屋沒有冰箱，廁所也只有亞洲蹲式馬桶。爸似乎因為最後這次挫折一蹶不振。他大多待在樓上房間裡，幾乎從不下樓露面，顯然為了自己不能養家活口感到沒臉見人。

接下來大約一個月時間裡，媽向舅舅借錢度日——跟她合開過紀念品店的那個——二姨則為我們張羅溫飽。後來我們才知道她這麼做不安好心。二姨後來竊占媽名下的一小塊土地，作為這段時間她幫助我們的「回報」。她偽造文書，弄得好像媽同意把地轉讓給她。

媽是縮衣節食、自掏腰包買下那塊地的。那是她在世上最有價值的資產，因為到了這時候，她已經被迫典當了高級縫紉機和所有的珠寶。那塊地於她也不只有帳面價值，更是一個穩當的象徵——那是張安全網，一片她知道自己永遠都能回歸的土地。她年幼時家貧，成年後又跟著爸賃屋而居，而她想要一個自己的家。那塊地承諾了一個安穩的未來，是她辛勤勞動又在喪母後堅決求生的回報，而她姊姊就這麼把它從她腳下搶走。

我們現在真的身無分文了。爸毫無工作的指望，他在難民營舉發主管收回扣也自斷了後路。二姨不想對我們供吃供住一輩子，就算她想，我爸媽也絕對承受不起。我們家一籌莫展，實在看不到任何出路，所以我們懇求了爸這些年，現在他終於同意回去他的出生地美國——一個他離開將近二十年的地方。我們得借錢才能回去，而我們開口的對象是媽唯一還願意伸援的手足——我的舅舅。

太好了！我興奮得飛上天，我們終於、總算要搬去美國了，那是我這輩子夢寐以求的國家。在那裡，爸會找到工作，我們家的生活可以恢復正常。

可是當媽說：「譚美，我不會跟你們一起去。」我的喜悅轉為震驚。

舅舅的錢只夠借我們買三張往檀香山的單程機票，不夠幫媽也買一張，況且就算他有那個錢，媽也不是美國公民，沒有必要的證件。即使老公小孩是美國公民，媽還是得辦簽證才能赴美定居，可是我們連個讓她申請簽證用的美國住址都還不知道在哪裡。

所以一九八四年十月，爸爸、弟弟和我再度收拾行囊。我們從曼谷市搭車到廊曼國際機場，媽也來送行。我不敢相信我們真要丟下她離開，可是她就站在那裡，一邊把小包食物塞進我們手裡，一邊說：「護照帶了沒？外套呢？」她擁抱了我們每一個人，然後轉過來看著我。

媽跟我向來用泰語溝通（現在也一樣），因為爸泰語說得不太好，所以這有如我們母女倆的秘密語言。她用泰語對我說：「譚美，好好照顧妳弟。好好照顧妳爸。現在由妳持家了。」我才十六歲，不過我知道她說得沒錯。爸不下廚，也從沒真正費心帶過我跟湯姆。我們想在夏威夷安頓下來，得靠我照料全家。我既是長女也是唯一的女兒，照顧家人是我的責任。即使在當時我也心知肚明，以後等爸媽老了，媽自己需要人照料的時候，這些也還是我的責任。我的責任感一向很強，這是我第一次真正的考驗。

臨別最後一刻，我們即將登機時，媽把一張紙按進我手裡，對我說：「這是阿姨的地址。」接下來不知多久時間裡，這就是我跟她唯一的聯繫了。我把那張紙塞進口袋，緊緊摟了媽一下，轉身往登機口走去。

第四章

海灘上的打工妹

我們降落檀香山時只帶著兩百美元，沒有落腳的地方，也不知道接下來該作何打算。在機場，爸買了一份《檀香山廣告商報》，我們開始翻找裡面的旅館廣告。有家旅館看起來不太貴，離威基基海灘（Waikiki Beach）不遠，於是爸決定試試。他花了寶貴的一角硬幣打公共電話，確認旅館還有空房，我們便搭公車前往那個暫時的新家。

我們入住後打開行囊，突然間，爸又自信滿滿了。

他對我跟湯姆說：「太好了！我會找到工作賺點錢，然後我們會把你媽接來。一切都會順利解決。」我很高興看到他雙眼恢復神采，儘管我們家最近亂七八糟，我還是信了他。我向來崇拜爸爸，如今我們結束這些年的顛沛流離回到美國，我相信他一定會找到工作，讓我們全家團圓。

沒過幾天，美夢就破滅了。要住旅館又要餵飽三個人，兩百塊很快就花得差不多了，我們在第一個星期快結束時就陷入恐慌。

爸說：「我們得搬出這家旅館。」

我問他：「搬去哪裡？」恐懼和沮喪在我胸口漲起。我們無處可去，是要怎麼離開？他覺得我們三個拖著行李去睡公園就得了嗎？

爸答不出來，於是做了他唯一想得到的一件事：打電話給本地的美國退伍軍人協會（American Legion）。退伍軍人協會在一九一九年成立，是美國榮民的會員制組織，宗旨之一是「傾力互援互助」（devotion to mutual helpfulness）。爸顯然希望我們能獲得那個「援」跟「助」的部分。

蟑螂小屋

接電話的人聽爸解釋了我們的處境，接著要爸拿紙筆，說：「把這記下來。」隨即很快說了一串數字。「你打這支電話去找退伍軍人協會附會一個女的，她能幫你。祝你好運。」爸撥了那個號碼，那個女人接聽了，並且跟他說了一個地址，叫他現在就過去。

我們窮得沒錢坐計程車，只好搭公車，這趟路漫長得好像永遠到不了。我們下車時天已經黑了，接下來爸、湯姆和我走去那個女人的家。門應聲打開，我們姊弟倆拖著腳步進門，爸就跟在後頭。客廳裡的座椅不夠我們全部人坐，那女人坐在一張懶人休閒椅上，我一屁股坐到她旁邊的地板上。我聽到椅子在她俯身時嘎吱作響，她問我猜不猜得出來她年紀多大了。我搖搖頭。

「我九十歲了，妳覺得怎麼樣？」她問我。

我那青少年的腦袋瓜一下子轉不過來。所以十六年前我出生的時候……這個女的已經是七十四歲的老古董了！我這輩子曾有兩次覺得無法理解眼下的現實，一次就是跟這個阿婆見面，另一次是事隔很多年以後，我去伊拉克服役時，第一次踏進巴格達攝氏五十二度的高溫裡。那是一種茫然的感覺，腦袋無法理解身體感受到了什麼。那天在夏威夷，我的理智無法接受爸正在告訴一個老到不行的陌生人：我們身無分文、沒地方住，與遊民只有一線之隔。

那個女人——我真心希望自己想得起她的名字——開始一項一項吩咐我爸：「你得去申請食物券，給孩子註冊上學。學校有補助營養午餐，這對你們也好。」等爸告訴她我們自抵達以來都住旅館，她說：「不行不行，你得找間公寓。」可是，既然我們沒錢付首月房租和押金，哪個房東會願意租給我們？在那令人作嘔的一瞬間，我懂得了好好一個人怎麼會流落街頭：你要是沒錢就租不到房子，沒有房子就找不到工作。這種循環一旦啟動，掉進去就幾乎不可能再爬出來。我也突然驚恐萬分地醒悟，我自己的家庭正處於淪入這循環的邊緣。當下我簡直就想吐在客廳地板上。

就在這時候，這個天使化身的女人探進她的皮包，拿出一本破舊的支票簿。在我們屏息矚目之下，她開了一張受款人是法蘭克·達克沃絲的個人支票，在金額欄填了五百元。她小心撕下那張支票遞給我爸，說：「拿這去租間公寓。」她跟爸說了個可能有空房的住宅中心，又建議他去旅館打工，直到生活能自立為止。她又說：「還有，你明天第一件事就是去公共服務部（Department of Human Services）申請食物券。」接著也把公共服務部辦公處的地址給他。

爸點點頭，不是驚訝過度就是窘得說不出話來。所以我在此時挺身而出，對那個女人說：

三歲的我攝於曼谷。即使在炎炎熱帶，媽還是喜歡給我穿褲襪。(1A)

一九七〇年代初期，媽、我、爸，和我弟湯姆。(1B)

一九七一年，與我們家的聖誕樹合影。爸在東南亞是怎麼年年都弄得到這麼漂亮的松樹，真是個謎。(1C)

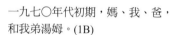

一九七五年攝於金邊，湯姆和我與我們家的柬埔寨衛兵（還有他的自動步槍）合照。(2A)

一九八六年，全家福。(2B)

攝於馬來西亞大豬島的浪民營，我十六歲。(2C)

一九九二年，二十四歲的我
在美國陸軍任官。(3A)

攝於航空學校。我本來沒打
算成為直昇機駕駛，後來卻
很快愛上飛行。(3B)

我跟湯姆都延續了家族始於美
國大革命之前的從軍史。照片
中的他身在C-130運輸機上，
為美國海岸巡防隊效力。(3C)

一九九四年，布萊恩與我
攝於我們的婚禮。(4A)

我們在婚禮同一天舉行的
傳統泰式婚禮。(4B)

二○○四年攝於伊拉克，我在清潔保養我的直昇機。(5A)

我在伊拉克與其他直昇機駕駛在一起。在擊落事件發生地點疏散我跟組員的二號機駕駛派特・明克斯，在照片中站在右前方。(5B)

我們的直昇機在事發地點的照片，可以清楚看到火箭推進榴彈射出和射入的破口。榴彈從駕駛艙右下方射進來，在我的右腿上爆炸，又從我頭頂、擋風玻璃上方射出去。(6A)

擊落事件過後，美軍炸毀了這架黑鷹，把殘骸運回基地。這是我在駕駛艙的座位，照片左上方那個有電線穿出來的管子是殘存的迴旋桿，就位於我雙腿之間。(6B)

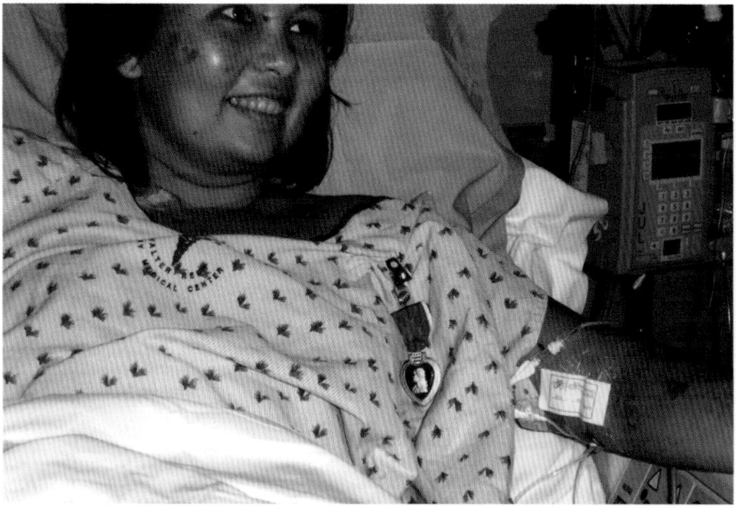

二○○四年十二月三號，擊落事件過後三個星期，我在華特里德獲頒紫心勳章。(7A)

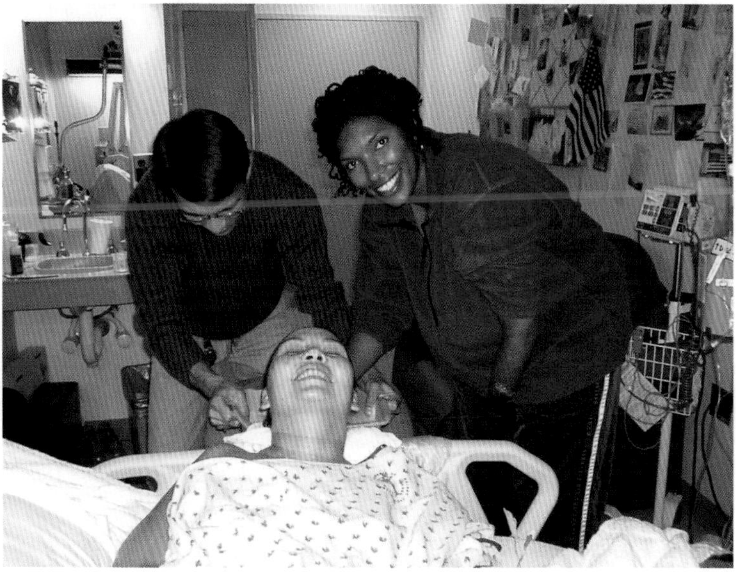

由我弟從旁協助，三等士官長璜妮塔．威爾森（她自己也是截肢人）幫我洗去髮絲間的血漬和污垢。(7B)

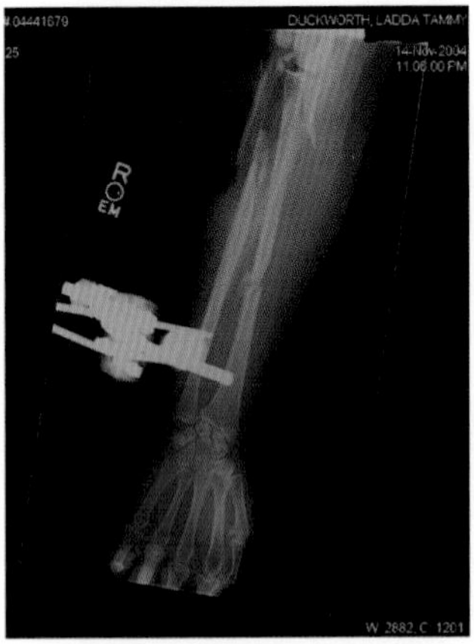

我被炸傷的右臂的X光照片。
可以看到我的手骨多重骨折，
手肘處也沒有肌肉了。(8A)

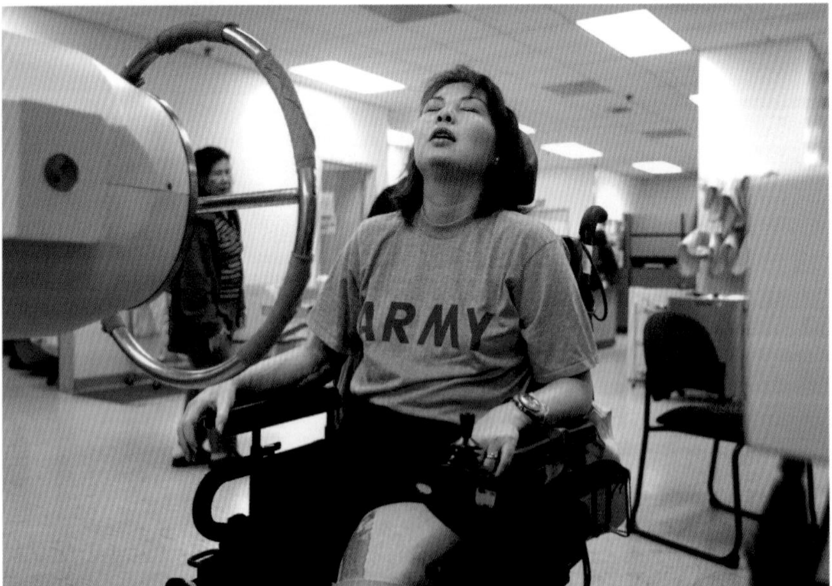

漫長又艱辛的康復之路。筋疲力竭的我正在喘口氣，我媽在背景裡看著我。(8B)

二〇〇四年十二月二十一號，我與爸、布萊恩合照。我在那天晉升少校。這是一年多以來我們父女首次見面，上一次是我外派到伊拉克之前。(9A)

二〇〇五年三月，我跟湯姆、媽和布萊恩在阿靈頓公墓參加爸的葬禮。(9B)

二〇〇五年國情咨文演講當晚，我以迪克．德賓參議員來賓的身分接受訪問。這是我與迪克初次見面，後來他成為我的良師益友。(10A)

二〇〇五年三月，我在華特里德休養期間，到美國參議院退伍軍人事務委員會聽證會為院內情形作證（我身上的制服是借來的）。(10B)

與亞當・山德勒、勞勃・許奈德和其他演員在華特里德合影。名人常來到這裡為傷兵加油打氣。(11A)

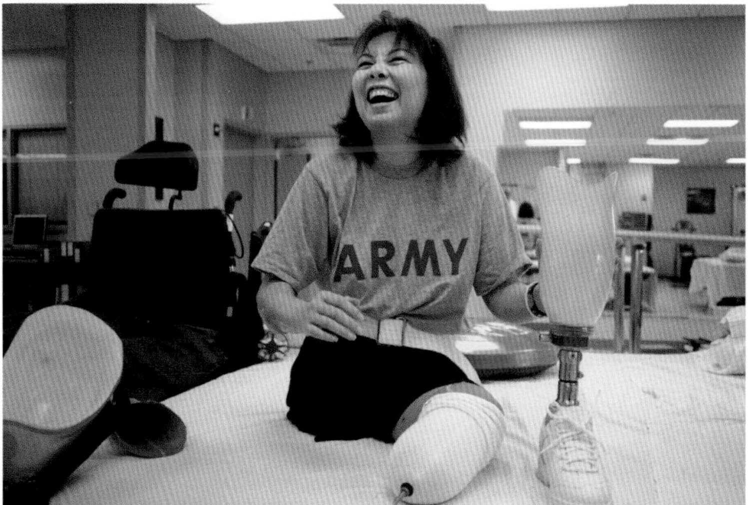

二〇〇五年三月，我和我的其中一隻義肢。(11B)

華特里德的醫護和治療師總是對我們說，截肢人不管想做什麼，只要有心都辦得到——高空跳傘、滑雪、騎輪椅腳踏車參加馬拉松，都不例外。(12A)

(12B)

(12C)

我在二〇一二年民主黨全國大會走上講台。(13A)

我從未立志從政，不過這分工作真是讓我獲益良多，例如跟年輕選民面對面，還有與柯瑞·布克（Cory Booker）參議員合作。(13B)

二〇〇八年退伍軍人節，我與總統當選人歐巴馬。(13C)

二○○五年十一月十二號，我們在我第一個重生日吃的蛋糕。(14A)

二○○七年十一月十二號，我的三週年重生日，我與在伊拉克一起服役的幾個弟兄合影。其中四人（丹恩、麥特、派特、約翰）在我的直昇機被擊落後，出手救了我跟克里斯．菲史中士。由左到右：麥克．麥卡門（Mike McCammond）上士、麥特．巴克中士（已退伍）、蘭迪．曾德（Randy Zehnder）四級准尉（已退伍）、派特．明克斯五級准尉、約翰．費雪中士（已退伍）、丹恩．米爾伯五級准尉（已退伍）、傑瑞．凱默（Jerry Kaemmer）五級准尉（已退伍）。(14B)

庫特．漢尼曼是擊落事件當天，我們機上兩名艙門射手之一。後來他向記者解說火箭榴彈是從哪裡射進我們的黑鷹——從我腳邊的壓克力「下巴泡泡」。 (14C)

二〇一七年在參議院，副總統拜登開玩笑幫我女兒艾碧嘉兒宣誓就職。(15A)

我抱著十天大的小女兒麥莉，前往參議院議場投票。 (15B)

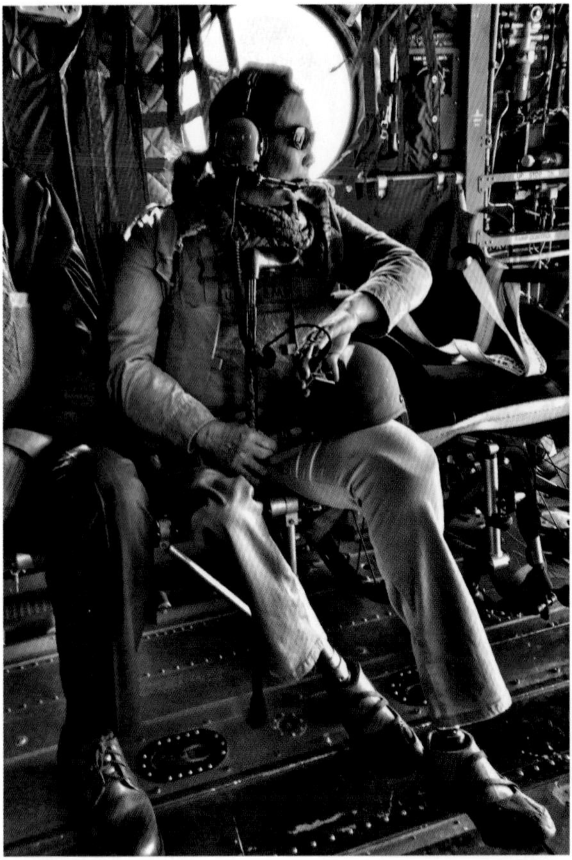

擊落事件十五年後，我以美國參議員的身分隨訪問團重返伊拉克，在直昇機上俯瞰事發地點。(16A)

二〇一〇年，我再度獲發飛行執照，重返駕駛艙。雖然不能再為陸軍飛行，我永遠都會珍惜曾經身為陸軍飛行員的時光。(16B)

「真是太感謝妳了。」並且像媽教的一樣，用泰國人的方式雙手合十，向她微微欠身敬禮。我們一家三口接著就告辭了。

我們又大老遠搭公車回到旅館，領出行李箱，步行到那女人說的住宅中心。那裡的公寓都是每週計租金的短租房，目標市場是薪貧族，譬如在檀香山旅遊服務業領基本工資賣命的女傭、旅館服務生和園丁。爸兌現那張支票，用兩百元租下一間附家具的套房，我們就這麼提著行李入住新家。隔天早上我們走到公共服務處，爸為我們申請了食物券。現在我們只要再去學校註冊、給爸找個工作，祈禱這女人丟給我們的救生索足以使我們漂浮在水面上不至溺斃。

我們的公寓比汽車旅館的客房大不了多少，進門有兩張沙發，我跟湯姆就睡在上面，屋底的角落剛夠擺兩張單人床，是爸——希望最後還有媽——睡的地方。小廚房有單口爐和小冰箱，此外還有間霉氣很重的浴室。蟑螂在檀香山溫暖潮濕的氣候裡十分猖獗，也在我們的公寓裡到處爬。早上我每每因為小腳溜過皮膚的觸感而驚醒，要不就是被從天花板掉到臉上的蟑螂嚇醒。我們想盡辦法，從噴劑、藥粉到黏蟑屋都試過，但牠們消失個一兩週又開始出沒。所以我們很快學乖了，食物一定要收進冰箱或密封容器，否則拿東西吃的時候恐怕會拿到噁心的不速之客。

跟我在鄉林的粉紅色房間和雙人大床相比，這間小公寓的沙發實在差太遠了，但這至少是個稱得上家的地方。爸幫我們在學校註冊，教我們在哪裡搭公車上學，此外我們現在有食物券可領，那女人開的支票還有些餘額，所以也能添購最基本的必需品。然而爸找工作還是刻不容緩，要是毫無收入，這筆錢很快就會見底，畢竟食物券不能拿來買衣物藥品，也不能買殺蟑藥。雖然如此，我們至少暫時生活無虞。

我們搬進公寓不久後，感恩節假期開始了。我們的確有很多值得感謝的地方，但我實在忍不住思念我媽。現在我已經明白，我們可能要過好幾個月才有能力接她來夏威夷，要不拿這個寒傖又寂寞的假期與鄉林的好日子相比，實在很難；從前我們總是不愁花用，全家齊聚一堂。

爸察覺小公寓裡一片愁雲慘霧，便說：「嘿，我們今晚花錢享受一下吧，我們出去吃感恩節大餐！」

我們三個人走到美麗的威基基海灘，這片半月型沙灘的邊緣林立著能盡覽太平洋日落海景的飯店大樓。世界各地的遊客來到這裡一擲千金享受人生，沿著沙灘漫步，暢飲果汁雞尾酒，在浪漫的海濱餐廳大啖現撈海鮮。我們走過侍者打扮光鮮亮麗、桌上擺著鮮花的小餐館，然後走進魏拉娜咖啡簡餐（Wailana Coffee House）——我們只吃得起這一家的早鳥特餐。

我們滑進一個雅座，爸豪邁地說：「來一份火雞拼盤。」湯姆和我也點了這道菜。我們一桌人狼吞虎嚥，吃得一乾二淨。我記得自己當時確實對這一餐心懷感激，但後來每次路過那家簡餐店，想到很久以前那個感恩節的夜晚，有個小家庭是如何奮力想擺脫窘境，我就不禁感到鼻酸。

長姐如母

我開始念十二年級，學校是公立的麥金利（McKinley）中學，整個校區綠意盎然，走一小段路就到阿拉莫阿納海灘（Ala Moana Beach）。麥金利中學歷史悠久，是美國密西西比河以西最古老的公立學校之一，也有許多知名校友，除了多位州長和參議員，還有夏威夷歌手班尼・卡拉馬（Benny Kalama），名演員巨石強森是我畢業隔年入學的。

參議員丹尼爾・井上（Daniel Inouye）是二戰英雄，曾是美國政府歷來職位最高的亞裔美籍人士*，也是麥金利中學的校友。我念十二年級時，校長帶了一團學生去參訪他的辦公室，我因此見過他一面。井上參議員是我的楷模，所以我就像粉絲見偶像一樣心花怒放。話說回來，我印象最深的是跟他握左手打招呼，感覺有點彆扭；他在二戰時被手榴彈炸傷，失去了右臂。我對他敬畏不已，眼睛卻也無法從他空蕩蕩的西裝袖子移開。現在我也能很肯定地說，當時的我絕對

---

* 譯註：丹尼爾・井上的父母皆為日本移民，日文姓名為井上建。珍珠港事件之後，井上加入美軍作戰，以證明其忠誠。在義大利戰場上，他不幸失去右手，但仍繼續服役至上尉退伍。一九五九年，夏威夷正式成為美國的一州，從那時開始井上就擔任該州參議員，一直到二〇一二年他去世為止。二〇一〇至二〇一二年間，他擔任參議院臨時議長，這使他成為現任副總統賀錦麗上任前，美國歷史上職位最高的亞裔政治人物。

料想不到，三十年後我竟然會跟他一樣在參議院為民服務，也沒想到我也會因出戰鬥任務而四肢不全。

麥金利聲譽卓著且備受推崇，卻也受經費不足所苦。我在雅加達和新加坡念書時，同學大多出身富貴人家；在麥金利，我同學的爸媽是旅館女傭、計程車司機或幫廚。數十年來，一波波新移民在這間學校來來去去；我在那裡就讀時，我們管麥金利叫「小薩摩亞」，因為滿校都是薩摩亞孩子。也有學生給麥金利取了「小西貢」或其他綽號，端視當下哪種移民人數最多。

全校超過一半學生吃公家補助的餐點，早餐自付二十五美分，午餐也是二十五美分。因為爸還在苦苦尋覓工作，所以湯姆與我也在學校吃飯。爸會整天在檀香山巡街，伸手探進公共電話的退幣口找別人遺忘的零錢，時而彎腰拾起人行道上遺落的五分、一毛硬幣，又撿玻璃瓶賺退瓶費。他也會留意雜貨超商的推車，要插硬幣解鎖的那種。遇到有人懶得把推車歸位，他就把車推回停靠區，退出那枚一毛硬幣。

要是爸能東拼西湊出一塊錢來，隔天在學校，湯姆跟我就能各吃兩頓熱騰騰的飯。我就是這麼學會了視野內凡有銀光一閃就一定要注意，這是有好處的。直到今天，你最好都不要堵在我跟地板上的任何硬幣之間，因為我會一個急煞車，撿起前方的每一塊錢，一點都不會不好意思。我曾經在機場安檢處碾過運輸安全官的腳趾，而且不止一次，就為了俯身撿我瞄到的散落零錢。積習難改嘛。

沒有那些補助餐點，我絕對無法完成高中學業。我會不得不輟學，好想辦法餵飽自己和家人——天曉得我最後會怎麼樣。今天我會大聲捍衛各種社會安全網計畫，也就不足為奇了吧？當我跟你說這些計畫管用，不是在引用哪項研究、唸哪張圖表給你聽。我說的是當年十六歲的我掙扎求生的親身經歷。我相信校園補助餐點很重要，原因是我自己就靠這個拿到高中文憑。

如同我媽的預期，她不在時，我接替了她在家裡的角色。為了讓爸在找工作時無後顧之憂，我扛下了全部採買、煮飯和打掃的工作。我在家裡狹小的浴室洗手台洗全家人的衣服，省得花錢上自助洗衣店。我也照顧湯姆，盯著他每天早上按時起床穿衣、出門上學。我成了精打細算專家，想出辦法用每月有限的食物券餵飽一家三口。在我家公寓附近的小雜貨店，我會數出三張棕色的一元食物券，買一條麵包和幾包波隆納火腿片，然後用這兩樣食材做出十五份三明治，足夠湯姆、爸爸和我在接下來五天晚上各吃一份當晚餐。

我們姊弟倆靠校園餐點度日，但有時候，尤其是月底食物券快花完了，我得從我的份省下一些，帶回家給爸吃。我回到家以後會從背包拿出一盒牛奶或一個蘋果，向他謊稱那天學校不小心多打給我一點菜，或是推說我不餓所以沒吃完。雖然爸很感激有東西可吃，但我從他眼裡看得出來，要接受還是青少女的女兒施捨，於他是怎樣的情緒打擊。他知道我在撒謊，我也知道他知道。但我們絕不會說破，因為這會毀了他最後一絲尊嚴，而我們都承受不起這個後果。

當時我並不知道，不過這對爸來說是痛苦的折磨，有如時光倒流回到溫徹斯特的童年。蘋果讓他想起大蕭條年間，他是如何不得不以此果腹，以至於長大後對蘋果恨之入骨；在我開始從學校帶蘋果回家之前，從沒看爸吃過蘋果。如今他別無選擇，只能嚥下自己痛恨的食物──早年苦日子的回憶──還是女兒帶給他的。真無法想像他當時有何感受。然而每次我帶蘋果回家，他總是不發一句怨言，乖乖吃下去。

就像我爸，我那年方十四歲的弟弟也餓壞了，但他也從沒抱怨過──他跟我也沒什麼好聊的就是了。我們姊弟向來不親，隨著年紀漸長，分歧更是愈來愈大。我的一貫反應是自我鞭策，凡事追求卓越，盡力照顧每個人。湯姆則是融入周遭，避免惹來關注，把時間全花在自己愛做的事情上。

每天日出前，湯姆會夥同一群孩子衝到海灘上，趁上學前在浪花裡衝幾趟。現在衝浪和趴板衝浪好像成了高級運動，不過在八〇年代的夏威夷，有些玩衝浪的孩子是鄰里間家境最清寒的那些。美國本土來的遊客常常買了趴板又在回家時拋諸腦後，所以到處撿得到免費裝備。只要弄得到衝浪板，隨便哪種都好，不要錢的海浪隨你衝。一旦置身海裡，人人平等。

湯姆超愛泡在水裡，這能讓他把心思全放在海浪上，忘掉他的饑腸轆轆、學校作業，還有對未來的恐懼。那時我以為他懶——既不好好做功課也不用心上學。長大後我才明白，他是靠衝浪逃避現實。我卻是無處可逃，或者更精確來說，我不讓自己有逃避的閒工夫。我逼自己用功打拚到精疲力竭，晚上才能快點入睡，以免眼睜睜躺在那裡滿腹憂慮。或許睡覺多少就是我的逃避之道吧。

我要是以為全家只有我在操心，那可就錯了。多年以後湯姆才告訴我，那時他也要從學校餐點省下食物和牛奶，帶回家晚上吃。他說，有一天他帶回家的盒裝牛奶在背包裡壓爆了，書本跟文具全泡個濕透。那是他在夏威夷的低潮中最悲慘的一刻，而我從來不曉得。當時我一心照顧他跟爸爸，要是知道這件事，我不確定自己有力氣面對。即使我是在事過境遷多年、長大成人以後才知道這件事，聽了還是差點心碎。

與爸爸攤牌

我們雖然陷入絕境，爸還是一路走來、始終如一：超棒的新工作馬上就會從天上掉下來了。這段期間他不斷應徵高薪要職，例如住宅社區主管、度假村總經理等等。不論我們窮到什麼地步，即使旅遊產業滿是領基本薪資的打工機會，他依然毫不考慮。他會說：「別擔心！你們小孩子開心過日子就好，我會搞定。」

可是，自從抵達檀香山以來，我總覺得自己是家裡唯一的大人。湯姆確實只是個孩子，爸則固執得像個孩子、拒絕承認家裡狀況糟到什麼地步。媽得過來幫我們爬出眼下這個坑，但每次我向爸提起她，他都說他還沒跟媽聯絡。他是大人物，該負責養家，他想等到我們能自力更生再聯絡媽。他無法忍受讓媽發現他又搞砸了。

日子就這麼週復一週、月復一月過去，我知道媽一定擔心死了。她只知道我們飛往夏威夷，至於我們住在哪裡、爸在做什麼，又或者湯姆與我是否健康安好、有沒有上學，她一概不知。她毫無聯繫我們的辦法，就算想找人也無從找起。她的丈夫孩子彷彿就這麼隔著大洋人間蒸發，一去不回。

有天下午我放學回家，發現爸還是窩在家裡，而且再度搬演同一套劇碼，說他在申請重要職位、很快就會搞定。不知怎地，這次我再也受不了了。

我聽他這麼說了整整三年，也一直深信不疑。他每次盤算、每次出手，我都相信他會成功。我既深愛爸爸也很崇拜他，在我人生的前十五年裡，我無法想像爸爸居然有可能失敗。然而，我苦苦哀求他打電話給媽、在威基基的旅館找個唾手可得的基層工作，或至少讓我去打工，求了好幾個月都沒有用，我再也受不了了。這樣根本就行不通！我們怎麼可能會沒事！爸就像成癮的賭徒，永遠覺得自己馬上要大贏一把，於是把骰子一擲再擲，完全不願正視我們正在坐吃山空。

我在那一刻做了一件不可思議的事。

我對他大吼：「**閉嘴！閉～嘴～！你才搞不定！我們根本就不好！**」爸楞楞盯著我。我這輩子從沒跟他頂過嘴，更別提氣得大吼大叫了。我懇求他：「你非找個工作不可！媽媽也一定要過來！」他怎能看不清這些事實？他怎能還是一副我們沒有跌到谷底的樣子？「爸，我們需要錢！如果你不工作，那我去。」

他咆哮道：「門都沒有！我不准！」

我喊回去：「不准管我！不要再給我下指導棋，不要再擺出一副公雞巡母雞場的架子好嗎！」我連公雞這譬喻是打哪冒出來的都不曉得，但我再也受不了爸那種莫名其妙的自負了，在湯姆跟我每晚餓著肚子上床的時候不能。我說：「你別想再指使我了。」這句話是壓垮他的最後一根稻草。我父親不發一語，轉身大步走回他床鋪所在的小角落，坐在那裡生悶氣，大概不敢相信那個一輩子崇拜他的女兒，現在竟敢面紅耳赤地喝叱他的不是。

我知道他肯定氣炸了，卻也懷疑他還有另一重心情：如釋重負。因為他知道我這下真會說到做到。我會去找份工作，開始賺錢。的確，雖然我們絕口不提，隔天我馬上開始打工。

我們互相照應

第二天早上我走上威基基海灘，成為全家唯一工作賺錢的人。我在那裡發傳單給遊客，領三塊三毛五美元的基本時薪。我看過別的年輕人在海灘發傳單，所以知道自己有機會打這份工，我的長相也合適：一頭深色長髮、五官隱約類似夏威夷原住民，年輕可愛又窈窕——外加一身超短褲和緊身T恤。他們當天就錄用我。

每天放學後我要練跑，練完就跳上憑學生證免費搭乘的市內公車，但沒在我家公寓附近那一站下車，而是繼續坐到海邊，接下來四小時都在海灘上大喊：「美酒郵輪！美酒郵輪！」一邊對路人發送附折價券的傳單。公司給我兩種傳單，每次經過身邊的是一家人，我就遞給他們藍色的美食郵輪傳單，上面印著知名的鑽石頭火山錐，山前停了一艘遊艇。遇上單身客、情侶、本土來的成群大男生，我就給他們紫色的美酒郵輪傳單，上面印著柳橙邁泰雞尾酒和啤酒杯。

負責管我的那個人會交給我一疊傳單，我在每張的角落寫下個人代表號，這麼一來，要是有人真用我發的傳單買了郵輪票，我就能記點數，額外領一點點獎金——每張傳單大概二十五分錢吧。這也是老闆防止我們一轉身就把整疊傳單塞進垃圾桶的方法；要是遊客從不兌換你發的折價券，你也做不了多久。

我一天到晚待在威基基海灘打工，也跟街頭藝人和遊民交上一夥新朋友。我認識了一個男的，總在肩頭擔著一隻白鳳頭鸚鵡四處遊走，讓遊客跟他合照（看你想不想拿著鳥，每張照片索價一到五元不等）。我也認識了好幾個烏克麗麗手和歌手，還有一群表演霹靂舞的傢伙。我們發傳單的有很多是本土來的年輕人，他們露宿在海灘上，盡力賺夠錢讓自己留下來。還有一位退休的老太太想加減賺點零用錢，於是也來發傳單。她發豪華美食郵輪傳單的成績嚇嚇叫，或許是因為她有種媽媽的氣場，讓人覺得值得信賴。每天晚上她都發得一張不剩。她也成了我們這群人的名義阿嬤，會照應每個在街頭工作的人。

會照應大家的不只有美食郵輪阿嬤，我們全都互相照應，尤其是深夜時分，難免會有個醉醺醺的遊客堵你的去路。每次又有哪個喝醉的混球找街頭藝人麻煩，我們其他人反應之快絕對是你前所未見。在海灘上討生活的人結成一個特殊又團結的社群，幾乎像個大家庭，所以我不只賺了點小錢，實際上也打工打得很開心。即使到了今天，每次我人在夏威夷（通常是為參議院軍事委員會到珍珠港工作），只要有機會去威基基海灘，一定會拿幾張傳單、丟幾塊錢到街頭藝人的罐子裡。

到了二月，有天傍晚我在海灘發傳單的時候，一個陌生人過來對我說：「嘿，想不想多賺點錢？」想啊，有誰不想？但我也不是沒戒心。我問：「怎麼賺？」

「賣玫瑰。」他說。「我給妳一桶玫瑰，妳去路口賣給開車經過的人。」

「好啊。」我說。這聽起來跟發傳單沒兩樣，而且再過兩週就是情人節了，我應該能小賺一筆。在夏威夷，平常大家習慣跟花店、攤販、超市或小七便利店買花環和熱帶花卉，可是到了情人節和母親節還是會指名買玫瑰，所以我這種窮小孩多賺幾塊錢的機會也來了。

玫瑰男又找來三個女孩子，派我們各站到一個繁忙十字路口的四個街角，接著就讓我們各自施展身手，賣愈多愈好。我從破兮兮的塑膠桶抓起一把玫瑰，花莖濕淋淋滴著水，一等紅燈亮起、車子停下來，我就踩著夾腳拖（當地的洋涇濱英文叫「slippah」）衝進兩排車龍之間，向搖下車窗的人兜售。生意好的晚上，我早早就會整桶賣光（一枝一元，一打十元），玫瑰男還有時間回來幫我補貨。每賣一枝玫瑰我能抽一毛錢，這代表要是賣得好，我一晚能賺二十甚至三十元。要是星期六、日都賣花，一天八小時可能會賺五十元之多。

這筆錢可不是開玩笑的。二十元代表全家一星期的伙食費有了著落，五十元代表我們付得起電費、還得起部分欠繳的房租。要是我可以這樣賺下去，搞不好高中畢業還能買一身漂亮裙子和鞋子！我一天到晚因為車輛廢氣咳咳嗆嗆，綠燈亮起時在車陣間閃來閃去，同時在心裡掐掐算算，因為可能的展望心跳加速。我站在陽光下多賺一點點的每一天，都是人間天堂好時光。

打工搶錢成了我在夏威夷青少年時期的日常。我在輪班發傳單的空檔會戴上泳鏡和呼吸管（從游客的垃圾當中淘到的寶）跳進海裡，邊游邊找從白目遊客的口袋裡漂出來的鈔票。這些人是富有到什麼地步，下水前竟然不會先把錢掏出來收好？我在海裡通常能找到至少一張一元鈔票，時不時還有五元、甚至二十元大鈔。我們家連人行道上的一分一毛都不能錯過，所以這可是重大收入。

除了海底撈鈔、發美酒郵輪傳單、賣玫瑰，我還有一個賺錢的法子，而且是貨真價實的「騙錢」。

週末的下午，有時我會穿上比基尼、圍著紗籠在海灘散步，有幾次還會在髮鬢插朵梔子花。因為我練田徑，體格其實超好，但還是有幾分像本土遊客眼中嬌滴滴的夏威夷小女生（其實，夏威夷原住民女生有的是玻里尼西亞人的勇壯身材，大多跟我這種半亞裔、半白人的外表一點也不像）。我會在沙灘排球網附近逗留，另一群常在海灘出沒的本地男生會派個代表，帶著排球在那裡等著。我們其實不熟，從沒一起出去玩過，離開排球場就毫無交集。可是他們看過我打球，而且在那些日子裡，我們心裡打著同一個主意。

每當一對外地男生打起排球，那些本地男生會若無其事地加入他們。過了不久，等幾杯黃湯下肚，遊客總會想跟本地人比畫比畫，他們會問：「我們倆跟你們其中兩個比一場？」本地男會說：「不要啦。」接著環顧四周，往我一指：「我選那個女生好了。」

我會尖著嗓子說：「嘎，是說我嗎？」故意左看看、右看看。「好啊！好像很好玩！」然後我會走向排球網問他們：「你再跟我講一下，手要怎麼打到球？」本地男接著會問遊客男敢不敢賭一把輸贏，對方自然總是欣然下注，我接著跟隊友聯手大開殺戒，把他們打到飛去繞鑽石頭山一圈又飛回來。*騙這些呆頭鵝的錢或許是讓我有點良心不安啦，但話又說回來，抱定女孩子不會打球也是他們自己的錯，是吧？

我使出渾身解數打排球、賣玫瑰、發傳單，總算賺到足夠的錢把全家從破產邊緣拉回來，然而這不是長久之計。我睡眠不足，同時要跑田徑、練別種運動、念書、衝到威基基海灘長時間打工，實在是不能承受之重。有天下午在課堂上，我突然頭昏眼花，下一刻恢復意識時，人已經癱在髒兮兮的磁磚地板上，困惑地看著同學的腳步從我身邊掃過。看來下課鈴聲恰好在我昏倒時響起，我那些同學畢竟還是中學生，心裡想著：**好喔，往下一堂課出發！**拍拍屁股就走。

媽非來不可。要是爸不打算聯絡她，我知道這件事也得由我來。幸好去年十月在曼谷機場，她把阿姨的地址塞給了我。所以我買了張明信片，小心翼翼填上那個地址，又使出我小學三年級的全副泰文功力，寫了一段話給她。我跟媽說我們住在哪裡，又說我們需要她過來。

我把那張明信片投進學校附近的郵筒，但既不確定她收得到，也不知道她就算收到了，能不能趕過來。我只能抱著希望……然後，就只能等了。

＊譯註：鑽石頭山（Diamond Head）臨近威基基海灘，是當地著名的觀光景點。

第五章

永遠拿不到全A的大學生

我的明信片從我們的檀香山小公寓出發，走了十萬多公里，終於抵達二姨家。二姨把明信片遞給我媽，這是媽六個月來首次得到證實我們安然無恙的音訊。她不只大大鬆了一口氣，也雀躍不已，因為現在總算知道上哪去找我們了。

我從前不知道，不過媽當時最大的恐懼是她如果不能及時到夏威夷跟我們團聚，一旦爸帶我們搬到美國本土，她恐怕會從此跟我們失散。她等不及要來找我們，不過她當然沒錢買機票。她一收到我的明信片馬上向二姊苦苦哀求，想趁農曆新年的旺季在二姊開的烤鴨小店工作，工時愈長愈好。媽不眠不休苦幹，存下每一塊泰銖，一存夠錢立刻買了一張往夏威夷的單程機票。

歷經將近二十四小時的旅程，她抵達檀香山國際機場，又憑我寄給她的地址取得短期旅遊落地簽。她使出所有會說的英語，終於問到計程車站的位置，一到那裡立刻把我的明信片秀給司機看、猛指我們的住址。

她抵達時我們全不在家。湯姆跟我在上學，爸不是出門去找工作就是撿零錢了。所以媽在社區管理員的辦公室坐下，等我們回家。過了不久，她聽見那個叫巴布的管理員大喊：「嘿，你你你，過來看！」他是在叫我爸來著，而爸一走進辦公室看見媽在那裡，據媽說，他的臉色變得像鬼一樣蒼白。

爸不知道我寄了那張明信片，因為我太生氣又有點害怕，所以沒告訴他。就算他知情，看到媽找到了我們，或許還是會大吃一驚。爸喜歡假設媽沒了他就不會過日子，這實在是大錯特錯。他老是低估媽的能耐，不過這下風水輪流轉了：她找到我們的下落，趕來救援，爸就只是杵在那裡，無話可說又慚愧不已，因為他再也無法掩飾自己失敗得多慘烈了。

那天傍晚我回到家，因為上了整天課又去海灘發傳單，整個人累到骨子裡。我一打開家門，發現媽站在廚房裡，爐子上還有一鍋熱騰騰的飯。我看著她目瞪口呆，接著跌坐到沙發上哭了起來。我們母女倆的關係一言難盡，絕不是別人會說母女情深的那種，所以我們並沒有衝向彼此緊緊擁抱。但過了一會兒，她走過來伸手摟住我，對我說：「好了，起來吧。去洗臉洗手。」這就是她說「我愛你」的方式。

媽來了，我肩頭卸下好大的重擔。她不但鬥志堅強，也是經歷過千辛萬苦的人。她不只會幫我們賺得足夠的收入撐過困境，也會用爸似乎辦不到的方式照顧我跟湯姆，而且立刻行動。她從她帶來的二十一塊美元抽出一張五元鈔票，帶我們上麥當勞慶祝——每人都有一個漢堡，享受難得的口福。

媽馬不停蹄，立刻開始賺錢養家。她走去海灘附近的大型露天商城阿拉莫阿納購物中心，在停車場撿鐵鋁罐。公寓管理員巴布把她介紹給家有幼兒的夫妻，那些酒保和女服務生值夜班時，媽就幫他們帶小孩賺保母費。她是頂尖的裁縫，很快就在一家賺遊客錢的精品小店做起修改衣服的小生意。在我家公寓的角落，她不眠不休地為制服縫名牌、為本地舞團製作呼拉舞衣。起初她沒有縫紉機，只好成天坐在地板上，對著一碼接一碼的布料彎腰駝背，做到腰痠背痛、細密的針線活害她雙眼昏花才罷手。

媽年紀還小、甚至不到十歲就開始做童工，幫人縫帽子賺零錢。成年後她過過一段相對優渥的生活，而今又回到原點開始——打縫紉黑工收現金，但求養家活口。後來她總算存夠了錢，在救世軍慈善二手店花二十五元買了一台縫紉機，可以接更多訂單。她也拿找不到頭路的事狠狠教訓我爸，最後爸終於在百貨公司當起拿小費的守門人。

媽發現我們過得如此潦倒，很是沮喪。雖然我自己漸漸喜歡上這間小公寓，但可以理解這不是她心目中理想的家。她也能聽見我半夜起床猛灌水，想藉此緩解惱人的飢餓。沒過多久，她自己也開始喝水充飢。

媽願意不計一切代價讓全家人過上好日子，無論要花多少時間就著縫紉機做苦工都在所不惜。在此同時，她也對幫助我們家維生的食物券和補助餐點心懷感激。

只可惜，爸認為既然現在媽來了又有工作，我們家也該放下那份援助了。

爸爸的決定

爸幾乎是一等媽抵達，馬上就去公共服務部申報她已經來夏威夷與我們團聚。我們這段時間領的食物券是發給要負撫養義務的單親家長的，如今我們家雙親俱全，他覺得就不該再領下去。據媽說，爸跟公共服務部櫃臺小姐說明來意時，對方請他再考慮考慮，又建議他：「你太太才剛來，你可以再領幾個月食物券，等她安頓好再停。」不過爸拒絕了。

或許他覺得繼續領食物券不老實。或許他是好面子，為了向外人顯示我們不需要救濟（儘管我們絕對需要）。又或許，他是為了秀秀他的雄風，讓我們知道他還是當家老大、一切由他作主。無論什麼原因，放棄這些福利津貼只代表我們母女倆得更賣命工作。我愈來愈氣惱，暗自想著：**經過這一切，你還想演給誰看呀？**

爸痛恨接受援助，不論哪種援助都一樣。這一來是出於自負，二來也是很多退伍軍人都有的奇怪心態——他們覺得自己要是接受救濟，會占用其他人的份。看在他們眼裡這有如在公共食堂領菜，自己拿太多，弟兄就沒得吃了。不過退伍軍人的福利津貼不是這麼運作的，這不是說只有一個餅，太多人分食就會被吃光。不幸的是，很多退伍軍人都不懂這一點。

爸在陸戰隊時期受的臂傷已經痊癒，但他還有服役時落下的其他傷殘。他一輩子苦於腎疾，有些源於一九五〇和六〇年代軍醫為他做的放射治療。放射線在他背部留下灼傷的斑痕，也引發器官併發症。小時候我記得爸老是去醫院為腎臟做各種治療，因為他的左右腎都受損了。

可是爸總是堅稱他沒有傷殘，先是對陸軍，後來又對退伍軍人事務部這麼說。他不想退伍軍人部發給他任何可能「奪走」別人好處的福利——即使他曾為國出征也因此受傷，百分之百有領取的資格。他真心相信退伍軍人部不論想給他什麼錢，都該省下來給另一個更需要的人才對。

等爸在二〇〇五年過世，我們才發現他這些作為要付出多大的代價。他堅決不領傷殘津貼，因此在政府部門留下先例，使得媽守寡後也領不到。我們為她申請時，退伍軍人部告訴我們，因為爸多年來一概拒領傷殘津貼，所以她也不能請領。他誤以為是保護「自己人」的做法不只沒幫到任何人，還害到親人。「他這人就是太老實。」我那如今高齡八十的老媽媽會說。「也太大男人了。」

後來我進政府部門工作，為了這件事跟很多老兵談過不知多少次。我告訴他們：「去申請你應得的津貼就對了。你要是不想拿，可以不拿，但至少等你走了，那筆錢會為你的老伴備著。」

出於類似理由，很多退伍軍人不太情願到公家單位留名，這造成國家無法好好照顧他們。這裡只舉其中一個例子：我當伊利諾州退伍軍人廳廳長的時候，全國退伍軍人部告訴我們，伊利諾州有八十萬名退伍軍人。他們打算根據這人數決定在全州蓋幾間榮民醫院。

我回答：「不對，這裡的退伍軍人多得多了。我們需要更多醫院。」可是全國辦公室堅持：伊利諾州有八十萬人申請退伍軍人服務，官方數字就是這麼來的。成千上萬的榮民從沒向退伍軍人部登記，很多人怕占用了其他榮民可能需要的資源。但這跟我爸又是同症頭，他們以為自己在幫忙，其實是幫了倒忙。

伊州退伍軍人廳怎麼知道本州榮民不止八十萬人？因為這裡有一百二十萬人登記申請退伍軍人專用的車牌，州務卿也查核過他們的身分。所以說，伊州至少有四十萬退役老兵沒向全國退伍軍人部報到，又因為全國辦公室的統計數字遠低於實情，所以我們不會有足夠的醫院為本州全體榮民服務。

這些年我跟無數老兵談過，看到他們跟爸有多像，於是也更懂得了一點爸的心情。現在想到他拒絕食物券和退伍軍人部的協助，我沒那麼生氣了。雖然是出於誤會，但這是他試著回饋、照顧同袍的方式。

可是，最終付出代價的人是我媽。她在爸過世後被迫搬家，因為他不完整的津貼不夠她繳房租。原本應該哀悼亡夫的時間，她卻滿心焦慮，深怕失去住處。

中村老師

一旦我們停領食物券，媽開始加碼原本就很長的工時，兼了第三份差，每天縫縫補補到深夜。她要是讓我幫忙，我就在一旁收布邊、縫鉤扣，但這種時候極少。她幾乎一手包攬全部工作，讓我專心課業並申請上大學，好讓我們家能脫離貧困的苦海。

多虧有媽的收入，我不必再賣玫瑰了，只要繼續發美酒郵輪傳單、做其他搶錢兼差就好。不過我在打工、課業和校隊之間忙得團團轉，高中最後一學期還是讀得萬般辛苦。我盡量擠出時間參加校內活動，其中最喜歡的就是編畢業紀念冊。

指導我們編輯的是教平面藝術的中村老師。他就是一般人刻板印象裡那種漫不經心的教書匠，老是說：「唉呀，不好意思！上次跟你們說錯了。你們今天放學能不能留晚一點，我們把排版修正好嗎？」我跟同學聽了會面面相覷，翻個白眼。不會吧！這傢伙有什麼毛病？我念過那麼多學校、遇過不知多少老師，從來沒有一個像他這麼紕漏百出。出於全世界十六歲屁孩都有的爆表自信和自我感覺良好，我替中村老師感到有點難過，教學顯然超出他的能力範圍。

他留我們課後補做的那些晚上，總會向我們賠不是，然後從口袋掏出五元或十元鈔票，要我們在回家的路上買個塔可鐘（Taco Bell）打牙祭。我們學校後面就有一家塔可鐘速食店，當年兩份塔可夾餅要價九十九分錢，所以我跟同學會狂點一堆塔可夾餅大吃一頓，在那邊嘻嘻哈哈的，講老師怎麼糊裡糊塗又教錯了。

直到多年以後，成年的我回顧這段往事，才驚覺中村老師課後留下的都是我這種家裡領食物券的孩子。他並沒有犯任何教學錯誤，只是找個不會害人難堪的方式請我們吃飯。他從公立教師的微薄薪水裡自掏腰包，從不期待任何回報，一句感謝都沒有也無所謂，只因為不想要我們察覺他的本意。

每當我想起中村老師為我們的付出，他出奇的慷慨大度令我不禁哽咽，我十六歲那副德性也真教人汗顏。今天的我總是堅決力挺公立學校的老師，也還是很難抗拒塔可鐘的誘惑，畢竟那是我兒時的豪華大餐。

一張郵票也得省

為了維持全家生計，我歷經數月的打工、念書、揮汗如雨地奮鬥，總算來到高中最後一年的終點。我從校內選拔賽脫穎而出，代表全校在畢業典禮致詞，不過我不太記得自己講了什麼。關於那一天我只記得唯一一幕，而且這深深烙印在我腦海裡。

我走過講台、從校長手中接過畢業證書時，人都還好好的，不過一踏上麥金利中學青翠美麗的草坪，我放聲大哭，而且一哭就停不下來。我走向爸媽坐的地方，滿臉涕淚縱橫。媽常做花圈到慶會場合叫賣，那天她也給我做了一個。她把花圈戴到我脖子上，而我怎麼也無法恢復平靜。同學都在為彼此戴花圈、互相擁抱、開懷大笑，只有我泣不成聲。他們問我：「譚美，怎麼啦？妳不開心嗎？」

我是開心，但我內心更有五味雜陳。好幾個月以來我都在推著巨石上山，一路氣喘如牛，深怕自己半途而廢──我害怕我的氣力隨時會用盡，這塊石頭會把我壓扁。不可思議的是，最終我真的把石頭推到了山頂。我拿到高中文憑，再也沒人能把它奪走。那一刻我所感受到的寬慰、自豪、快樂和精疲力竭，化為淚水泉湧而出。我頂著如此沉重的壓力不知有多久，這是我第一次終於能鬆一口氣。

當然了，因為本性難移，我沒有放鬆多久。珍貴的文憑已經到手，現在我能專心面對青春人生的下一件大事了：上大學。

我知道爸的繼女戴安娜──跳過級的那個──念了杜克大學，雖然我很想證明自己也有那個本事，不過我連申請都沒申請。杜克的學費有如天價，是個遙不可及的夢想，我們光是申請費就出不起了。

除此之外，我也懷疑自己進得去。雖然我在麥金利排全班前幾名，我的平均成績是三．八分。我從沒拿過全A，絕對上不了常春藤盟校，也拿不到高額獎學金。多年後，我應國會行程安排去參觀麻省理工學院和哈佛大學，我說那是我「沒那個智商申請的學校巡禮」。哪天我要是有錢，我想為成績只有中上的學生設立獎學金——那些孩子就像我，拚命努力又花大把時間做功課，最後卻總是只得B⁺，拿不到A。一個學生有沒有前途，成績不是唯一的指標。

最後我只申請了一間學校，即夏威夷大學。我是本州居民，所以大一學費很便宜，每學期不到一千美元。而且留在檀香山能繼續在威基基海灘發傳單，要是找到待遇好一點的工作也就不用再發了。

事隔多年後，我才得知爸媽是怎麼為我湊出大一宿舍費的。媽在要去精品小店的日子會早早出門，走路而不是搭公車上班。爸也一樣，走路去上守門人的班，把車錢省下來。一趟公車六十分錢，所以他們兩人一天可以存兩塊四。他們把這筆錢收進一枚信封，每週結束時會有十二元，他們再從薪水挪出五元，湊成十七元。每週就付這筆錢為我保留宿舍房間，直到八月的入住日為止。

然後他們其中一人，或兩人結伴一起，從我們家走五公里到大學繳這筆保證金。那時他們沒有銀行帳戶，不能開支票，郵寄現金又不保險。他們反正也不會那麼做——何苦為信封跟郵票浪費錢？當時寄一封信要花二十二分錢，幾乎夠我或湯姆吃一頓學校補助餐了。那幾個月我們還得伸手進公共電話退幣口碰運氣、緊盯著地上有沒有銅板閃爍，付郵資實在太奢侈、太可笑了。

一九八五年，我爸媽整個夏天還是不斷工作，盡可能存下每一分錢。媽接到一件大案子，為一整個傳統呼拉舞團縫製舞衣，於是她卯足了勁，沒日沒夜地工作。這些舞衣可不是比基尼上衣加草裙，而是有多重摺邊的長裙，所以要固定的裙襬也很多，每一道都是曠日費時的苦差事。我能幫忙就盡量幫，可是手縫裙襬實在單調無聊得要命，我才做一個小時就覺得全身僵硬。反觀我媽，她連做好幾個小時也不嫌累。看著她苦苦趕工，弄得腰痠背痛加手指見血，從此以後我都很欽佩在海外揮汗工作的勞工，我們的廉價服飾和家用品就是跟那些工廠買的。

從我們家的遭遇能清楚看到一個關於薪貧族的真相：我們家最賣命工作的時候，就是活在貧窮線那時候。有人說薪貧族不需要基本生活薪資，或說他們要想往上爬就得更努力打拚，這些說法都很殘忍。我能根據親身經歷告訴你，社會現實不是這麼運作的，偏偏一大票從沒窮苦過的政治人物好像都這麼認為。

現在我高中畢業了，於是在心智障礙公民協會（Association for Retared Citizens）當起全職輔導員；那個組織在八〇年代叫那個名字，現在直接簡稱為ARC。整個夏天，我白天都在輔導成年的心智障礙者學習生活技能，傍晚再趕到威基基海灘發傳單。

我們家在那年夏天掙足了一筆錢，讓爸媽和湯姆飛去維吉尼亞。爸總算在伍茲托克（Woodstock）一家雞肉加工廠找到工作，擔任聯邦食物視察員，那裡距他的故鄉溫徹斯特不遠。他的起薪是聯邦敘薪標準的GS－4級，當時相當於年薪一萬五千美元，外加社會福利。對他這種曾經多年走路有風的大人物來說，這恐怕不算值得吹噓的待遇，但還是遠高於當守門人拿的小費。爸在太平洋另一頭生活了二十年，現在總算要回歸故里了。

因為他這份新工作，我們家自從移居新加坡以來也首度有了健保。我們住在夏威夷期間完全沒有一般健保或牙醫保險，如同美國無數的家庭，我們只能暗自祈禱沒人生病或受重傷——也是萬幸，我們真的都沒有。我記得自己唯一一次去看醫生，是為了應徵餐廳服務生的工作去做體檢。那次我跟很多需要廉價醫療服務的女性一樣，是靠當地計畫生育協會（Planned Parenthood）的診所解圍，在那裡做了免費體檢。

媽為了維持家計不眠不休地工作，整個人都榨乾了，搬家的計畫令她精神一振——主要也是因為爸總算有了一份待遇較佳的工作，她如釋重負。至於爸，雖然他年輕時恨不得離開，現在多少也對返鄉釋懷了。不過當時正要升十一年級的湯姆大受打擊。他練成頂尖的趴板衝浪手，即將有機會拿到贊助，年方十五歲就成為職業選手，不過他還太年輕，不能獨自在夏威夷生活。

爸媽在那年八月底決定搬家，那時我剛開始念大學。那段時間於我們全家人都是巨大的轉折，可惜對湯姆來說，這個轉折代表夢想的終結。至於我，夢想才正要展開。

走進大學

我第一次走進夏威夷大學費里爾廳（Frear Hall）的新宿舍的時候，簡直不敢相信那有多麼奢華。我有一張真正的床鋪讓我睡覺，一個衣櫃和一組小抽屜櫃歸我專用，還有一張表面壓了保護膜、已經頗有風霜的書桌。媽伸手撫過桌面，喃喃自語：「真乾淨，真好。」我不知道有多少大一新生會對著宿舍家具既敬畏又興奮，不過我一連數月跟三個家人擠一間套房公寓、睡客廳沙發，這間半私人的宿舍房間有如香格里拉。

我哭了起來，媽也跟著哭了。她流淚既是因為看到我有多麼快樂、多麼興奮，也因為這一天同時代表她自己的成就。她辦到了——把一個孩子拉拔到成人自立又念了大學。看到我愛惜地摸著衣櫃的門，她知道我不會有問題。

費里爾廳的名字是紀念瑪麗．狄靈漢．費里爾（Mary Dillingham Frear），她是作家和詩人，也是夏威夷前州長華特．費里爾（Walter Frear）的夫人——自美國在一八九三年推翻夏威夷王國，費里爾是第三任州長。她長年擔任夏威夷大學董事，一九五一年以八十歲高齡過世，費里爾廳就在不久後興建命名。據說這棟樓有她的鬼魂出沒，但這還不是費里爾廳最有趣的事蹟。我住的這棟宿舍綽號「死魚費里爾」、「處女金庫」，因為別的宿舍到八〇年代中期多半已是男女混居，費里爾依然是純女宿。大家都知道費里爾門禁森嚴，有宵禁不說，訪客也得在接待處簽到簽出。

我很喜歡住在死魚費里爾，在夏大四年都沒搬過。我要是想參加派對，隨便去一棟男女混居的宿舍就得了，那裡動不動就有人開趴狂歡。等我受夠了場中大吼大叫、爛醉跟嘔吐的人，又能回到自己乾淨舒適又靜悄悄的宿舍。

八〇年代中期是布尼農場（Boone's Farm）、校園啤酒趴和巴特傑米冰酒飲（Bartles & Jaymes）的時代，我也嚐過幾次，但每次才半杯下肚就呼吸困難、蕁麻疹發作。這是大家避之唯恐不及的「亞洲人臉紅症」（Asian flush）——一種難以代謝酒精的遺傳性體質，大約一半東亞人和很多美洲原住民都有。每次就算只喝一點點，我的身體都會立刻拉酒精中毒警報，沒機會享受一點飄飄然的樂趣。

我從沒醉過，連宜人的微醺也從沒真正體驗過。全身紅腫發癢、呼吸困難的代價實在不值得。就像我先生布萊恩（Bryan）喜歡說的，好處是跟我約會很省錢（不用押卡在吧臺！），而且回家時我永遠能當司機，他還聲稱這就是他娶我的理由。

我有很多中學和大學同學會抽大麻，但我也從沒試過，原因不完全是我這人老古板，雖然我是很古板，總之我從沒對大麻好奇過。說也奇怪，不抽大麻的決定在多年後回頭找上了我。後來我在伊拉克失去雙腿，在華特里德國家軍事醫學中心（Walter Reed Army Medical Center）從劇痛中醒來，醫師百思不得其解，不知如何為我緩解那教人生不如死的疼痛。我是個「痲醉素人」，意思是我的身體對醫療人員注射的鴉片類藥物不知如何反應。那些醫師向布萊恩詢問我的用藥史，他回答：「她頂多只吃過泰諾止痛藥。」他們大概都無法置信吧。要是我大學時知道哈兩管能幫我熬過多年後的劇痛，絕對馬上點一根。

我練出一手剩食烹飪的絕活，省得花錢買外帶，靠的是我從宿舍餐廳掃來的食材，還有一具偷渡進房裡的單口爐。我的拿手菜是用餐廳沙拉吧的鮪魚、番茄和洋蔥做的鮪魚漢堡，不論隨便什麼殘羹剩飯我都能煮成熱騰騰的一餐。多年後在伊拉克，我這手工夫很能派上用場，尤其是後來國防部與承包商KBR鬧合約糾紛，KBR停止供應國軍部隊熱食那陣子（KBR開出每人每餐三十八美元的帳單，價錢灌水到這個可笑的地步，能讓每名兵員每晚都吃名廚美食、喝香檳了。可想而知，國防部不願意再買單）。

每週有好幾個晚上，我都在一家叫「七里香二店」（Keo II，一店在威基基海灘）的泰式餐廳當服務生，除了薪水不錯，我也能維持泰語能力。我也在校內工讀，一週為海洋學系工作二十小時。

那時我的志向是當海洋生物學家。我在中學時愛上了生物課，在夏威夷，海洋生物學和植物學感覺又是特別酷、特別有趣的學科。我打算一路念到研究所、拿個博士學位，將來從事科研工作。但這就像許多遠大的人生計畫，沒過多久就出岔了。隨著生物、化學和物理課愈修愈多，我很快覺悟自己不是當下一個雅克．庫司托（Jacques Cousteau，**譯按：法國知名海洋生物學家、水肺的發明者**）的料。生物化學更是難倒我了，即使我找了家教又熬夜苦讀，學期成績還是差點連C也拿不到。在夏威夷大學想主修海洋生物或海洋學，核心課程的平均成績至少要有B，所以我的海洋生物學之夢到大二就沉沒啦。

同一時間，我在政治科學領域倒是科科拿A。從前我們家繞著地球跑，我又貼身觀察過爸為聯合國際計畫工作，國際事務令我著迷不已。我在課堂上想起，我年約八歲時曾在印尼看著美國大使並心想：「我長大以後也要當大使。」

我從那時起就夢想成為外交使節，但當然不知怎樣才辦得到。感覺有點像立志當太空人，遙遠到不可能實現。不過我至少聽說過外交特考（Foreign Service exam），想加入國務院外交團隊就得通過這個考試，於是我決定瞄準這個目標。

我把主修換成政治科學，也從那時起全心愛上了大學生活。我非常用功，沒課時就專心打工，希望畢業時能盡量償清債務。我大學四年是個泡麵缸，但有誰大學時不是呢？我不時也會來份披薩犒賞自己，一想到我是自力更生念大學，那分自豪又讓披薩嚐起來更有滋有味了。對出身一無所有的人來說，這感覺真的很有什麼。

話說回來，下一步怎麼走？我拿不定主意，於是查起哪些研究所的國際事務學位最好，結果華盛頓特區的喬治華盛頓大學有件事引起我的注意：當時該校學生的外交特考錄取率是全國最高的。喬治城大學國際事務研究所的評價也很優異，於是我就申請了這兩間學校。等我被喬治華盛頓大學錄取，我決定這就是我要走的路。現在我有了目標，也知道達成的途徑——我向來喜歡處於這種位置。我還是不確定怎麼當上夢寐以求的外交大使，不過這似乎是正確的起點。

但首先，我要去維吉尼亞州的伍茲托克跟爸媽共度夏天。也就是在那裡，我得知了我們家族轟轟烈烈的過去。

第六章

人生新故鄉

自從爸媽在一九八五年搬到維吉尼亞，每年夏天我都跟他們一起度過。我會帶著塞爆滿的行李箱從夏威夷起飛，住進他們在伍茲托克的小公寓，接下來多半在小型購物中心的披薩店打工，努力為下一學年存錢。週末時爸喜歡開車兜風，有時會帶我們回溫徹斯特老家，看他小時候住的房子和他的母校約翰韓德利中學。

身為韓德利校友是他格外自豪的一件事。「譚美，妳一定沒見過這麼漂亮的學校。」他接著形容起一棟宏偉的紅磚建築，有白圓柱支撐的大門廊，還有寬闊的樓梯，拾級而下又會來到一片綠油油的足球場。他會說：「我可告訴妳喔，那比白宮還壯觀！」

等我終於見到那間中學，第一眼確實令我震驚。爸這次總算沒誇大：韓德利中學美輪美奐，像是從夢境搬出來的。媽跟我坐在樹木圍繞的翠綠大草坪上，對那棟氣勢非凡的新古典主義主建築看傻了眼。幾年後，《建築文摘》雜誌（*Architectural Digest*）還將它評選為全美最美公立學校。我試著想像在這樣的學校念書是什麼感覺——還不用繳學費！唯有美國才能有這麼壯觀的公立學校，就算家境最清寒的孩子也讀得起，至今不變。我們在那裡野餐，擺出媽的泰式炸雞佐甜辣醬和糯米飯，還有爸最愛吃的鬆軟白麵包夾肝腸；我們看著雲朵在天空飄過，真是完美的一天。吃完午餐，我在那片美麗的草坪摘到十幾枝四葉幸運草，我想這代表我們家終於又好運臨頭了。

週末時，爸媽、湯姆跟我會到處探索維吉尼亞的鄉間小路。在藍嶺山脈附近，我們用大水壺裝汩汩流出的山泉水（「你一定沒喝過這麼沁涼、這麼甜的水！」）。我們會逛殖民時期的小鎮，步行穿越南北戰爭的戰場。因為爸做起業餘的系譜學研究，正在追溯他的家族史，所以我們常常泡在維吉尼亞和西維吉尼亞山區鄉下的墓園裡。

我很喜歡認識我們的家族史。從前我已經知道我家先人在南北戰爭時為南軍和北軍都打過仗，根據爸找到的紀錄，我的太祖父還打過美國革命戰爭。其實，我的祖先早在美國誕生前已經在這片土地上謀生，他們在十七世紀中期首度搭船抵達北美殖民地，是某位英國貴族的契約奴僕。到了十八世紀中期，他們的後代跟法國人和印第安人都打過仗，然而我們無從得知那是自願報國，或出於主人命令「被自願」的。

從軍是深植我們家族的傳統。美國史上凡遇重大時期，咱們達克沃絲家總有個穿軍服的代表，這是令我爸深深引以為豪的事。我們未必會走上前線，例如韓戰時爸是派駐到歐洲，不過國家凡有需要，達克沃絲家必定響應。

深入了解家族參軍史對湯姆跟我都有深刻影響。湯姆在伍茲托克念高中時加入國防幹部預備訓練團（Junior ROTC），後來在海岸防衛隊（Coast Guard）服務了八年。我本來就很以美國為榮，如今更深刻的情感又油然而生：一種捍衛、保護這個國家的責任感。我也想回應為國效力的呼召，打算在喬治華盛頓大學拿到碩士學位，然後通過外交特考進國務院工作。當外交官就是我將來延續家族傳統的方式。

爸爸的秘密

在爸重建家族史的同時，媽也自己動手做了點考查。我們家後來從伍茲托克搬到維州的申特維（Centreville），她在當地的公立圖書館上起免費英文課。課上了一陣子，她請英文老師幫她聯絡爸第一段婚姻的孩子。在那個前網路時代，媽跟那位老師竟然追查到爸的么女希拉蕊的電話號碼。媽決定給她打個電話，希望能澄清誤會。

希拉蕊接聽時，媽表明自己是法蘭克．達克沃絲的太太，並說：「我想告訴妳，他回美國了，如果妳們想找他聊聊的話。」媽是想讓希拉蕊知道，她無意阻撓法蘭克見自己的孩子，也想澄清法蘭克不是為了跟她結婚才跟她們的媽媽離婚。

從小到大我都以為爸說走就走，不附確切理由、沒有事先警告就離開他第一個家庭。這個想法影響了我整個童年，害我深以為懼：哪天他搞不好也會這樣拋棄我們。直到最近，我為了寫這本書詢問媽才得知實情——我怎麼猜大概都猜不到真相原來有多複雜。

爸在一九六〇年代中期首度派駐泰國時，他的太太和三個孩子——她女兒戴安娜（爸的繼女）、他們兩人的女兒卡蘿和希拉蕊——都留在美國。要是爸對媽所說屬實，當他服完駐外役期回家時，在自家浴室發現了另一個男人的古龍水和盥洗用具。所以說，他老婆不只與人有染，對方還鳩占鵲巢。他也注意到老婆把他最喜歡的椅子扔了，於是問她這下他該坐哪？她回答：「你可以去坐公車站。」

近來我整理爸留下的文件，發現他致前妻的一封信的副本，裡面寫道他不恨她，還以慈愛的口吻提到他的「三千金」，並請她轉告女兒，他有把她們放在心上。他又寫道，如今她們都超過十八歲了，他覺得自己可以放心過新的人生，並祝她們一切順利。

這封信很感人，然而，雖然他聲稱愛著三個女兒，實際上再也沒跟她們說過話，反差之大令人無法接受。我自己身為兩個寶貝女兒的媽，無法想像我會容許任何事把我們母女分開。那個年年為湯姆與我精心打造耶誕節的男人，怎能從別的子女身邊一走了之？

這個問題我沒有答案，也永遠不會有了。

我懷疑，在媽打電話給希拉蕊那天之前，她們毫無爸的音訊。媽想做點該做的事，也提議她們要是想與爸恢復聯繫，她能居中牽線——希拉蕊說好，她希望跟爸說說話，可是等媽把這事告訴爸，想把希拉蕊的電話給他，不過他的回答簡短決絕。

「不用了，」他說。「我沒興趣。」

媽只好親自回電，遺憾地轉告希拉蕊，爸不願意跟她說話。那是我們兩家最後一次聯繫。

媽瞞了多年，等爸過世才告訴我這段往事。自從知情以後，我想起來就難過。爸一生好說大話又逞強，其實並不勇敢。雖然不該這麼說自己的父親，但我認為這是他最自私也最懦弱的作為。事過境遷這麼多年，我真但願他鼓起勇氣與那幾個女兒重修舊好。她們不該遭父親如此拋棄。沒有任何人該被這樣對待。

時代的劇變

一九八九年秋天，我搬到華盛頓特區，進入喬治華盛頓大學就讀。這是我第一次住在美國本土，每當我經過白宮，或是搭乘捷運，就算只是跟街頭小販買個酸菜熱狗（我現在還是很愛這麼做），感覺都好像活在電影裡。這也是我這輩子第一次真正過冬，於是也進折扣商店買了幾件褲襪。小時候在雅加達，我超討厭媽逼我穿毛褲襪，如今華盛頓特區的空氣一轉冷，我立刻愛上這行頭。

我碩士念的是國際關係，對我來說有如知識宅的天堂。我一頭栽進課本，探索地緣政治的歷史沿革，又因為課堂外的世界正經歷劇烈的政治變遷，所以我也接受了即時教育。

蘇聯經濟崩潰，即將解體。六月時，中國政府在天安門屠殺無數抗議人士並持續鎮壓人民。到了九月我剛開始上課，南非總統戴克拉克（F. W. de Klerk）宣布將結束種族隔離、釋放曼德拉。我拚命吸收這種種發展的消息，試著以外交官的眼光看待這一切，思索美國的政策與國家安全可能受到怎樣影響。

接著在十一月九號，東德領導人克倫茲（Egon Krenz）宣布他的政府將開放柏林圍牆，自一九五六年以來首度允許東德人自由前往西德。雖然他的意思是開放申請簽證、讓民眾自隔天起循序出入境，不過東德人聞言立即衝向圍牆。他們直搗檢查哨，爬到牆頂猛砸混凝土磚，直接拆了這道堵在東西德之間令人憎恨的圍牆。

不到兩週，捷克斯洛伐克人發起史稱「天鵝絨革命」的抗議，透過為時六週的和平行動推翻了共產政府。突然之間，東歐各地人民湧向火車站，等不及與多年無緣一見的親友團聚。

我在華盛頓特區和三個研究生合租一間市區小排房，我們一起在電視上目睹這一切。我看著新聞畫面，也認出那些人眼中的不顧一切——在湧出柬埔寨的難民、拚命擠上小艇的越南「船民」眼中，我也看過同樣的不顧一切。這些畫面直接喚醒我在金邊機場的回憶，那時我是幸運兒之一——有機票搭上末班離境飛機的美國人。同一時間卻有那麼多人坐困行囊之中，滿臉恐懼與絕望。

大約這個時期我找到一份兼差，為「美國海軍學會」（U. S. Naval Institute）整理資料庫，那是位於馬里蘭州安納波利斯的非營利軍事組織，在一八七三年由一群海軍軍官創立，作為一個研討海軍策略的空間。一九八四年，海軍學會花五千美元買下一本小說新作的版權，作者是一名保險推銷員，小說情節錯綜複雜、資訊繁浩很燒腦，別的出版商對這本叫《獵殺紅色十月號》的書都不感興趣。沒錯，寫書的仁兄正是湯姆．克蘭西！後來海軍學會靠這筆交易發了大財。

海軍學會拿那本暢銷書的盈利，請一家私人公司建立一筆叫「潛望鏡」的資料庫，彙整大量的軍事策略與科技資訊。那家公司雇用我撰述感應器、雷達和各種通訊系統的資料，這於我是再理想不過的研究生兼職。我很喜歡查資料，而且凡是遇上通訊或雷達問題都能一通電話問老爸，我有什麼不懂他都會講解到我懂為止。

陸軍教會我的事

我研一的學業快結束時，海軍學會把「潛望鏡」賣給一家私人公司，那家公司隨即解雇了一批員工，我是其中之一。於是我四處打聽工作機會，這時有個在接受軍事訓練的同學建議我加入大學儲備軍官訓練團（Reserve Officer Training Corps，簡稱ROTC），在那年夏天去上基礎訓練營。

他說：「妳又沒別的事好做，何不試試？」我仔細想了想：是啊，何不試試？暑假這樣過一定很有意思，何況這也是很好的體能跟心理挑戰。我也盤算這能讓我省點錢，畢竟基訓營管得很嚴，我既沒得血拚看電影，也不能上餐廳。

是啊，何不試試？我就這麼做了這輩子最好的決定——一個領我走上真正天賦之路的決定。

喬治華盛頓大學沒有陸軍訓練團學程，所以我跟距離最近且有這學程的喬治城大學約了面談，那裡的教官跟我說：「去參加基訓。妳要是表現好，就能來上我們的學程。」現在我有了個目標：在諾克斯堡（Fort Knox）為期八週的基礎訓練營給他們點顏色瞧瞧。

基訓營就跟你在電影裡看到的一樣。一群稚嫩的菜鳥傻乎乎地爬下灰撲撲的軍用巴士，雄壯威武的教育班長馬上衝著我們大吼。男生都被理成小平頭，補給部發給我們制服是越戰剩下的綠色「黃瓜裝」。越戰終戰十五年後，陸軍還在設法消耗過剩的制服，所以我們菜鳥都得穿這一種。

我第一個星期變得跟這句話很熟：「給我下地來二十個！」——通常是某個教育班長暴吼出來的，叫某個（或全體）新生做二十下伏地挺身。每天表定行程從清晨四點半展開，排滿嚴苛的體能訓練：跑步、伏地挺身、仰臥起坐、背著二十三公斤的帆布包長途行軍。我們要拖行重物兩百五十公尺、跑障礙跑、學習用繩索從高塔垂降。

我抵達肯塔基州時體能很不錯，不過基訓營還是讓我吃足了苦頭。教育班長從早到晚衝著我們的臉大吼，我不止一次把自己鎖進廁所，因為筋疲力竭痛哭。每個人都睡眠不足，永遠累得跟狗一樣，上頭為了看出誰能撐到最後執行命令，把我們往死裡操。陸軍訓練的目標是把我們狠狠打散成原型，再重建成戰士。

在那八週裡，我們學著如何當個軍人。每個學員都拿到一支M16步槍，學習正確持槍、拆槍、清槍，再組回原狀。教育班長交代我們死守個人武器，他們無時無刻都在張望哪支槍沒收妥，槍就擺在你腳邊地板上也一樣。要是你的槍竟然被教育班長摸走，你就吃不完兜著走了。「給我下地來二十個」只是小菜：你得在操場沒完沒了罰跑，用牙刷刷廁所，每天凌晨兩點站崗一個星期，他們才會把槍還你。

有個教育班長從前一定是陸戰隊的，因為他教我們背「海軍陸戰隊步槍兵信條」（Marine Corps Rifleman's Creed）。我背誦這些信條，領略其中蘊含的壯志豪情，人生第一次有了身為軍人的自覺。這可不是兒戲，說不定哪天我和其他人能不能活命，全取決於我是否把裝備和自己維持在備戰狀態。

我領悟到當我身為軍人，步槍就是我身體的一部分，等同於第三隻臂膀。用「步槍兵信條」的話來說：

此乃吾槍。世上千百銃，唯此槍屬我。
吾槍乃吾至交、乃吾性命。吾必主宰吾槍，如主宰吾命……
吾槍必永保清潔就位，吾亦永保清醒就緒。
槍人必合一……

到了基訓第三週，我已經死心塌地：世上絕不曾有人像我這樣為陸軍神魂顛倒。操練、紀律、親愛精誠……我愛死了軍隊的一切。新生唯一一次獲准上基地販賣部的時候，我趁機買了一張精神答數全集錄音帶，因為我想當行軍領隊。

我會正式版：

陸軍本色，以藍為本
昭告世人，我心忠誠

陸軍本色，以白為本
昭告世人，我敢上陣
陸軍本色，以紅為本
昭告世人，我血奔騰

也會純真版：

老太太，跑過街
背著降落傘、腳踏跳傘鞋
「嘿老太太，妳要上哪去？」
「美國陸軍空降學校。」
「上空降學校，妳要幹什麼？」
「上飛機跳傘空中飛。」
「嘿老太太，有沒有搞錯？
好膽青年才能去。」

「嘿小蘿蔔頭，有沒有搞錯？
空降教官就是我。」

還會下流版：

小黃鳥呀小黃嘴
飛到我家窗台上
我拿麵包引牠來
一把砸扁小鳥頭
這個故事是在說
有麵包就有小鳥頭

……可是，我五音不全又毫無節奏感，最後他們拜託我別再自願領隊呼口號了，因為我那排阿兵哥老被我帶得亂了套。不過這是我唯一搞砸的訓練，其他都得心應手。

我們除了練步槍槍法還要學別的基礎軍事技能，例如急救、肉搏、刺刀術。教官後來也讓我們體驗戰鬥可能面臨的極端狀況，其中最夠嗆的是催淚瓦斯演習。上頭發給我們每人一副防護面罩（民間叫防毒面具），叫我們進核生化武器室。接下來，班長施放催淚彈，等整間武器室充滿嗆辣的氣體，他們就喝令我們拿掉面罩、立正站好，沒聽見口令不准離開。

不過催淚瓦斯一入肺，人的直覺反應就是窒息作嘔、開始抓狂。一轉瞬間，我的眼睛就像著了火，喉嚨和肺每吸一口氣盡是熱辣的疼痛。我快嗆死了，但又想逞強，於是靈機一動，撲到地面伏地挺身，讓他們瞧瞧老娘有多剽悍。我一做起伏地挺身，我們班全撲到地上依樣畫葫蘆。班長絕對是另眼相看，才會提前把我們吼出武器室，比別班都早。我們對自己露這一手很是得意，雖然又咳又嘔，還是在那邊勾肩拍背的，超大條的鼻涕直掛到制服胸口。

除了體能和武器訓練，我們也要上「美國陸軍核心價值」課，我也是透過這套課程開始了解加入陸軍為何是種殊遇。隨著時間一週週過去，學員不再各自以「我」為考量，而是全體開始以「我們」作為一個團隊為考量。在陸軍，一個士兵任務失敗，就是整排人馬的失敗。我們很快學會主動伸出援手，務必要讓每個學員都達標，沒有任何一人掉隊。我們學會了互相信任、互相倚靠，把眼光放大，而不是只顧盯著自己。

基訓營真不是人待的地方，可是我實在愛死它了。最令我由衷欣賞的是，我發現陸軍是個只論表現、不問出身的地方。每個新兵的起跑點都一樣，人人都有相同的機會證明自己有那個能耐。在陸軍，沒人在乎我是個家境清寒的混血女孩子。他們不在乎我在哪裡長大、我父母做哪一行、我的戶頭有多少錢（那時大約是五十塊）。他們只在乎我能不能完成任務，願不願意犧牲小我、完成大我。

我在基訓營每過一天，投身大我的意願都更強烈——也更引以為榮。

性別歧視的混蛋

「進階營的女生全死定了！」我還沒看到人影就聽見他說話的聲音。那是一九九一年春天，在馬里蘭州米德堡（Fort Meade）一棟二戰時期的木造軍營，我跟同梯學員全體立正不動。我們來接受春季野營訓練，為夏天的進階營（Advanced Camp）預做準備。對我參加的預官團來說，這是考驗最嚴酷的一年，進階營的得分不只會決定學員在陸軍分發到的職位，也會決定我們能不能任官。

在最高五分的評分系統裡，只拿三分的人都很危險，他們可能會告訴你：「多謝參加，不過今年不用那麼多少尉，我們只挑四分跟五分的人。」那麼你受的預官訓練就全白費了。不過要是你得四分或五分，任官就十拿九穩，分數愈高愈有機會分發到前三志願的單位。

所以我對這為期三天的春季野營嚴陣以待，想為進階營做好萬全準備。我們剛在野外踩進厚厚的泥漿行軍，在潮濕高溫裡操練步槍槍法，我又累又髒，只想趕快清完槍，洗個規定的五分鐘戰鬥澡就往臥舖一倒。不過負責訓練我們的軍事科學四年級生想先好好耍個威風。

身為碩士生，我的年紀不只比同梯的軍科三年級生大，也比大多數訓練我們的四年級還大。老是聽他們對我吼指令、碎念進階營如何又如何，我的忍耐已經到達極限。所以說，聽見一個玩咖型的小鬼胡說什麼進階營的女學員「全死定了」，我特別吞不下去。我的面容保持軍人的鎮定，盯住前方不遠處某一點，但還是不禁把M16步槍緊握到指節泛白，在心裡大喊：厭女的混帳！

發話的人接著走進我的視野：一個名牌寫著「鮑斯比」（Bowlsbey）的四年級生。我感覺得到他在看著我，但我繼續直視前方、面無表情。就算我沒立正，也絕不會賞這個性別歧視的混蛋一眼秋波。

終於，四年級准我們稍息，指示我們開始清槍。我開始動作時，這個姓鮑斯比的傢伙踱了過來。他坐在我一字排開的M16零件的另一端，順手拿起槍機組件清理起來。他自我介紹，並且為剛才那句話道歉。看來我的不爽並沒有我以為的藏得那麼好。

這是我第一次正眼看著鮑斯比。他長得很好看，一頭深色頭髮配窄臉，還有一雙濃眉，不過我覺得真正迷人的是那雙淺褐色的眼睛。他向我微笑，我的鐵石心腸瞬間融化了。雖然不是一見鍾情，但他絕對挑起了我的興趣。

他開始問我問題——初次見面攀談的那種，我在哪念書、修什麼科目，諸如此類。他說他之前應募入伍，在陸軍服了五年役才到馬里蘭大學念書。我心想：**他跟我一樣**，不僅年紀比其他學員大，人生也已處於不同階段。鮑斯比不只是預官團的四年級，其實也是馬里蘭國民兵的直升機機工長，負責維修保養眼鏡蛇攻擊直升機、OH－58奇奧瓦偵蒐直升機和OH－6卡尤塞輕型觀測直升機。

等我的槍械通過檢查時，鮑斯比已經拿到我的電話號碼。那些臭屁的四年級小鬼在整個春訓期間快把我逼瘋了，但他好像不是那種人，所以那句「死定了」是怎麼回事？

直到今天，布萊恩都聲稱那句話不是他說的。他發誓說話的其實是另一個學員，不過他承認當時他聽了也認同（不知為何，他真心認為這樣澄清有比較好）。他也說，他能感覺到我的怒瞪熱辣辣打在他脖子後面，所以才會轉過身來，看到我指節泛白、快把步槍捏爆了。

不管是誰撂下了那句話，我因此遇見的這個男人後來成了我先生。即使面臨我們兩人都無從想像的磨難，他都給予我堅若磐石的支持，也跟我生了兩個女兒。我的直升機在伊拉克被擊落後，布萊恩是我得以出乎醫師預料、恢復走路能力的功臣。當我身在華特里德醫學中心，他無時無刻不陪在我身邊，並且勇敢反對醫療團隊的建議，保住了我走路必須的大腿部位。

對一個「性別歧視的混蛋」來說，他還不賴。

萬綠叢中一點紅

接下來幾個月，布萊恩跟我常在電話上長聊。我們不太有空約會，因為週間要在各自的大學上課，週末不是我忙著在威斯康辛大道一家中國餐館端盤子，就是他得去執行國民兵勤務。國民兵每月大多只需值勤一個週末，不過布萊恩身為直升機機工長得額外操練，所以常常不在。

我們認識以後還是盡量擠出時間，每隔幾週就約個會。布萊恩會來接我，像個紳士一樣為我開車門。等他一坐進駕駛座、發動汽車，錄音帶音響隨之大聲放送的鄉村音樂總令他不好意思。我從前不知道，原來布萊恩想到自己這輩子都窩在馬里蘭州的小鎮，我卻是個充滿異國風情又懂多種語言、住遍世界各地的人，自覺相形見絀。不過我一聽到鄉村老歌星強尼．霍頓（Johnny Horton）的〈北上阿拉斯加〉（North to Alaska），就馬上開始跟著唱：「河流呀彎彎……他們找到的大金塊……」還唱走音咧。布萊恩聽了哈哈大笑。

他問我：「妳怎麼知道這首歌？」

我說：「喔，我從小聽強尼．霍頓長大的呀！我爸超喜歡他。」我在布萊恩眼裡或許充滿異國風情，終究還是溫徹斯特子弟的女兒。

幾週後，我跟布萊恩又在另一次預官野營訓練碰面，這回課程包含一場戰俘情境的演練，四年級扮演敵方戰鬥人員，三年級要想辦法加以捕捉、搜查、審問。所以布萊恩動了點手腳，讓他成為我這組一定會捉到的人。

我是萬綠叢中一點紅，所以總是很注意不露絲毫軟弱。有些弟兄以為他們能要小手段脫身——既然我是女生，在需要貼身互動的情境可能會難為情或害羞，所以他們扮演戰俘時會把違禁品藏到敏感部位，例如把假手榴彈塞進長褲，看我願不願意搜那個地方。沒多久他們就發現，為了達成任務要搜哪裡我都不在乎。我心狠手辣的名聲很快傳開。

布萊恩在全身制服上下到處藏巧克力棒，以為這樣讓我尋寶會很好玩（我知道很瞎，不過這是我人生的羅曼史啊，各位大家）。可是我完全不解風情，我滿腦子只想搞定任務，於是一邊從他身上拉出半打士力架，一邊納悶：**這傢伙他媽的在褲子裡塞這些東西幹麼？**我沒有如他設想的把好料暗藏起來，而是把巧克力棒全部集中，登記為戰俘個人物品。我根本不喜歡吃士力架，不過他那時當然不知道。我或許很愛吃塔可鐘和麥香魚，但說到巧克力可就挑剔了。你要是想請我吃巧克力，好歹挑個真材實料的純黑巧克力，不要是裡面夾一堆牛軋糖跟焦糖的，根本暴殄天物。

魂牽夢縈的玉米田

到了這時候，我即將結束在喬治華盛頓大學研究生第二年的學業（也是最後一年）。除了上課、寫論文、完成預官規定訓練，我也在史密森尼學會（Smithsonian）找到一份工作。有位教授向我透露他們為亞裔美籍學生設立了一個獎學金，我申請上之後就開始為保羅．泰勒（Paul Taylor）博士工作，他是國立自然史博物館的人類學研究員和策展人。

泰勒博士的研究領域是印尼，我負責協助他籌備一場叫《爪哇海彼方》（Beyond the Java Sea）的展覽，集結來自廣袤的印尼群島各個民族的文物。我把交辦事項做完後可以在藏品庫裡尋寶，打開收藏櫃看恐龍骨骸、隕石碎片、生物化石，這些酷玩意兒都屬於博物館龐大的收藏。我也很喜歡到處閒晃，趁員工做事時跟他們聊天。我會問：「你在看什麼死掉的東西？」接下來就能聽一段專門為我做的小演講，主題可能是暴龍蹠骨或恐狼頭骨。

有天下午，泰勒博士問我念完碩士有何打算。我說我想考外交特考，希望能在當外交官之餘兼任預備役軍人。

他說：「妳可以考慮念個博士。既然妳對東南亞和國際事務有興趣，可以為聯合國國際援助計畫工作。」聽他這麼一說，小時候陪爸爸送救援物資到泰國的聯合國難民營時，那種油然而生的光榮感突然閃現。泰勒博士說得沒錯，那會是我全部興趣的理想結合。可是我從沒想過要念博士。我的意思是，我拿到高中文憑時可是欣慰得大哭呢，現在即將拿到碩士學位，已經大大超出預期了。

不過我很喜歡泰勒博士，也信任他的意見，於是著手申請華盛頓特區這一帶的博士班，包括喬治華盛頓大學、維吉尼亞大學、喬治城大學、約翰霍普金斯大學。我告訴他我在考慮哪幾間學校，他說：「哦，妳應該也申請看看北伊利諾大學（Northern Illinois University）。」

我說：「不好意思，你說哪裡？」

「北伊大。」他說。「在伊利諾州迪卡爾布市（DeKalb）。他們有全國數一數二的東南亞研究學程。」

嗯……不要。我心想。我為何要大費周章跑到中西部小城市，去一個我除了在歐海爾機場轉機就從沒到過的州？我點點頭假裝感興趣，隨即轉移話題。

不過泰勒博士對這件事留了心。春假即將到來時，他舊話重提：「我讓妳放幾天假。開車去北伊大參觀一下吧。」

看樣子我得對他更直話直說才行。我說：「不用了，沒關係。我真的沒興趣去那裡念書。」

令我驚訝（也懊惱）的是，他不接受我的拒絕。他告訴我，他已經為我安排好跟該校教授見面，讓我認識一下北伊大的跨領域東南亞學程。他非常堅持，最後我只好接受。反正來個公路之旅小春假順便探探那個地方，也沒什麼損失吧？

於是我跳上我那輛黃色道奇戰馬，駛向奔往迪卡爾布的十二小時車程。我一路穿越賓州、俄亥俄州、印第安納州，看著景觀從東岸大都會轉為中西部大草原。沒過多久，我就發現自己被玉米田包圍——一排又一排抽著綠葉的嫩莖，剛自深黑色的土壤破土而出。

我無法解釋，可是當我驅車穿越伊利諾州的玉米田，全身感覺都放鬆下來。這些美麗的農田欣欣向榮，莫名讓我覺得很療癒，好像這是個我打從心底認識的地方。時不時我會經過一座小鎮，每當我瞥見古老的磚造市鎮廳，或是綠油油的鎮中廣場，周圍都是家庭式經營的小賣店和簡餐店，我都會莫名感動。整個伊利諾州感覺就是溫暖、真誠又好客。

這輩子每逢人問我是哪裡人，我從來不知該如何回答。我在泰國出生，媽媽是華裔泰國人、爸爸是美國人。後來我陸續在曼谷、金邊、雅加達、新加坡長大，在夏威夷念高中和大學，研究所又跑到華盛頓特區……這些地方何處是我家？又有任何一個地方稱得上是我家嗎？我會告訴別人，我爸的家族世居溫徹斯特，只不過，雖然我跟他逛過那些墓園，看過刻著我祖先名字的墳墓，還是從不覺得維吉尼亞是我真正的家。無法簡單回答這個問題，讓我覺得自己漂泊無根。要是我不知道自己出身何方，又怎能知道自己是誰？

從我在一九九一年那天駛進伊利諾州的那一刻起，我就覺得自己屬於這個地方。這裡的玉米田、草原和鄉親，都讓我覺得既安慰又熟悉。這輩子第一次，我終於能夠無拘無束，深深呼吸。所以我申請北伊大，上了東南亞學程博士班。我也終於回到了家。

想想也是不可思議，有時隨口聊個天，竟然就改變了你的人生軌跡。當年在喬治華盛頓大學，要是那個參加預官團的同學沒建議我去上基訓營，我就不會加入陸軍，也永遠不會與布萊恩相遇。要是泰勒博士沒堅持要我去看看北伊大，我永遠不會在伊利諾州落腳，也絕無榮幸在這裡成家立業、為這個偉大的州先後擔任參、眾議員。這些微小時刻不過是漫漫歲月中的電光石火，卻決定了我成年後的道路。

我在人生前二十三年見過很多世面，但說到我即將面對的遭遇，還是沒有任何事情能幫我做好準備。

第七章

直昇機駕駛

今天你如果請我說說自己是怎樣的人，我首先吐出來的詞會是「軍人」和「直升機駕駛」。為陸軍出飛行任務不只是我幹過最棒的工作，也成為我的身分認同。這就是我。

怪就怪在，當初我完全沒想過要當直升機駕駛。

一九九一年春天，我們軍科三年級都在填分發申請表，基本上就是為任官後想服務的單位填個初步志願。因為我會說多種語言，我想我最後應該會進軍情單位。又或者，因為我在海軍學會學了那麼多感應器材知識，可能會成為通信兵科的軍官，跟爸一樣負責電信工作。

不過最終不是真的由我作主，因為上級是根據「陸軍所需」來分發人員。你要申請任何單位的任何職位都可以，但陸軍在你任官那年如果需要步兵軍官，你就得去步兵單位。要是陸軍需要化學兵科軍官，你覺得呢？你就得為核生化戰事效力啦！我是覺得已經在毒氣室待夠了，全心希望最後不會去化學兵科。

教官告訴我們：「全陸軍有二十四種單位可以去，選好你心目中的前五名，給它填下去！不過要記得：一定要包含至少兩個戰鬥部隊的單位。」整間教室在我們瀏覽資料時陷入一片安靜。

教官接著說：「對了，剛才說的規定只有達克沃絲例外，女生當然不能進戰鬥部隊。所以達克沃絲，妳什麼單位都能選，戰鬥部隊除外。」

在那個年代，陸軍單位分為三大兵種。戰鬥部隊是「衝鋒陷陣」那群人，負責揮舞殺敵的武器，從步槍（步兵）、坦克（裝甲兵）到榴彈砲（砲兵）都是。第二類兵種是戰鬥支援部隊，負責各種戰地工作，諸如通信（士兵出動殺壞人的時候才能溝通），軍事情報（讓士兵知道要宰誰、怎麼宰最好），以及心戰（擾亂敵方神智，讓他們變得很容易宰掉）。第三類兵種是勤務支援部隊，包括軍械兵團、財務兵團、採購兵團。他們負責保障戰時的地面部隊具備必要的能力。

我讀過各種單位的介紹之後舉手發問：**「長官，有沒有任何戰鬥職務是女性可以擔任的？**難道軍隊不讓女性以飛行員這類角色參戰嗎？」我以為陸軍航空兵（Army Aviation）也開放女性參加，還有傳言說，航空隊可能很快會對女性開放戰鬥飛航職位。我若想擔任戰鬥職務，這大概是最好的途徑——除此之外，飛行員訓練本身也很吸引人。不過這位教官當場澆熄我這個美夢。

「沒有，」他說。「女人不能當戰鬥飛行員。」就這樣，沒得商量。

我大失所望，這感覺很不公平，不只對女人，對男人更不公平。我將來要是跟弟兄同軍銜又同酬，就想面對一樣的風險。我想當的是「軍人」，不是「女軍人」。我不情不願地瀏覽過文件資料，開始填前五志願。

我的第一志願是通信兵科，向爸致敬。第二志願是軍情。接下來……我在陸軍還能做什麼？拿掉戰鬥部隊就沒剩什麼有趣的職位了。最後我的前五志願也包括軍械兵科，涵蓋後勤支援和軍火、砲彈和其他炸藥的採購任務。不過教官的回答令我耿耿於懷。雖然我最初對飛航隊沒多大興趣，現在平白被剝奪這機會，就覺得很不爽了。

那年夏天稍晚，有天我對布萊恩提起不知我會進哪個單位。我說：「我竟然不能加入戰鬥部隊，真是太瞎了。」依然忿忿不平。布萊恩問我是什麼意思，於是我把那位教官的話轉述一遍。

布萊恩做了個鬼臉說：「嚴格來說，那個教官說得沒錯，可是他沒有老實說出全部事實。」他解釋，雖然陸軍的確沒有任何女性「戰鬥職務」，可是女人能加入兩個戰鬥部隊單位：防砲部隊和航空隊。所以說，即使女人不准在戰鬥中駕駛眼鏡蛇攻擊直升機，還是可以開黑鷹突擊直升機和醫務後送直升機。而且在防砲部隊，女性儘管不能當刺針飛彈指揮官，還是可以當愛國者飛彈指揮官，因為愛國者飛彈是防禦型武器。基本上，加入陸軍的女性可以在戰區服役，只要我們嚴格來說不是率先開火的一方。女性可以為防禦回擊，但不能領導實際的「戰鬥」。

對了，有人能解釋一下這是什麼荒唐邏輯嗎？

我毫不懷疑，喬治城大學預官團那名教官沒全盤托出，就是不想要女性申請那些職務。當時陸軍剛向女性開放這些極其有限的選擇，很多戰鬥部隊的弟兄還老大不高興呢。可是我一旦獲得這項新知，立刻回頭重填志願表。這一回，我把前兩志願改為航空和防砲部隊，第三志願才是通信。

這下我決心成為戰鬥部隊的軍官，有兩個理由。首先是原則問題：我不想要單純因為是女兒身，就比男生面對更少風險。其次，在軍旅擔任戰鬥部隊的指揮官別具優勢。看看是誰晉升到最高官階，例如陸海空三軍的參謀長，你會發現他們全指揮過戰鬥任務。我不想被剝奪這個機會。

一九九二年，軍方高層正在研擬開放女性駕駛戰鬥飛行器。我從沒想過要當飛行員，但飛航隊既然是唯一允許女性參戰的單位，我就想加入這一個。

我知道要獲選進航校受訓的競爭無比激烈，於是做了點功課，發現想進飛航隊有條密徑可走。如果我在預備役任官，而不是成為現役陸軍少尉，那麼有些預備役單位會保我去上航校，例如這一個就會：第二二八航空團二營B連（Bravo Second Battalion of the 228th Aviation）。於是我瞄準他們遞件申請。

夢想的飛航學校

沒當過兵的人可能不清楚「現役」（active duty）、「預備役」（Reserves）和「國民兵」（National Guard）的差別。現役軍人全職為軍隊工作。預備役是兼職軍人，每週值勤一個週末、每年服一次兩週的完整役期，平時通常有別的工作和生涯規劃。預備役往往有「週末戰士」（weekend warriors）的綽號，然而這有點損人，也小看了他們投入勤務的時間心力。以預備役飛行員為例，為了維持駕駛水準，他們得完成與現役軍人同樣嚴格的基礎飛行訓練。所以到頭來，我們的「週末戰士」往往在那些個週末之外，每週還得為軍隊職責投入超過十小時的時間，又得兼顧民間的全職工作。要是你擔任領導職，例如排士官長、二等士官長、連長，每週得額外投入多達二十小時跑不掉，而且全是無薪付出，外加例行的週末操練。

預備役還能分成兩大單位：國民兵和一般的預備役（regular Reserves）。國家凡需額外兵力，這兩種單位都能經由總統動員，戰爭時期最常如此。有時某州遭遇天災人禍，需要人力支援或軍隊出面維安，國民兵也會應州長徵召出動，例如遇有龍捲風災、水災、暴動等等。所以國民兵容易比預備役更忙一點。

我申請美國陸軍預備役第二二八團二營B連的時候，他們恰好開了個正合我意的缺：直升機單位的排長，要負責分派任務和直升機給飛行員。我得接受面試，為了確認我適合上航校，還要通過一項能力傾向測驗。不過我不只想「通過」測驗而已，我想高分通過。所以我買了一份專門參考書，每晚做完博士班課業後花幾個小時惡補。

這項測驗含多個部分，包括飛行儀表理解力、機械性能知識，以及數學。有些部分能靠研讀，可是例如視知覺這種部分，評估的純粹是天生能力。測驗有一題秀出一架航空器的剪影，你得依圖示角度判斷它在接近或遠離你。另一題則要你根據航空器的輪廓判斷它的羅盤和人工地平儀航向。我在視知覺測驗的表現很出色，看來我的腦袋天生擅長這一塊。

測驗的另一部分是背景調查，陸軍藉此判斷你是否具備當飛行員的心理素質。問題有：「你喜歡極速飆車嗎？」、「你騎重機時喜歡戴安全帽或不戴？」這部分的題目沒有錯誤答案可言，不過比較「可喜」的答案是：「我喜歡騎重機，但總是會配戴安全帽和其他護具。」這些問題是為了找出誰具有A型性格，又不至於愛冒險過了頭。畢竟一個優良的飛行員要有自信但不愚蠢。

要具備進航校的資格，這個測驗至少要拿九十分。我拿到一三三分，在所有考生當中名列前茅。所以我準備好向航校進發，只不過……他們一個名額也沒有。太多人想進陸軍航空兵，想念航校通常得等上一年或更久。我別無選擇，只能原地等待缺額釋出，一邊繼續念博士。布萊恩搬來伊利諾州與我同居，我們的關係又更進一步。同一時間，我每月一個週末按時向格倫夫由海軍航空站（Glenview Naval Air Station）報到，履行預備役職責。

我是直升機單位的排長，手下大約有二十人，其中一些飛行員是打過越戰的老鳥。這些老兵見過大風大浪又比我年長，起初我不確定他們看到長官是個亞裔女孩子會作何反應。不過他們超愛拿越南來說嘴，也很喜歡聽我說我爸的戰爭故事。一聽我說我小時候在一九七四年住過柬埔寨，他們馬上興奮到不行。「**乖乖，七四年的時候我十九歲！**」「**我曾經飛過柬埔寨上空欸！**」這些越戰老兵真的名符其實地把我捧上天：他們會開直升機載我升空，有一兩個人還讓我握控制桿。這在我受過飛行訓練之前理應絕對禁止，不過我跟這些弟兄從此結下鐵桿交情。

我在一九九二年五月任官，隔天，我的預備役單位指揮官羅伯特．竇爾（Robert Doehl）上尉就給了我一些忠告。他告訴我：「不論妳什麼時候進航校都要用功打拚，一定要讓他們選妳開黑鷹。」

我聽了很困惑，就說：「可是我們單位只有休伊和奇奧瓦。」指的是停在我們棚外停機坪上的貝爾UH－1H直升機和OH－58奇奧瓦偵蒐直升機。「一架黑鷹也沒有。」

竇爾上尉說：「這不重要，休伊要退場了，黑鷹是陸軍飛航隊的未來。妳要是想開直升機，就得成為黑鷹駕駛。」休伊是備受飛行員喜愛的傳奇機種，能執行百百種任務又出奇堅固耐操。不過西科斯基公司（Sikorsky）的UH－60黑鷹直升機是更新穎也更強大的雙引擎機種，休伊只有單引擎。

我真心不在乎開哪種直升機，但確實希望飛行生涯愈長久愈好。所以我牢記竇爾上尉的建議。別人給我任何忠告，我都感激不盡。

有鑑於等各家航校釋出名額可能要等起碼一年，我決定遵循竇爾上尉給我的另一條忠告。他告訴我一個鮮為人知的航校預備函授課程，上這門課能超前部署，提升入學後的考試成績。

在那個年代，軍人能透過軍方的遠距教學方案上函授課，有些能用於累積退休點數。我去函申請陸軍航空兵的航校預修課，幾週後，一包教材出現在我家信箱。我在研讀並做過全部習題之後，會把教材最後一頁的考卷寫一寫，撕下來寄回航空隊。如果考試過關，隔週我會收到另一包教材——如此這般，直到完成全部課程為止。過程冗長乏味，但我每做完一本，又朝目標更邁進一步。

那年稍晚，我們單位的作戰官派特・奧索斯基（Pat Osowski）中尉又給我一個很棒的忠告。他建議我不時打個電話給陸軍航空兵的航校分發主任，每週至少打一次。偶爾總會有個學員退學，分發主任就會把新空出來的名額給那天剛好打過去的人。奧索斯基中尉又說：「重點是，分發主任一直是同一個人，妳要是每星期都打過去，她會記得，以後就會在有缺的時候主動聯絡妳。」顯然很多學員都這麼做過，以致於航校有個傳統：你一入學就要送那個主任一打玫瑰謝謝她。

無須多言，我拿起電話開始打。一而再、再而三狂打。我會說：「嘿，又是我！有消息嗎？」或是：「嘿，我還在唷！一聲令下，小的馬上奉陪！」我用盡一切方法確保她知道我是誰、我又有多麼渴求一個名額，終於在一九九三年三月某個星期五，頭彩臨門。她在電話那頭說：「OK，我們剛空出一個名額，妳能在星期一前趕到魯克爾堡（Fort Rucker）嗎？」

「遵命，主任！」我幾乎是用吼的說出這句話。**耶，我出運啦！**那時博士班正在學期中，但我不在乎，我恨不得立刻飛上天。航校規定要接受一年全職訓練，我橫豎都得休學。於是我很快打了幾個電話、收拾好一口行李箱、與布萊恩吻別，隨即跳上他的紅色本田喜美——我已經賣了那輛黃色老戰馬付博士學費——踏上往阿拉巴馬州的十四小時旅途。

奮發苦讀

打從抵達魯克爾堡那一刻起，我就把目標對準黑鷹。我的第一步是跟負責分發預備役受訓名額的一等士官長談談。一等士官長是基層士兵能晉升到的最高官階，我找上的這一位就如同大多數坐鎮這位子的人，令人望之生畏。他坐在陸軍配給的灰色金屬辦公桌後頭，收件匣裡的文件疊成小山，身後掛滿大大小小的部隊徽章和獎章。他看起來一點也不想讓一介乳臭未乾、新上任的少尉打擾他。

我開門見山：「一等士官長，我要怎樣才能開黑鷹？」

他老大不情願地從文件中抬起頭來，稍微打量我一下，然後說：「今年我還有一個預備役的黑鷹名額，不過現在才三月，我不會這麼早就把這機會浪費在妳身上。」航校主要得讓現役軍人受訓，所以課程只為預備役保留一定比例的名額，何況休伊和奇奧瓦的名額雖然很多，說到阿帕契和黑鷹這類高階機型的空缺就少得多了。一旦錯過那唯一的名額就沒指望了——再會啦，心愛的無緣的黑鷹。一等士官長把注意力轉回桌上的文件，不過我還不想結束談話。

我說：「一等士官長，我真的很想要那個名額。請您直說我該怎麼做。」他連回都懶得回，只是搖搖頭，示意談話已經結束。不過我就像面對分發主任一樣，緊咬著他不放。我三番兩次去見他，每次有個三十分鐘或午餐時間的空檔，就會晃進他的辦公室死命懇求。就像滾石樂團的歌詞，人生未必有求必應，但你要是把對的人糾纏到抓狂，就比較有可能心願得償。

我苦苦求他：「一等士官長，幫幫忙，我真的很想開黑鷹。拜託告訴我該怎麼辦才好。」他一如既往，理都不理我。我說：「如果我得在你家門口紮營才能知道，我就會去哦。我究竟、到底該怎麼辦啦？」

最後他終於怒了：「非常好，系統測驗給我考一百分，實機測驗給我全班第一名結業。妳要是兩樣都辦到，我就考慮考慮！」

一等士官長大概以為我兩樣都達標的機率是零，但他這就不懂我了：只要我真心想要某樣東西，你又告訴我得到它的辦法，我一定照辦。如果唯一的障礙是需要下苦工，那就是沒有障礙，因為我為達目的，移山倒海在所不惜，就算一次只能移一小顆石頭我也會移。我的做法不是姿勢最華麗的那種，不過我爸教會我抱定目標、我媽教會我努力打拚，手無寸鐵時更非如此不可。所以我把一等士官長的話刻在心頭，開始一吋一吋往黑鷹逼近。

航校不是一開學就讓我們飛上天，入門課程在教室裡進行。我們要把航空器的運作系統和機械原理背得滾瓜爛熟，例如噴射引擎有哪些零件，又是如何運轉。我們要研讀液壓系統和空氣動力學，還有航空交通規則和管制條例。我已經透過函授課程學過空氣動力、氣象和航空交通規則，但還沒學過機械工程，所以這些系統測驗對我來說是最困難的，挫折感也最重。更何況一等士官長已經說了，我非拿一百分不可。

我做了好幾次航空器次級系統的小考，每次得分都在九十五到九十九之間，完全就是學生時代的惡夢重現：大半都拿A，但永遠不完美。不論哪項科目、我多麼用功讀書，好像就是無法突破天花板。噴射引擎——九十八分。液壓系統——九十六分。傳動系統——九十八分。啊啊啊啊啊！要是我在次級系統的小考就拿不到滿分，綜合全部系統的期末考肯定也不會。我沒有犯錯的餘地，只能做我唯一會的一件事——卯起來繼續苦讀。

終於，系統期末考的大日子到了。總共有一百道複選題，我逐一細細檢查每個答案，眼睛都泛淚昏花了。等我交出考卷，我自知已經盡了一切努力。現在只能等成績出爐了。

我們在教官改考卷時吃午餐，一小時後魚貫回到教室。大家像平常一樣有說有笑，我環顧四周，發現其他弟兄——幾乎全是弟兄，全班八十人除了我就只有一兩個女的——似乎沒有一個像我一樣，為了成績那麼緊張。教官在助教發還考卷時說：「各位，我太失望了，只有一個人滿分。很多人很接近，但只有一個人拿一百分。」我心一沉，從小學時代就糾纏我的「不夠好」情結湧上心頭。我知道那個一百分不是我，因為絕對不會是我。我把考卷反面朝上放在桌上，先深吸一口氣才把它翻過來。看吧，教官的紅色筆跡就是證明，我確實不夠好：九十八分。我好想哭。

我往下掃視，想看看是錯了哪兩題，給自己的傷口撒鹽。我看到自己答錯的第一題，發現我的答案……其實正確。我又看了另一題，也是一樣。教官評我答錯了，但我完全確定答案是對的。我又深吸一口氣，起身走向教官的座位，對他說：「長官，您能不能解釋一下，我這兩題是怎麼答錯了？」

有兩個弟兄看到了，過來教室前面跟我站在一起。教官看著我的答案，我衝口而出為何我覺得那其實無誤。有那麼令人焦心的一瞬間，他一句話也沒說。接著他點起頭來：「對，我懂這個問題的寫法為什麼會讓妳推出那些答案。」他轉向全班，問有誰在這兩題也答得跟我一樣、是不是也被評為錯誤。那兩個來前面加入我的弟兄舉起手，還有其他五、六個人也是。「好，拿你們的考卷過來。」教官說。然後他頭也不抬，直接在我的答案旁邊簽上姓名縮寫，把大大的紅色「九十八％」劃掉，改寫上「一〇〇％」。

「恭喜妳，達克沃絲。」教官說。太好了！我成功了！我過了開黑鷹得鬧的第一關。我拚命按捺自己別像跳跳桿一樣蹦來蹦去，對他說：「謝謝長官。」接著回到我的座位，但還是忍不住跟那兩個弟兄擊掌慶祝。

該專心闖第二關了。訓練走到這個階段，我們每天上午在教室上課，接著匆匆吃個午飯就前往機場，實際上機訓練。想在課後練習也有飛行模擬器可用，雖然等我們完成所有規定作業，一整天已經過去了。但我不在乎，每天傍晚我都直接向飛行模擬器報到，再練三小時。

飛行模擬器完全復刻了休伊直升機的駕駛艙，接在一個三軸心的液壓系統上，能全方位轉動自如，模擬飛行狀態。窗戶用油漆塗封，從艙裡完全看不見外面；這是為了讓你學會只靠儀表顯示的機身狀態和方位來駕駛。裡面也有麥克風和耳機，用來與駕駛艙操作員通話，那是陸軍雇用的平民技師，負責透過控制台操作整組模擬器。

駕駛模擬器的感覺就像開真的直升機，所以我一天不漏，每晚都去飛。

偶爾我也會看到一些同學來練習。那年頭的航校學員可以帶平民來坐模擬器——這是為了禮遇想帶配偶了解自己在受怎樣訓練的學員。想當然耳，大家馬上得寸進尺。我同學大多是單身小夥子，於是趁機開始帶約會對象上模擬器，向女方秀一手。好笑的是有一半機率，他們在軍官俱樂部或附近酒吧認識的女生，開起模擬器都比他們更厲害。

有一天，一位駕駛艙操作員往一個來約會的女孩子指了指，對我說：「看到那個美眉嗎？她常來。她幾乎跟每梯飛航班的某個新生都來過。」他又竊笑說：「她假裝從沒看過這玩意兒，其實她閉著眼睛都會開。」這個女生或許是衝著玩模擬器而來，但她是例外，在基地附近的城市，例如多森（Dothan）、恩特普來士（Enterprise）、奧索卡（Ozark），有些女孩子就想找個陸軍飛行員嫁了。就我記憶所及，我至少有兩個同學最後跟念航校時認識的女生結婚。

正當弟兄們拿飛行模擬器把妹之際，我卻忙著為實機測驗準備。針對考題或許會出的每一種航程和緊急狀況，我做了各種可能的排列組合，一再反覆練習。這就像為了通過駕照路考，把監理站方圓百里內每條大街小巷開過一次，連續三個月每晚如此。等到實機測驗舉行時，我希望教官不論丟來什麼考驗，我都見過也練過一百次了。一切額外練習都有了回報，後來我在實機測驗的飛行部分拿到全班最高分——一等士官長給我設下的第二道門檻。

我們班的班長是個叫貝克（Baker）上尉的弟兄。他是個魁梧的硬漢，在沙漠風暴行動當過坦克指揮官，回國後決定換跑道當飛行員。實機飛行測驗的成績一公布，大家都看得到我是最高分，幾個玩咖型的同學就開始出言不遜了：「唉唷，瞧瞧達克沃絲，妳的飛行測驗考官是誰，聖誕老公公嗎？」

出乎我意料之外，貝克上尉一把抓住那傢伙的襯衫把他往牆上一推，用低沉的嗓音說：「你要是有在注意，就會知道達克沃絲過去三個月每天晚上都花三小時練飛。她花了多少時間，你們這些爛貨沒一個比得上，所以閉上鳥嘴吧你。」像他這種上過戰場的狠角色會挺我，真教我受寵若驚。我在陸軍遇過一狗票性別歧視的混蛋，但也遇過無數像貝克上尉這樣的大好人。

成績一公布，我馬上跑去見一等士官長，對他說：「所以……你的要求我都辦到了。」「媽的，」他低聲咒一句，一臉皮笑肉不笑的。「好吧，名額給妳了。」

我那梯飛航班總共有四十名軍官，最後只有三人成為黑鷹飛行員，兩個是現役軍人，我拿到預備役僅剩的那個名額。我把自己操到昏天暗地，但一切辛苦全都值得。因為過了幾年，陸軍就把預備役的飛航隊改制到國民兵之下，只有黑鷹飛行員可以跟著轉任繼續飛。要是沒有聽從竇爾上尉的忠告，我的飛航隊生涯開始沒多久就告吹了。

飛翔的重金屬節奏

航校在開學兩個月後就讓我們上直升機練習，陸軍管這叫開「五分機」（Nickel Ride），這說法來自雜貨店外給小朋友玩的搖搖車，每「飛」一趟要投五分硬幣。這是學員首次在直升機飛行時坐到駕駛艙的控制面板前。我們開五分機大抵只是做個樣子，真正負責飛的還是教官。雖然如此，能坐進駕駛艙升空，體驗一下獨自開直升機是什麼滋味，還是太有趣了。五分機之旅結束時，我根據陸軍傳統，送教官一枚打著我出生年分的五分硬幣。我的飛行生涯就此展開。

陸軍飛行員有種自謙自抑的特質。我們既不是空軍的噴射機飛官，也不是海軍的「捍衛戰士」，不會開著戰鬥機從航空母艦衝上雲霄。我們是運將、老司機，軍隊航空界貼著地面慢慢飛的駕駛員。我們有種不准自己太拿翹的傳統——就從五分機這說法開始，自嘲任何人只要有五分錢都能跳上直升機開一回。

一九七一年，哈利．李森納（Harry Reasoner）曾以直升機駕駛為題，為ＡＢＣ新聞網寫了一篇評論。我很喜歡他的論點，因為我們和別的飛行員有何不同，這篇文章說中了精髓：

> 重點在於，直升機跟飛機不一樣。飛機天生就想飛，只要不受異常狀況或能力太差的駕駛的侷限，飛機就能飛。直升機不想飛。它之所以能停留在空中，原因是多種互相矛盾抵觸的力量和操控在作用，這微妙的平衡但凡受到丁點干擾，直升機馬上就不飛了，也馬上就是災難一場。
>
> 世界上沒有翱翔天際的直升機這種東西。
>
> 這是直升機與飛機的駕駛如此南轅北轍的原因。一般而言，這也是為何飛機駕駛總是英

姿勃勃、談笑風生，是活潑的外向型人物，直升機駕駛則滿腹心事，總在內省並等著麻煩臨頭，因為他們知道壞事即便尚未發生，亦不遠矣。（一九七一年二月十六號，ABC新聞網評論，哈利．李森納）

「總在內省並等著麻煩臨頭」，這句話完全就是在說我。我的意思是，你看我還是個小鬼的時候，聽說我爸要離家一年，第一反應就是檢查廚房水槽底下有沒有米。我總是在注意潛在問題的解決辦法，往往時間尚早就未雨綢繆。

直升機駕駛也是冷面笑匠，多半笑死人不償命。我們會在駕駛艙裡掛幸運物，五花八門應有盡有，像是馬蹄鐵、幸運兔腳、絨毛骰子，我個人最愛的是呼拉舞女的塑膠小公仔。有好幾次在駕駛艙——尤其是戰鬥期間——我和搭檔駕駛會互講低級蠢事和黑色笑話紓壓。

我在從軍期間特別常講一個笑話，讓初次跟我搭檔的組員知道我雖是女性又是軍官，跟他們還是自己人。我會在出飛行任務時沒來由隨口一問：「嘿，當無神論者最大的缺點是什麼？」對講機會陷入一陣沉默，弟兄會想破頭我在講啥五四三，這又跟我們的航程有啥關係。等他們完全中計、一頭霧水，我才會拋出腦筋急轉彎的答案：「別人幫你吹喇叭的時候，你就沒說話對象了啊！」這個笑話每次都會引來哈哈大笑，立即緩和機艙的緊張氣氛。而且我覺得這個哏應該有官方認證，因為這是布萊恩教我的，他又是跟他從前的眼鏡蛇分隊一個飛官學來的，那位弟兄恰好還是隨軍牧師呢。

打從我第一次搭直升機升空，就不敢相信陸軍真的付錢讓我做這件事。實在太好玩了，根本不像工作。我們會在飛行服的袖子別「樂趣儀」貼片，別在筆袋蓋子蓋住的那個地方，因為制服上其實不准亂貼東西。貼片的圖樣是有綠黃橘紅四區的刻度盤，指針永遠指向紅區代表的「超好玩」。

你對小約翰・吉斯比・馬吉（John Gillespie Magee Jr.）寫的〈高飛〉（High Flight）應該不陌生，這首詩用「掙脫大地陰沉的束縛」、「伸手觸碰上帝的臉龐」這些名句來形容飛行員。

怎麼說呢，開直升機不是那樣。直升機飛行不是優雅翱翔、絲巾隨風飄揚那個調調，而是考驗心臟強度的大冒險。

我先生很喜歡玩滑翔翼，一升空就會在天上待個三小時，在那邊原處繞啊繞的。對他來說，抓住上升暖流，居高臨下飄來飄去正是樂趣所在。他就愛那種滋味，在我聽來卻無聊得要命。對我來說，飛行是一鼓作氣直上雲霄，該拿下什麼靶子、抵達哪個定位，就往那裡衝過去。飛行是把我負責的鐵鳥綁在背上，在空中衝鋒陷陣，徹底駕馭那具凶悍且不容失誤的機器。布萊恩會指著一架滑翔翼的軌跡說：「看，多美啊，好有氣流的動感。」可是我喜歡其貌不揚的航空器，看起來根本飛不動的那種，外表越粗勇越好。

布萊恩愛的是飛行的詩意，我愛的卻是飛行的重金屬節奏。這也是我成為直升機駕駛的原因。

瘋狗連連長

我從航校結業後，再度跳上布萊恩的紅色喜美，踏上往伊利諾的歸途。途中我在喬治亞州一家大賣場稍事停留，挑了件特價的新娘禮服。其實我跟布萊恩已經在一年前公證結婚，但我們也想辦場婚禮跟親朋好友同樂。

我們打算在艾吉伍禮拜堂（Edgewood Chapel）結婚，那是布萊恩馬里蘭老家的一間紅磚小教堂，能一覽波光粼粼的乞沙比克灣（Chesapeake Bay）。因為我們是自費辦婚禮，負擔不起太多花俏裝飾，不過我們倆都想舉行一項特別的傳統儀式：劍門禮。也就是在婚禮終了時，六名同袍軍官高舉配劍交織成一道拱門，讓新郎新娘從下面走過。

布萊恩負責為劍門禮找到六名軍官，不過他打了三個月的電話還是一無所獲。最後他打給亞伯丁試驗場（Aberdeen Proving Ground）的軍械技術學校，跟一位二等士官長通上電話。布萊恩說：「大哥，我需要一組人馬幫我行劍門禮，事成的話，一桶啤酒謝您，一桶謝那些弟兄。」過了十五分鐘，士官長回電了，他說：「搞定了，你安啦。」二等士官長（Master Sergeant）是軍中數一數二的高位，有「爆破大師」（Master Blasters）的綽號不是沒原因的。

我們在一九九四年六月舉行婚禮，隨即在迪卡爾布安家，走入婚姻生活。但沒過多久，我們幸福的家居日常就被軍令打斷了。一九九五年秋天，我接到這輩子第一次海外部署令，陸軍徵調我參加「耀星行動」（Operation Bright Star），也就是北約組織在埃及的培訓演習。

耀星始於一九八〇年，是大衛營協議（Camp David Accords）簽訂之後，美埃兩國加強雙邊軍事合作的方案之一。每兩年一度，數萬名兵員集結在西開羅空軍基地進行聯合訓練，其中包含大規模的實地演習，可以看到坦克浩浩蕩蕩開過西部沙漠（Western Desert）。我負責演練為坦克車提供後勤支援、運送兵員的任務。聽起來或許不太刺激，但這代表我能低空飛越遼闊的沙漠，甚至能經過古夫金字塔旁邊。我第一次出勤時差點驚訝得倒抽一口氣——在上古奇觀幾百公尺距離內開直升機，哪來這種千載難逢的機會啊？感覺太超現實了，好像飛在夢裡。

耀星行動為期一個月，之後我又回迪卡爾布念博士。我回家不久後就得知陸軍打算解散我的預備役單位，於是我為了延續飛行生涯轉任伊利諾州的國民兵，第一個職位是第一〇六航空營A連第一分遣隊的隊長。那個分隊外號「幽靈」（the Phantoms），本營在伊利諾州第開特（Decatur）市郊。一年後，我又轉調到一〇六航空營B連當連長，它的外號「瘋狗連」（Mad Dogs）比較廣為人知。我對這個單位所知不多，純粹是為了職涯規劃轉過去的，不過在我剩餘的飛行生涯中，瘋狗連成了我在陸軍最珍惜的大家庭。

一九九七年，陸軍又派我到蓋亞那參加「新地平線行動」（Operation New Horizons），這一回不是戰鬥演習，而是執行人道任務——為亞馬遜雨林的原住民部落蓋醫院、公廁和學校。我是飛航組的主官，我們的任務是把補給品載運到亞馬遜深處。那些部落生活的地方偏遠到無路可達，經亞馬遜河船運補給得花三天時間，所以最好也最快的交通方式是搭一個半小時的直升機。

我們執行了很多次吊運任務，意思是補給品沒有搬進機艙，而是用繩索捆住，再用貨鉤吊掛在直升機下方運送。這種航程很考驗駕駛技術，尤其負荷要是很重，例如吊了好幾棧板的瓶裝水或木材的時候。你在操縱直升機時，下面吊掛的木材會盪來盪去，好像一片想自己飛的翅膀，所以駕駛不只得控制直升機本身的動向，還得控制貨物的動向。任何東西一旦滑出吊繩，就會永遠消失在底下茂密如織的雨林裡。

為新地平線行動出飛行任務是一大挑戰，但也讓人特別有成就感。有一座巡迴診所的建材就是靠我們運進雨林的，後來我們聽說有個小女孩因為那座診所保住了性命。她被毒蛇咬傷，幸好她父親知道下游有美國醫生，於是把她抱上獨木舟，划了兩天船帶她去我們的診所。為有需要的人提供醫療資源、學校和公廁，真是愉快。來到地球上這充滿魔力的角落，在鬱鬱蔥蔥的雨林頂上嗡嗡盤旋，自然也是酷到不行。

我第三次出海外任務是到冰島參加「北方維京行動」（Northern Viking）。二戰時期，盟軍在那裡的冰河遺留不少建材跟設備，現在都老朽生鏽了，我們的任務就是去清垃圾。這一回，我要飛過有深深裂隙的天藍色冰層，對著延伸到天際的冰天雪地嘆為觀止。我小時候雖然去過很多地方，卻怎麼也想像不到有天會駕駛直升機飛越冰河，彷彿在航向某個遙遠的冰凍行星。

那些年間我非常喜歡出任務，雖然要找到時間履行預備役職責並不容易。一九九〇年代最後幾年，我除了給博士學業收尾，也要做其他工作以支付家用。我為北伊大的護理研究中心做過一陣子統籌人員，研究環境氡輻射暴露的問題，後來又在國際扶輪社當經理，幫他們在亞太地區設立與輔導地方分社。為伊利諾國民兵值勤就像第二份近乎全職的工作，尤其在我升連長以後。

瘋狗連的本營在芝加哥中途國際機場，距迪卡爾布一個多小時車程。身為飛官，我不能每個月只去報到一個週末，因為我得維持駕駛精熟度，所以每年得額外累積九十六小時的飛行時數。雖然聽起來不多，但再計入通勤、行前準備、你得犧牲的那些個週末，林林總總加起來馬上就很可觀了。

這些訓練不是你能選擇要或不要的，因為沒完成規定時數就不准升空。只可惜，這些時數幾乎也都不給薪（還是能累積退休點數就是了）。國家撥給國民兵飛行員薪水的預算有限，用完就沒了。所以飛行員和組長到頭來得上幾百小時的無薪班——我們管這叫「為上帝和國家飛」，或是「飛免費的」。幸好在伊拉克戰爭之後，這種狀況比較少見了。我寫到這裡的時候，正與其他參議員共同提出一項法案，讓預備役與職等相應的現役軍人領取同額飛行給付。

我當瘋狗連連長的時候，會在扶輪社上一整天班，再開車到中途機場，繼續花四、五個小時處理國民兵事務。其他時間我也要出飛行任務，或是為即將到來的週末操練額外花幾天無薪值勤。殘酷的事實是，預算一旦沒了就是沒了，但工作還是得做。

對預備役軍人來說，駐外又是另一個難關。一旦接獲徵召令，非得放下手邊的一切不可，離開你的工作、家人、家園長達數月甚至數年，軍隊命令你去多久就是多久。我們很多「週末戰士」因此惹得雇主不悅。老闆依法不能炒你魷魚，但他們要是在你不在時「縮編」、拔掉你那個職位，或是掰個別的理由叫你不用費事回來上班了，也沒什麼真正的辦法能加以阻止。

一九九三年，密西西比河與密蘇里河潰堤導致慘重的大洪災（Great Flood），美國中部有七萬八千平方公里的土地泡在水裡，國民兵部隊就應召連續值勤了好幾個星期。其中有些人是律師、法官、會計和公司執行長，卻放下高薪職位，為各州全天候執行日薪僅僅三十美元的任務。很多人的公司因此倒閉，還有人積欠房租或遲繳房貸。但他們曾誓言報效國家，也說到做到。

所以說，為什麼還是有人選擇服預備役，而不是當現役軍人？畢竟現役軍人拿的是全職薪水，不論退伍時年紀多輕，服役滿二十年即享有完整的退休福利。寧可選擇預備役的理由有很多。有人不想放棄收入優於軍隊的民間工作。有人不願接受職業軍人的宿命，每兩三年就得搬家。有人曾是現役軍人，在役期期滿後轉任預備役。

然而我們都有一個共通點，就是有一顆想報效國家的心。身為美國國軍既是殊遇，也是殊榮。當國家徵召，我們就挺身而出，即使要付上個人或職業代價也在所不惜。國民兵一直以來不斷為國效力，平民老百姓甚至渾然不覺。

我們的國民兵和預備役軍人所做的犧牲奉獻，得到的感謝實在太少。這是耗神費力的重擔，國家理應更好好照顧這些人。話說回來，即便有那些無薪工時和難處，要是能讓時光倒流、重返值勤的日子，我願意付出一切。瘋狗連連長是我這輩子幹過最棒的工作，沒有之一。

四十八顆星的國旗

布萊恩的妹妹艾碧嘉兒（Abigail）高中畢業時，我們想送她一份永生難忘的畢業禮物。她向來夢想去蘇格蘭背包旅行，但沒有朋友與她結伴，於是布萊恩和我自願跟她一起去。

那次十天行於我們是很大一筆開銷，我從來也沒有今生必去蘇格蘭的渴望，不過我們抵達以後還是玩得很盡興，四處閒遊、參觀城堡、欣賞鄉野風光，晚上在青年旅館落腳。我們在旅程大約中途時抵達格拉斯哥，在一間迷你早餐民宿住了幾晚——其實就是一對蘇格蘭夫婦出租自家的兩間客房而已。我們兩對夫妻一見如故，因為那位先生曾經在蘇格蘭等同於國民兵的部隊服役。我們促膝長談兩國的軍旅生活，度過幾個愉快的夜晚。

一天，我跟布萊恩、艾碧嘉兒又一早出去觀光，午後不久回到民宿，發現那對夫婦滿臉憂慮地等著我們。

他們問：「你們聽說了嗎？」我們什麼也沒聽說，於是他們把我們帶進廚房，要我們在餐桌前坐好，才告訴我們恐怖分子劫持民航機，撞進了紐約的世貿雙塔。

那天我們就像世界各地的民眾一樣擠在電視前，對著新聞畫面看傻了眼。正當我試著消化眼前景象，世貿南塔突然在現場直播畫面中崩塌。巨大的灰塵雲有如鬼魅，籠罩住整個曼哈頓下城。我看到這一幕，轉頭對布萊恩說：「我們一定要打電話給部隊。」

我們非趕回家不可，可是所有班機在事發後立即禁飛，也表示我們一時三刻是回不去了。所以我們得確定各自的單位在我們缺席時仍做好應變。

接下來幾個小時，我們用屋主的家用電話打了十幾通國際電話。我打給我的營長報到，聽我說我人在蘇格蘭，他只說：「盡快回來。」我也打給本連成員，展開「喊牛吃草」的緊急召回程序，凡是在單位列名的人都會接到一通電話，確認他們準備好在二十四小時之內向隊上報到。

飛往美國的班機全面取消，我們困在那間民宿，度過極其漫長的一夜。我幾乎沒闔眼，心裡想著：「**我是軍人，我應該站上崗位才對。**」我在中途機場的單位隨時能上陣，他們全員警戒、一聲令下就能動員。我被困在一個離家千里遠的地方，覺得既無能為力又沮喪。

隔天早上，我和布萊恩、艾碧嘉兒決定去機場碰碰運氣，希望至少能飛到北美某個離芝加哥愈近愈好的地方，我想為我們狂打的電話付費，但民宿主人一毛也不願意拿，在我們三人衝向門口時，他們只說：「去就對了！」

在往機場的路上，我看到很多人在自家外頭掛出美國國旗，有些旗子只有四十八顆星，代表那很可能是二戰時期的老古董。他們把這些旗子從儲藏室和閣樓挖出來，為的是在美國有難時表示團結。此情此景令我不禁泛淚，現在回想起來也是。

到了機場，我們趕到售票櫃臺秀出軍人證，我說：「我們是美國陸軍國民兵，得盡快回國。」經過一番交涉，我們終於搭上首班獲准起飛的班機，雖然是飛往多倫多，還是先到那裡再說。

我們在九月十三號上午飛抵多倫多，又苦等了好一陣子，不過獲准飛回歐海爾機場的首班飛機一宣布，我們就想辦法擠上去。雖然我們無法及時上崗、對攻擊立即反應，不過當我們飛進美國領空時，我軍顯然仍處於高度警戒。

我們的班機一飛過國界，一雙戰鬥機就出現在機翼兩側。坐我們旁邊的女人說：「你們看！有戰鬥機伴飛，我放心多了！」好幾名乘客鼓起掌來，因為有人護航開心地直拍手。

布萊恩看我一眼，微微搖了搖頭。

我悄聲說：「苗頭一不對，他們就會把我們打下去？」他不發一語，只是點點頭。這才不是護航——我們知道這架班機一旦有任何異常活動，那些飛行員二話不說就會把我們擊落。不過我跟布萊恩決定自己知道就好，就讓鄰座的女士享受「有人保護」的感覺吧。

前往伊拉克

接下來幾個月，在管制尚未放鬆前，瘋狗連為了空域違規事件出動了好幾次。我曾在飛常態訓練任務時接到塔台呼叫，空管人員會說：「我們有一架不明小飛機，你們能協助確認嗎？」

有些美國人好日子過慣了，難免心生放肆，自以為有權違反不喜歡的規矩，因為這也是他們享有的自由嘛。不知為何，有些普通航空業的小飛機駕駛覺得在九一一事件過後，他們還是可以飛進芝加哥上空，試探能在這裡飛多遠。他們會拒絕回覆空管人員的呼叫——接下來不到幾分鐘，他們就會看到一架龐大的黑鷹直升機出現在眼前。我們機上沒有配備任何能開火的武器，所以用意不是要把他們擊落。不過我能向你保證，機翼旁邊突然冒出一兩架黑鷹，真的嚇死人。那些小飛機駕駛馬上回應塔台、把飛機掉頭，該降落在哪裡就速速逃回那裡。

九一一事件過後那幾週，我們知道布希總統計畫派遣美軍前往阿富汗，徹底殲滅基地組織和塔利班。十月七號，美軍和英軍發動「持久自由行動」（Operation Enduring Freedom），空襲敵軍訓練基地，如今持續超過二十年的阿富汗戰爭就此開打。頭幾個月部署到阿富汗的大多是現役軍人和特種部隊，預備役單位則嚴陣以待。不過到了二〇〇三年三月，布希總統也開始派遣部隊到伊拉克，我方軍力因此吃緊，我也知道他們遲早會徵調我們的單位。

我不認同入侵伊拉克的決定。發動九一一恐攻的敵人在阿富汗，那裡也是我們該去殺敵的地方。海珊的問題無關緊要，不過是節外生枝，害我們從剷除基地組織的任務分了心。不過我國三軍統帥既然下令入侵，國會也投票支持這個決定，那麼我就會盡軍人應盡的職責：遵從合法軍令。

二〇〇三年五月在芝加哥郊區的霍夫曼莊園鎮（Hoffman Estates），我跟布萊恩正在新買的房子安頓下來，卻收到警戒命令，通知我可能有海外派遣任務。瘋狗連於是花了兩個星期準備，為每個人做醫療評估、接種疫苗與行前預備，接著又收到解除戒備的通知。不論原因為何，看樣子我們是不會被動員了。接著在二〇〇三年秋天，陸軍展開把我調單位的程序。這是標準作業，因為我已經當瘋狗連連長超過三年，遠超出一般的兩年任期。不過要交出指揮權，把隊旗傳給下一任連長，我還是難免感傷。

結果瘋狗連在一個月後接到出征令，這更令我傷透了心。我的弟兄——曾經與我一起流汗、一起飛行的單位、我的軍隊大家庭——要去伊拉克了，而我就因為時間點一個不湊巧，只能枯坐在春田市伊利諾州國民兵總部的辦公桌後頭，無緣與他們共赴沙場。

我整個人大受打擊……接著又火冒三丈。我指揮訓練了三年多的單位上戰場去，我在後方龜縮在家裡？門都沒有。我不是嗜鬥成性，而是無法想像我只能在弟兄出征時在一旁揮手送行。我一定要跟他們站在一起。所以我打給作戰官蘭迪・史考斯基（Randy Sikowski）自動請纓，跟他說我想去伊拉克，不論接什麼職務我都甘願。我無論如何都無法忍受留在後方。

我不能分發到瘋狗連，讓前任連長接受新連長命令會擾亂指揮系統。後來陸軍決定任命我以助理作戰官的身分隨第一〇六航空團一營派遣到伊拉克。我能與瘋狗連同時值勤，甚至可以跟他們飛同樣的任務。

至此我心願已了：我花這麼多年訓練，求的就是一個戰鬥位置。二〇〇三年十二月，我前往諾克斯堡的動員中心，待了兩個月做行前準備。

下一站就是伊拉克了。

第八章

「我以為你死了」

在一架C－141運輸機裡，我與弟兄並肩而坐。一百多名士兵像沙丁魚一樣擠滿機艙，我們全體穿著沙漠迷彩服，手搭在鋼盔上，雙腳間夾著背包。其實我們不如改坐舒服一點的姿勢，畢竟眼下是一段漫漫航程——從肯塔基州到新英格蘭再到愛爾蘭，然後是科威特。

在此之前兩個月，我們在諾克斯堡為動員做準備，每個人都做了全套醫療評估與體能預備訓練。我們演練了車隊護航、艙門射擊，各人都把槍法練好練滿。而且這一切都在冰天凍地的嚴冬中進行，訓練場蓋著一層厚厚的積雪。就像弟兄愛說的玩笑話：「這訓練太完美了，我們要去的是沙漠戰場嘛！」

我們在科威特降落後，原地待了三個星期適應水土，並且打點車輛、直升機和其他戰鬥裝備。接著在二〇〇四年三月十二號——我三十六歲生日當天——我爬進一架黑鷹直升機，在一趟短飛後入境伊拉克。

我抵達伊拉克小鎮巴拉德（Balad）附近的蟒蛇基地後勤支援區（Logistical Support Area Anaconda），發現自己置身一個沙塵瀰漫的沙漠前哨基地，到處是金屬貨櫃和粗重的帆布帳棚，舉目所及，每樣東西盡帶沙土顏色，而且全曝曬在沙漠烈日之下。氣溫頻頻飆破攝氏三十八度，有時還高達五十二度。

這是個空軍基地，不過不分軍種的各部隊單位都駐紮在這裡；我們抵達以後加入預備役部隊，也是自南北戰爭以來最大規模的海外全預備役部隊。即便有大批兵員湧入，軍隊只建立了最基本的後勤系統，我們也沒辦法過得像在老家那麼舒服了。

起初基地的淋浴設施不足，幸好在我們抵達之後，淋浴拖車很快也來報到。基地有個超小型販賣部，買得到基本個人用品，例如除臭劑、肥皂和嚼菸（很糟糕的玩意兒，很多弟兄在海外部署期間嚼上了癮）。後來蟒蛇基地大幅擴張，不只有超過一萬七千兵員，也開了速食連鎖店，但我從沒機會上那些餐廳打牙祭。伊拉克自由行動（Operation Iraqi Freedom）在二〇〇四年初才剛起頭，那時的蟒蛇只是個漫天飛沙又熱死人的帳棚城。

頭幾天我們睡在帳棚裡，不過很快就搬進改裝貨櫃屋，基本上就是有隔板和床鋪的大鐵箱。一切全靠發電機供電，然而發電機數量不足，分配給我們的那幾台又老是故障。所以一旦空調停擺，這些貨櫃屋就變成烤箱，室溫立刻飆破三十八度。我們剛到不久後，有個指揮官告訴我們：「你要是中暑，我會認定那是怠忽職守，因為你害自己水沒喝夠。」聽他在鬼扯，因為發電機要是在你睡覺時失靈，你還來不及清醒已經熱壞了。

雖然我們被沙漠包圍，蟒蛇陣地內的地面其實是粗礫石，有些石子大如高爾夫球。無論是去戰術行動中心那棟加寬流動屋、機場、還是廁所，我去哪都用走的，要在高溫中踩過這些石頭，對體能是一大考驗。在多國部隊占領之前，蟒蛇基地是伊拉克高級空軍基地，有一座那個時代留下來的游泳池，所以我開始交替體能訓練項目，一天游泳一．五公里、一天長跑個三公里。我們除了工作和運動就沒別的事好做了，我自己開始變瘦變精實，也看得出弟兄的臉瘦了。

我駐守伊拉克那八個月減了十七公斤，處於人生的體格顛峰，在逐漸從四十號縮水到三十四號的同時，也不得不每兩個月就換套全新的制服。我也得添購新的內衣褲，可是女性內衣是販賣部所沒有的「福利」之一。或者更精確點講，他們後來是進了一些女性內衣，可是只有廉價的阿嬤尼龍大內褲。首先呢——矮額！其次，也是遠遠更為重要的，飛行員應該穿棉質而不是超易燃的尼龍衣物，否則著火就慘了。尼龍會熔化與傷口結合，就像我們在一些傷兵身上發現的，這些弟兄被土製炸彈炸傷時，戰鬥服底下穿著合成纖維的安德瑪T恤，而不是軍隊分發給他們的褐色棉T。

所以我被迫自行郵購內衣，結果產品勉強及格、又肯出貨到我們軍郵局地址的公司只有一家……維多利亞的秘密！沒錯，我訂了成套的胸罩與小內褲，穿在飛行服底下……就像那句老話說的，誰知道哪天會飛來橫禍，是吧？每次我身穿飛行服、足蹬髒兮兮的靴子現身領取維密包裹，收發室的弟兄自然不會放過取笑我的機會。

領件通知是每個駐外軍人的日常亮點，我最期待的就是布萊恩寄來的好料包。他會去我們家附近的亞洲小超市，買我小時候最愛吃的療癒系食物——醬瓜、海苔、蜜汁辣味魷魚乾——再到旁邊的韓國打包貨運公司寄給我。他每隔幾週就寄一次，後來有一天，他發現櫃臺小姐看他的眼神怪怪的。

結果她說：「不好意思，可是這些東西到底是寄給誰的啊？」布萊恩哈哈大笑，突然發現這看起來一定很莫名其妙。這個不知打哪來的白人男，寄一堆亞洲到不行的食品給一個叫做譚美·達克沃絲的女生，收件地址是……蟒蛇！什麼鬼啊？他說：「喔，是寄給我太太的。她是駐外軍人，而且她其實是亞裔的喔！只是名字剛好叫譚美。」那個小姐聽了只是點點頭，好像在說：好啦，你說了算。

直升機駕駛有種黑色幽默，我們在伊拉克常玩一個叫做「要是你掛了，裝備給我」的遊戲。大家會搶著說要誰誰誰的什麼東西，當然不是真的想要，純粹是開玩笑紓壓。因為我們都知道，每次出任務都可能有人不會回來。我後來才得知，每次有人誇口說要占我的份，看到我的家當都有點鬱卒。我隊上弟兄大多是出身中西部的大男生，祖上來自愛爾蘭、波蘭、德國，看到我置物櫃裡堆的魷魚乾和魚露，自然一點興趣也沒有。後來有人靈機一動：可以把我的遺物捐給夏威夷來的那一連啊！弟兄聽了都覺得：媽啊就是這樣！你贏了！

巴拉德的生活並不難熬，主要歸功於我們駐外軍人建立起濃厚的袍澤情誼。雖然如此，我們絕不會忘記自己身在戰區，到處有人想置我們於死地。我們無時無刻穿戴厚重的防彈衣和鋼盔，就算只是從營房走到一百公尺外的流動廁所也不例外。我們非如此不可，因為叛軍頻頻往基地發射飛彈和砲火，蟒蛇還有個綽號叫「火砲度假村」（Mortaritaville）。每天我們幾乎都會聽到警報響起，擴音器隨即傳出聲音喝令全體趴下。每個人都衝往最近的安全地點蹲下，天空隨即下起一陣炸彈雨，火光與彈片四射，待錯地方的人非死即殘。

我抵達基地幾個月之後，一波一二七口徑的火箭砲擊中販賣部附近，造成三人死亡、二十五人受傷。其中一名殉職的是預備役中士亞瑟．馬斯塔帕（Arthur Mastrapa），生前是佛羅里達州的郵差。他派駐伊拉克將近一年，原本預計在攻擊發生的隔天離開，回家與太太和兩個孩子團聚。據說他在攻擊發生當下人在販賣部旁的網咖，為了跟太太出遊想訂個旅館，死時正值三十五歲的壯年。

你要是問我在駐外期間最有可能在哪裡受傷，我會說是在蟒蛇基地被飛彈炸傷。我從沒想過自己可能在飛行時受傷又生還。幾乎沒人從直升機空難存活過——你不是完成任務活下來，就是被一擊斃命。直升機跟飛機不一樣，我們是靠近地面低飛，所以既沒時間、也沒辦法安全逃生。就算有機會逃，也得冒險在轉得飛快的旋翼下展開降落傘。如果你跟直升機一起墜落（這個下場的機率其實大得多了），幾乎一定會在強烈撞擊、火焰、濃煙，或以上三者同時發生時喪命。

我在伊拉克那八個月裡，叛軍在阿布格萊布監獄附近用機關槍對我們的直升機開過幾次火。

一回我往北飛向伊拉克庫德自治區首府艾比爾（Erbil），一枚火箭推進榴彈就在直升機後方爆炸，化為一團黑煙。我們還有過兩次非敵軍攻擊造成的意外：一次是有架契努克直升機失事，造成幾人受傷。另一次是一架黑鷹墜毀，肇事原因是天兵駕駛（竟然奇蹟生還）想耍特技，結果要到自己。

那場契努克意外在我抵達巴拉德不久後就發生了，也凸顯出我們在抵達伊拉克前寫好的標準作業程序不足以應付空難。我寫出一套新的作業程序，做了一種明列查核表和聯絡資訊的易撕便箋，大家就不必浪費時間查找了。舊的程序是符合軍方標準，但新的這套更快也方便。我哪裡知道，我們第一次應用新的標準作業程序，就是我自己被射下來的時候。

我擔任第一〇六航空團一營助理作戰官的時候，要負責規劃任務並調度直升機組員出勤。不過飛行員當然都想飛，我也不例外，所以每週我一定排自己親自飛兩次。對我來說，與我每天派出去的航空組員承擔同樣風險也很重要。我絕對不當「蛤比人」（Fobbit），這個外號是恥笑有些人龜縮在相對安全的前進作戰基地（Forward Operating Base），沒骨氣走到刺鐵網外執行任務。

我們的任務大多是在基地間運輸兵員和補給，我們管這叫「開計程車」、「跑腿送雜貨」，或是「跳巴格達曳步舞」。這些暱稱聽來沒啥看頭，但任務本身其實很危險，尤其在第一次和第二次法魯賈（Fallujah）戰役期間，戰鬥一度擴大到巴拉德西南部的時候。聯軍部隊在這段期間窮追猛打，迫使敵方戰鬥人員撤出要塞、潰逃到沙漠。然後叛軍會蟄伏等待，找機會對頭頂來來往往的直升機報復攻擊。就像我開的直升機。

二〇〇四年十一月十二號

我還記得那天早上的氣味。伊拉克的沙塵被烈日曬乾，盤旋飄落，與液壓液甜膩的氣味和JP－8航空燃油的柴油味混合在一起。我走向我的黑鷹，呼吸著剛起飛的飛航器排出的熱氣。我爬進駕駛艙，被一種熱金屬、汗水和防彈衣混合的刺鼻氣息包圍。世界上再也找不到這種味道了，每一次都讓我熱血沸騰。

那天我預計與三名組員同飛：丹恩．米爾伯（Dan Milberg）二級准尉、克里斯．菲史（Chris Fierce，譯按：fierce有凶猛、剽悍之意）中士、庫特．漢尼曼（Kurt Hannemann）下士。克里斯是我們的組長，他的姓剛好超搭——「剽悍」中士！二十三歲的庫特是我們當中最年輕的，這孩子來自伊利諾州皮歐立亞（Peoria），是個少年老成、待人親切的大塊頭。他是個努力認真的「勤快四」下士，即將有望晉升中士。庫特是司令部的人，經手飛行計畫和其他文書工作，但我們的艙門射手人數不足，於是他自願上陣。他也是個想走到刺鐵網外、盡他那一份力的人。

丹恩是我們的正駕駛，自從他改值夜班（我們管這叫出「蛙鏡任務」），我們有幾個月沒一起飛了，不過我一直很喜歡跟他搭檔。他是個可靠的戰略駕駛，從九〇年代的沙漠風暴行動起，已累積多年戰時飛行經驗。每次跟丹恩一起飛，我都會學到一點新東西，他人也很好，隨和又超搞笑，也不介意一整天大半都由我來駕駛。

我的幽默感有點異想天開，不過丹恩跟我不相上下。我們總是在出任務的時候狂講幹話，搶著說最髒、最酸、最變態的哏。我們開玩笑講好，如果我們知道要墜機了，一定要抓緊最後幾秒鐘脫光光、互換座位，害事故調查員傻眼。我們還講過更低級的笑話，可是這些就絕不能傳出機艙了，總之我們知道對彼此可以百無禁忌暢所欲言，也一定會罩著對方。

我們一行四人爬進序號八三─二三八五六的直升機，為今天的行程做準備。序號裡的八三是指它的出廠年分，意味這架黑鷹的機齡已經二十出頭，但已經是我們單位中狀態比較好的直升機之一。陸軍飛航隊有個不可告人的秘密：最新最好的裝備會撥給現役軍人，預備役剩什麼吃什麼。陸軍其實已經報廢我們這架黑鷹，都運到廢物處理場了，我們這一營的C連又把它撿回來，想說這在一堆破銅爛鐵裡已經是最不廢的了。

那天早上，機上弟兄都知道這是趟長途任務。我永遠把最耗時的任務分配給自己，盡可能在空中待久一點，有幾次還長達十四個小時。陸軍讓我飛多久，我就樂得飛多久。然而這些漫長的出勤日有個嚴重缺憾。

我們的飛行服看起來雖然超酷帥（看過《捍衛戰士》的人都能佐證），卻有個重大缺點，每個穿過時下流行的連身褲的女生都知道，亦即你得把整件衣服剝下來才能上廁所。阿靈頓國家公墓的美國女兵紀念公園就針對這個課題辦過一次展覽，名稱是《要尿，還是不要尿》（To Pee or Not to Pee）。

這對男人來說從來不是問題，他們把飛行服前面的長拉鍊一拉開就能解決。飛長途任務或整備時間不足以讓人下機時，他們在直升機上找個空瓶就能尿（通常是開特力運動飲料的空瓶，所以哪天你在直升機上想來一口開特力，最好拿紅色、紫色或藍色，絕對不要拿黃色的，以防萬一）。

可是在女生身上，那條拉鍊的長度恰好很不中用，你懂我的意思。想要尿尿，我得卸下手槍套和九毫米口徑手槍、配有緊急求生裝備的飛行救生衣、防彈衣，最後還有那件帥氣飛行服。即使該脫的都脫了，要是附近沒有流動廁所，我可能還是得在沙漠中央馬步一蹲，露出屁屁給敵人當靶。不過軍方就連沒廁所的狀況都幫男人設想好了，前進作戰基地每隔一段距離就有「尿管」（piss tubes）——斜插進地裡的塑膠管，好像什麼當代藝術裝置，讓開車經過的弟兄想尿就尿。

所以出長途任務的日子，我的策略是很多女兵都會用的一招：故意不喝水，憋就對了，有時一憋就是八小時。可是經年累月這麼做可能有損健康，例如導致膀胱和尿道感染。多年後我當選參議員，就利用自己身在軍事委員會的機會試著監督國防部，希望他們確實著手設計女性防彈衣和服裝，要與男性的一樣實用。不過當年在伊拉克，我只是個盡可能讓自己「心無膀胱」的女飛行員。

我坐進駕駛艙右前座，丹恩坐左前座。庫特在丹恩正後方就艙門射手定位，面朝後方，守著機身側面的艙門射手窗口。我們要是飛過敵軍，他就用架高的M60機槍瞄準對方。克里斯坐在我後面，他也有一管準備就緒的七．六二口徑M60機槍。出於安全考量，我們航空營的直升機永遠成對出勤，所以那天早上另有一架由派特．明克斯（Pat Muenks）二級准尉駕駛的黑鷹與我們同行。

那是個漫長、炎熱、黃沙滾滾的夏天，不過熱浪總算過去了。天空下著小雨，氣溫二十出頭，在接連數月的酷暑之後簡直有點涼颼颼的。不過一旦太陽升起、雨勢漸歇，日間氣溫很快就會升高，所以我們還是決定開艙門飛行。今天有一連串任務要執行，威脅評估達黃色警戒，代表有與敵方交火的可能。我們通常會在低空快速飛越沙漠，盡量不給壞人時間瞥見我們的直升機，以防對方逮到機會開火。

我們在早晨七點半起飛，先從巴拉德前往巴格達機場附近的勝利營（Camp Victory）接駁一小群美國承包商，接著在伊拉克中部來來回回，穿梭在軍事據點間載運人員和貨物。飛了七、八趟之後，我們終於在接近傍晚時降落在綠區（Green Zone），那是巴格達市中心的聯軍部隊駐紮地，面積約有十平方公里，戒備森嚴。我們預計在這裡停留個一小時，然後在日落前返回巴拉德。

大家來到綠區都精神一振，尤其是因為有時間吃個遲來的午餐。那裡有家能客製熱炒的小餐館，庫特與我大步走向餐館櫃臺，選了我們中意的生鮮食材——雞肉、蘑菇、豆芽——我一時興起，又點了杯巧克力奶昔犒賞自己。我快一年沒喝過奶昔了，這一杯好喝得驚為天人。吃過飯後還有點時間，於是我們跑去附近賣耶誕裝飾的廣場。我買了一些上面有巴比倫風景的精緻裝飾當禮物，最後又去流動廁所報到，然後就該上路了。戰術行動中心透過無線電要求我們再改道飛個小任務——去塔吉營（Camp Taji）接幾個也要前往巴拉德的同袍，那是美軍在巴格達城外的據點。

經過這漫長的一天，弟兄都累了，但還是欣然接受最後跑個腿。太陽總算在我們走回黑鷹時從雲層後方露臉，雨後的空氣乾淨清爽，一道燦爛的彩虹劃過天空。庫特在多年後告訴我，他在那一刻心想：「**哇，真不敢相信他們給我加給，做這麼棒的差事。**」我們都在從事自己熱愛的工作，為國家效力，而且我很久沒遇過像今天這麼愜意的日子了。

所以等我們抵達塔吉營，發現原本要接的人已經搭另一架直升機離開，也不以為意。恰好有個落單的上校需要人載他一程，於是他登上跟我們搭檔的那一架黑鷹。我們給直升機「熱加油」，意思是在引擎運作、旋翼轉動時加油，接著在下午四點不久後，兩架直升機一起升空往巴拉德前進。我們是日班組員，照理不該在日落後值勤，所以得趕快返航。飛行時間預計在十五到二十分鐘之間，之後就能收工過夜了。

我們的黑鷹升到遍地灰沙的機場上空，我能看到渾濁的底格里斯河在東邊蜿蜒而過。我操作直升機就領航的一號機定位，二級准尉明克斯的直升機飛到我們右側的二號機位置。雖然可以從塔吉營直線飛往巴拉德，但我們先根據第一騎兵師航管員的指示飛行一段距離，才依計畫好的航線繼續，用意是教敵人無法預測我們的動向。

升空大約五分鐘後，我的耳機裡傳來丹恩的聲音：「霸道鬼！讓我飛一段如何？」我聽了不禁微笑。丹恩知道只要他同意，我能開多久就會開多久，而他已經讓我負責駕駛一整天了。不過這是今天最後的十五分鐘，他想由他來。我告訴他：「飛行由你控制。」這是標準的三輪應答程序，確保主駕駛權順利換手。

丹恩回答：「飛行由我控制。」我再次口頭確認，這架黑鷹就改由丹恩擔任主駕駛。

丹恩接手時，我最後呼叫了一次塔吉營的航管員。過了一分鐘，一叢椰棗樹進入視野。這些樹叢有如四散在沙漠裡的小綠洲，一排排高大的椰棗樹隨著微風搖擺。我們的時速是兩百一十公里左右，直升機從樹冠上方大約三公尺的高度掠過時，我清楚聽見一陣「噠、噠、噠、噠」的聲音，腦筋也馬上反應過來：有小型槍砲打在駕駛座右門外的機身上。

「幹！我們好像中彈了。」我對丹恩說。我受的訓練立刻自動開啟，雖然直升機的GPS定位系統一整天都沒用上——我們是用老派的列印和紙本地圖——為了記下敵方開火的精確位置，我本能地俯身向前，啟動GPS的「儲存目標」功能。

接下來，世界爆炸成一團火花。

一枚火箭推進榴彈射穿我腳邊的「下巴泡泡」壓克力窗，在我腿上引爆為一團猛烈的火球。我的右腿當場被高溫氣化，左腿也被轟進儀表板下方，左膝以下的小腿被爆炸衝擊力扯斷，與下肢只剩一絲皮肉相連。又因為我當時正俯身向前想啟動GPS，右臂也炸成一團血肉模糊，筋骨全毀。就在那毀滅一瞬間，我的身體四分五裂。我的皮膚嚴重灼傷、扎滿彈片，鮮血開始從傷口一陣陣湧出。

但我一點也不知道。我的腦袋在爆炸當下切進過度運轉模式，拚命想釐清接下來如何是好。我說我們中彈的時候，丹恩沒有回應，所以我想他一定受了重傷。我喊克里斯和庫特，但也沒人回答。

我在震驚之下全憑直覺行事，反射地想駕駛直升機。我一心想找個地方降落，還使勁踩踏板，渾然不知腿已經沒了。我猛拉雙腿間的迴旋桿，這是控制旋翼的操縱桿，不過它八成已經失靈了。那枚榴彈炸壞了航空電子系統，切斷了我們組員間的通訊，駕駛艙很快黑煙密布。我心想：我們的壓縮機要故障了。我知道二號引擎一定吸入了爆炸的碎片。**我們的液壓系統要失效了。**我的腦海一片混亂，拚命想解決一一浮現的危機。

我們的黑鷹開始嘎嘎作響、劇烈搖晃，不管我怎麼操縱它都不聽使喚。我們非降落不可，可是透過碎裂的擋風玻璃只能看見下面滿滿都是棕櫚樹。要是不能在幾秒內找到空地，我們只能迫降樹叢，旋翼一碰到樹枝就會把我們甩得天旋地轉。我在腦海中大喊：**神啊，我們需要降落的地方！**就在這時，我眼前奇蹟似地出現一小片草地。

我們很快來到這片草地上方，一定要做個神乎其技的陡降才不會飛過頭。我不斷想把直升機開往那片空地，為了不中用的踏板氣急敗壞，完全忘了丹恩才是駕駛直升機的人。直升機切進角度很陡的急速迫降，我把左手邊控制旋翼攻角的集體桿往上拉，想放慢下降速度，減緩著陸衝擊。有一瞬間我覺得好奇怪：儀表板怎麼比平常大那麼多？丹恩後來告訴我，那是因為我整個人向前攤倒，臉距離儀表板沒幾公分。

接下來，我們突然間就著陸了。旋翼轉了不到四分之一圈，戛然而止，可見傳動系統在降落之際只差一點點就要大失效。雖然直升機滿目瘡痍又猛冒煙，我注意到引擎有個電源控制桿沒有徹底拉到關停點，於是想伸出左臂把它拉好。不過我的身體再也扛不住了，這個動作是壓垮它的最後一根稻草。我向前一垮，看見青草從駕駛艙底冒出來。我心想：**見鬼了，下巴泡泡怎麼有草進來？**

一切旋即墮入一片黑暗。

黃金一小時

我對自己獲救和後送的經過毫無記憶，雖然根據別人的說法，我在這段過程時而清醒、時而昏迷。接下來描述的內容都是我在後續年間得知的，有些細節還是為了寫這本書做訪談才發現的。

榴彈一擊中我們的直升機，丹恩轉頭一看，發現我整個人往前傾倒，掛在座位的肩部安全帶上。我滿臉都是爆炸留下的黑色碎片，雙眼緊閉、嘴巴鬆開。丹恩在密蘇里州的民間工作是警察兼救護員，見識過死人，看到我這個樣子以為我沒救了。他一心一意只想著陸，所以沒注意到我的意識時有時無，眼皮微微掀動，我其實也在腦海裡奮力想讓直升機著陸。

丹恩一讓直升機落地，馬上鬆開安全帶跳出駕駛艙，對組員大吼：「快下機！建立防禦陣地！」我們著陸的地方距中彈處只有四、五百公尺遠，這表示把我們射下來的人隨時可能衝過樹林、繼續進攻。還好直升機中彈跟降落的地方似乎沒有道路連通，是不幸中唯一的大幸。

庫特跌跌撞撞爬出機艙，抓起他的M4卡賓槍，腿卻不聽使喚，整個人跌到地上。他不解地站起來，才感覺到手上濕濕的，往下一看發現自己滿手鮮血，又一扭頭，看到整個制服背後濕成一片猩紅。

同一時間，丹恩衝向我這一側駕駛艙。他往裡面一瞥，只能看到我的上半身和橫在地上的一條斷腿；就他目光所及，我自腰部以下什麼都不剩。顯然我哪兒都去不了，於是他把注意力轉向我正後方的克里斯，對他大吼：「克里斯，出來！」

克里斯對他說：「我不行，腿斷了。」他有條腿從膝蓋以下炸斷了，也血如泉湧。克里斯雖然受了傷還是反應迅速，因為他戴著手套，在我們迫降的同時，他大膽撿起燃燒的金屬碎片往窗外丟，這或許就是直升機沒有著火的原因。

丹恩堅持：「你一定要出來！我幫你！」他暫時丟下我，把手伸進艙門還是窗戶（他不記得了）拚命把克里斯拉出來，拖他離開直升機。

等丹恩把克里斯拖到安全地帶，抬頭一看庫特還杵在直升機旁邊，於是又大吼：「建立陣地啊！」庫特在等什麼呀？

庫特回答：「我中彈了。」轉身讓丹恩看浸透鮮血的制服。丹恩的臉在那一刻垮下來，好像在說：**事情他媽的還會有多糟？**他的三名組員全身受重傷，其中一個可能掛了，沒人安好到足以負責防禦，我們可能很快就要遭敵人殲滅了。

庫特就在這時演出了驚人的大無畏行動。他雖然一頭霧水，因為大量失血頭暈目眩並迅速陷入休克，還是提起步槍，踉踉蹌蹌走上防禦位置。他沒有跑到後方躲起來，而是英勇地置身我們跟敵軍之間。

丹恩瘋狂揮手要二號機降落，二級准尉明克斯把他的黑鷹停在我們附近。他們的艙門射手麥特．巴克（Matt Backues）下士跳下直升機，跑向我這一側機艙、丹恩站著的地方。丹恩說：「我們把她弄出來。」麥特往機艙裡瞄了一眼，不敢相信他看到了什麼。我的面罩碎裂，有一半炸飛了。他看見一隻閉上的眼睛和黑掉的皮膚，又瞄了一下我的嘴唇，想判斷我還有沒有呼吸。不過這全是一轉眼的事，他馬上探進機艙，解開我的安全帶。

麥特和丹恩把我毫無生命跡象的身體拖到機艙外，從直升機跌跌撞撞退開。他們分別站在我身體兩側，想從我腋下架著我上二號機，可是我們三人不出幾秒就搞得全身鮮血淋漓，甚至還沾上從我身上分離的骨肉，滑不溜丟很難抓得住我，地面又因為高草堆和大土塊凹凸不平，害人無法站立。他們倆跌到我身上，又爬起來，往前踉蹌幾步，又垮到地上。大家都知道我們得在叛軍回頭收拾我們之前盡快離開，不過這些英勇的弟兄竟然多耗這些時間在我身上！而且不是為了救我一命，因為他們以為我已經死了。他們為了把我的屍首帶給我的家人而不願離開，置自身性命於險境。這麼做不為別的，只為這個理由：**絕不拋棄倒下的同袍**。

丹恩想到克里斯也傷重到無法獨力登機，於是放開我去幫他。麥特現在得一個人應付我，只好抓住我飛行背心的肩帶，開始在那該死的野地上拖著我跑。不知何時，漢姆（Hamm）上校也過來幫忙——我們十分鐘前在塔吉營接到的那個人，大家都不認識他。等麥特總算把我拖到二號機旁邊，他與那位上校動手把我弄上去，卻怎麼也無法把我搬進門裡。

同一時間，庫特不知哪來的本事把自己撐上二號機，一看到其他弟兄正拚命把我弄上機，也伸手幫忙。他抓住我的飛行背心猛扯，勉強把我的上半身拉進直升機，接著又往下一伸手，想把我的下半身也拉上去，也就在那一刻看到沒東西可拉了。庫特震驚地盯著我，麥特則抓住我勉強皮肉相連的左小腿，一把甩進我身後的機艙。那天麥特救了我的性命，足以證明他是怎樣一條好漢，不過他後來只對我說：「譚美，我太對不起妳了，竟然那樣亂丟妳的腳。」

很久以後庫特告訴我：「我這輩子沒看人受過那麼重的傷，我以為妳死了。」這也是為何，當克里斯幾秒後出現在艙門口，急需有人助他登機，氣力放盡的庫特直接把他整個人拉到我身上壓著。機上的人全以為我死了，也不必費事幫我們喬位置了。

全員總算登機完畢，我們往塔吉營方向起飛。庫特坐在我旁邊，自己的傷口也在大失血，但還是不時低頭查看我和克里斯的狀況。底板上流淌的鮮血隨機身盪來盪去，庫特也搞不清楚是誰流的。不過克里斯已經設法給自己的腿綁上止血帶，所以他一看到底板上晃盪的血變多，就想：**「操，譚美還在流血，她的心臟一定還在跳。」**他是第一個發現我可能還活著的人。

派特開過後送傷兵的直升機，看到這種嚴重創傷，直覺反應就是分秒必爭。於是他先行呼叫塔吉營，請求他們預備一架後送直升機，好把我和庫特、克里斯三人盡快送去巴格達的外科手術醫院。

我們在塔吉營降落時，那架後送機的旋翼已經在轉動，也在平常接人的區域待命——不到半小時前，我們就在這裡接到漢姆上校。後來在任務簡報時，我們有個弟兄問他：「你在伊拉克待多久了？」這位上校看了看手表。他當天才踏上伊拉克國土，馬上被捲進這血肉橫飛的超現實情境。

有人對他說：「長官，歡迎來到伊拉克。」

派特降落直升機時，有兩個等著搭機的弟兄顯然以為接駁機到了，起身悠悠閒閒走來。結果直升機艙門倏地飛開，有人從機艙裡大吼：「你們他媽的讓開！」那是庫特，他說完還背對門口，秀出被鮮血浸透的飛行服。兩名弟兄轉身拔腿就跑。我們現在講起來覺得很好笑——那兩個可憐蟲，以為自己即將跳上直升機爽爽回基地，豈料映入眼簾的竟是一片血肉模糊、斷肢殘臂。

塔吉營的人很快把我跟克里斯抬上擔架，推上後送直升機。他們也為庫特準備了一具擔架，不過庫特說：「不用不用，快走！」自己一瘸一拐跳上後送機。機上的空中救護員來到克里斯身邊，以為他傷勢最重，不過克里斯一把推開他說：「快救譚美！她應該還活著。」陸軍非委任士官有「陸軍骨幹」的綽號，咱們剽悍中士果真不負其名，即使身受重傷還是拚了命也要救同袍。

我們向巴格達起飛，在下午五點二十四分降落，距直升機被擊落不到一小時——我們趕上了醫界所謂的「黃金一小時」，也就是人嚴重受創後最初的關鍵六十分鐘。我的組員、姊妹機的組員，還有後送醫療團隊——我今天之所以還活著，全靠他們的迅速反應。

「好好照顧我的弟兄」

二〇〇四年，巴格達的第三十一戰地醫院平均每天救治十五名傷患，在最忙碌的日子，例如第二次法魯賈戰役期間，每天要治療三十五到四十名傷患。直升機會轟然降臨，醫療團隊衝出去把傷者帶進醫院。創傷二號床保留給受到最致命創傷的傷患，也是他們安置我的床位。

我的右腿原本所在之處只剩一個大口子，有如血淋淋的漢堡肉爛成一團，參差不齊的斷骨向外戳出。我的左小腿已經重創到無可挽回了，腳趾捲起扭曲，表皮燒得焦黑。所有開放滲血的傷口都夾雜著泥沙、彈片、燒焦的血肉。幾年後，曾在戰地醫院急救我的外科醫師亞當・漢馬威（Adam Hamawy）向我形容，我的腿「只剩泥巴跟血了」。

除了下肢創傷，我右臂的骨頭也炸得粉碎，皮肉全毀，右手量不到脈搏，蒼白如死物。我的臉和軀幹扎滿熱彈片，全身流失了一半血液。醫療團隊把手頭的血液庫存全用在我身上，後來我的救治持續到深夜，全院血液庫存告罄，他們開始把院裡的人從臥鋪叫醒，到處找能捐血的人。最後我在巴格達總共輸了四十單位的血液、血漿和血小板。

我對這一切毫無記憶——然而醫療人員從後送機把我推進醫院時，我顯然是清醒的。我後來才從當天在場的兩名弟兄得知這件事，他們分別是急診室主任葛瑞理・柴爾德（Gregory Childs）三等士官長，以及為我療傷的護理師之一，傑森・威廉士（Jason Williams）上尉。

據柴爾德士官長說，他們把我推進醫院時，我因為大量失血蒼白得跟床單一樣，但還是用完好的那個手肘撐起自己，一直要人跟我匯報組員的狀況。到了二〇一九年，我在攻擊事件過後首次與護理師威廉士見面，他似乎把那天救治我的細節記得一清二楚：

他們推妳進來的時候，妳人還醒著，在問：「我的弟兄呢？」我們就跟妳說：「放輕鬆，我們會照顧妳，有人會照顧他們。」之類的話。

我們有一架靜置輪床、一架活動輪床，就像妳在醫院會看到的那樣。他們把妳轉移到一台活動推車上，等我靠過去把妳拉上輪床，妳右臀以下全沒了，空蕩蕩的什麼都沒有，只有殘留的組織軟趴趴地跟著身體晃過去。我就想：哇，她傷超重的。

我說：「妳自己不知道，不過妳的傷勢非常嚴重。讓我們照顧妳就好。」然後妳看著我一直問：「誰誰誰怎麼樣？誰誰誰又怎麼樣？他們在哪裡？你有照顧我的人嗎？」

我們忙著準備為手術幫妳做插管。我正要給妳打藥、做我們所謂的快速引導插管，基本上就是用藥物讓妳昏迷不動，我們才可以給妳的氣管插管、讓妳上手術台。

那時候我不知道妳的軍階，所以就說：「小姐，我準備要讓妳睡著動手術了，妳下次醒來的時候，人不是在德國的蘭茲圖爾（Landstuhl，譯按：美國海外最大的軍醫院所在地），就是回美國了喔。」

我正要把藥推進去，妳伸手抓住我的手術衣，把我拉下去，狠狠瞪著我的眼睛說：「你最好給我好好照顧我的弟兄。」

那一天出了好幾個英雄。丹恩藝高人膽大，降落了重創的直升機，救了我們全體的性命。庫特即使自己受傷失血，還是英勇站上防禦線。麥特竭盡全力把失去意識的我拖過伊拉克的沙漠，不論同袍是生是死絕不拋棄。

派特預先呼叫後送直升機，爭取寶貴的時間。即使我看似無望，克里斯還是覺得我可能一息尚存，堅持要後送醫療團隊先照看我。二號機的約翰．費雪（John Fischer）中士幫忙扶持克里斯上機獲救。伍拉．艾榭（Ura Asher）中尉稱職地發揮副駕駛功能，派特才得以專心呼叫後送援手。漢姆上校剛抵達伊拉克幾個小時，但他不只出手幫忙扛我，也在二號機飛行時執起武器，以防我們在往塔吉營途中又遭遇敵人。

巴格達的醫生和護理師保住我一條性命。還有那裡的士兵，在我亟需更多血源時馬上慷慨捐血。

我既沒讓直升機安全降落，也沒扛起任何弟兄。那天的我並非英雄。不過，在巴格達戰地醫院急診室的那一刻，還是我個人此生最自豪的一刻。因為我在護理師讓我昏睡前的最後一口氣，任誰都知道那可能是我在世上最後一口氣，我還是想照顧弟兄。在人生承受最大磨難、傷勢最慘重的時刻，我的直覺反應是確認同袍的安危。

當初那句話要是成了我的遺言，我死而無憾。

第九章

疼痛之牆

正當巴格達的醫療團隊為我搶救性命，又在十二小時之內把我轉送到德國蘭茲圖爾區域醫療中心（Landstuhl Regional Medical Center）之際，布萊恩在馬里蘭州與家人在一起，為他弟弟的婚禮度週末。我是伊拉克星期五下午被擊落的，因為時差，陸軍開始找他的時候，在馬里蘭是同一天近傍晚時分。布萊恩在彩排晚宴中關掉了手機，之後他一開機，看到一連串陌生號碼的未接來電，還有一通是我爸打的，他馬上心一沉，知道大事肯定不妙。

他在他爸媽家廚房的餐桌旁坐定，做了個深呼吸，然後打給我爸。爸告訴他：「傷亡處的人整晚都在找你。」指的是陸軍傷亡人員處（Army Casualty Office）。「譚美的直升機被打下來了。你得立刻打電話給他們。」爸知道我失去了雙腿，但決定先別告訴布萊恩。這純粹是出於軍人直覺：爸就像在跟同袍說話一樣，覺得最好先讓軍隊的處理程序繼續跑，尤其陸軍這時一定又有更新的消息。所以他只跟布萊恩講了一分鐘，有如用戰地無線電轉達傷亡報告。

布萊恩打給傷亡處，一名中士證實了直升機被擊落的消息，又告知布萊恩我失去了雙腿，右臂也可能不保。這雖然是噩耗，布萊恩還是大大鬆了一口氣，心想：**好，她沒死，而且他對她的傷勢知之甚詳，可見她在我們自己人手裡**。那位中士又說：「你最好為動身去蘭茲圖爾做準備，她的狀況說不定無法穩定到能後送回國。」布萊恩不禁注意到，對於我是否有機會存活，他既沒有肯定表示，也沒一句打氣的話。

布萊恩把消息轉告了父母，隨即決定別再告訴任何人，以免害弟弟的婚禮蒙上陰影。隔天他在恍惚中幫忙準備婚禮，不知是否很快就能在華盛頓特區的華特里德陸軍醫學中心見到我，那是陸軍在美國本土的醫療大本營；又或者，他是否會被叫去蘭茲圖爾見我最後一面。他得幫忙載白玫瑰到婚禮場地，於是那個週六下午，他埋頭給成堆的玫瑰一枝一枝除刺，像機器人一樣。不過他很感激這項能放空心思的差事——就像他後來說的，那是個「奇異的恩賜」。

布萊恩上場擔任伴郎，在婚宴上衷心舉杯祝福新人，沒讓任何人知道他快被憂慮壓垮了。等新人離席後，他跟父母才把幾個至親拉到一旁。在美輪美奐的宴會廳裡，布萊恩在白玫瑰和空桌椅圍繞下把我被擊落的事告訴了大家。現場有個克勞蒂亞．比克（Claudia Beck）醫師是他表妹，後來她很快成為我們和軍醫之間不可或缺的橋梁，把醫療術語用白話解釋給我們聽。

布萊恩在週六晚上把消息轉告家人之際，蘭茲圖爾的醫療團隊已經判斷我的狀況足夠穩定，能登上下一班後送飛機轉送美國（我不只清醒過來，還伸出拇指比了個沒問題，雖然我自己完全不記得）。陸軍傷亡處通知布萊恩，我會在隔天十一月十四號星期天抵達，距事發不到七十二小時。

從德國蘭茲圖爾到美國安德魯空軍基地（Andrews Air Force Base），美軍後送醫療機展現的後勤與醫療實力教人嘆為觀止。機身內裝有如空中醫院，根據傷重程度設有不同「病房」。能自行走動的傷患坐在機艙側邊的長椅上，他們面前是疊吊成兩或三層的擔架，上面躺著臥床傷患。至於最嚴重的傷患，例如我這種，則被安置在有如行動加護病房的空間，裡面的氧氣筒、監測儀器與點滴設備一應俱全。為了避免轉送途中的死亡風險，每名重傷患都有專屬的重症醫護團隊。

我在轉送全程都不省人事，但後來布萊恩從潘蜜・奇斯（Pam Keith）口中得知了經過。潘蜜的先生是約翰・奇斯（John Keith）中士，也是一員受傷戰士，就躺在我旁邊的擔架上。他被火箭榴彈擊中，導致股骨粉碎，腦部受創，下腹三級灼傷。潘蜜飛到蘭茲圖爾看他，在後送班機上也陪在他身邊。她不只得面對身受重傷的先生，還放下了家裡年幼的孩子，想必滿心焦慮——不過她竟然還是有心，也有那個慈悲情懷來分神顧念我。

她注意到醫療團隊在照料我，但他們只顧著幫我保命，有時候會忘了把我全身蓋好。每當醫護人員處理完我的傷口走開時，她就過來幫我把床單拉好、遮住我裸露的身體，也希望我別冷到了。潘蜜是軍眷的典範，即使得面對最糟糕的夢魘，一個身受重傷又陷入昏迷的先生，她還是在為國捐夫之餘照顧一名素不相識的軍人。

布萊恩的決定

布萊恩在我被送達華特里德後開始寫日記，再把內容轉載到網路上讓親友知情。以下就摘自他在我返國頭幾天寫下的日記：

譚美一到院，華特里德加護病房的人立刻讓我去看她。我不想進入院區，也還是有點不願相信事情真的發生了。但還是得有個人負責做該做的決定，更何況這些決定會影響我們餘生。所以我別無選擇，只能面對現實。

看到我原本身材挺拔（一六八公分）的太太躺在病床上，整個人被截短到好像只剩九十公分，我的情緒大受衝擊。她的身體嚴重腫脹，從面貌簡直認不出是她。我後來得知那是缺乏紅血球的緣故，因為他們用完了所有血型相符的血液，不得不幫她輸入純血紅蛋白以維持心跳。

我看得到她殘餘的腿部，不過護理師把她血肉模糊的右臂和金屬組合支架蓋住，好像想幫我免於一個不堪入目的細節。那時醫師刻意用藥物讓她失去意識。她的喉嚨插了管，身旁掛著顯示呼吸和心跳的感應器。看到我的愛妻、摯友和同袍如此躺在那裡，那種情緒衝擊不亞於我自己身受重擊。

布萊恩知道他一定要保持冷靜，因為有人得為我的醫療做關鍵決定，因為只要醫師繼續讓我保持昏迷，我就沒有自主決定的能力。

醫師在她還昏迷不醒時來找我，告知我最好決定是否讓他們把她剩下的右腿切除。她的右腿只剩很小一塊骨頭，沒有腿筋跟四頭肌了，恐怕不太可能再靠那個地方行走。

他們說，趁她腿部傷口尚未閉合，她也還沒醒來，如果由我來決定，應該能幫她免於日後做痛苦決定的折磨。很少有人能給那麼短的殘肢接上義肢繼續行走，她成功的機率微乎其微。

我很了解我太太，自立自強對她來說應該是首要考量，如果有什麼困難決定得做，她會想自己來。

除此之外，醫師所謂的「恐怕」、「不太可能」是從旁人身上得來的經驗，不是譚美。這些醫師有所不知，不過在權衡這一切時，也得把她這人的心性考慮進去。除此之外，她要是順利康復，就能用殘肢接上義肢走路；要是不可行，頂多晚點還是得動同樣手術罷了。與可能的好處相較，不利之處實在不足為道。

這項決定事關重大。布萊恩知道，就算只有一絲機會能穿上義肢走路，我也一定會想嘗試，壞處是如果失敗的話，我未來得承受更多痛苦。最終他決定拒絕醫師的建議，不授權他們為我移除那一小塊骨頭。他這麼做是對的，因為我歷經數月的休養復元、多重手術、反覆試穿義肢和艱辛的物理治療，如今又能靠這一小段腿走路了。

昏迷的八天

從擊落事件發生到我在華特里德醒來，我對期間八天就連模糊的記憶也沒有，完全是一片空白。醫療人員給我施打強效鎮靜劑，所以我什麼都不記得。不過對我的家人來說，那八天簡直不是人過的。那時我爸媽已經搬回夏威夷，爸因為剛心臟病發所以留在家休養，媽則匆匆搭機趕到華盛頓特區。在那最初幾天，媽跟布萊恩輪流在病床邊長時間守候，我從沒落單過。

當媽第一次進到病房，她喊我名字的時候，我看起來睜開了眼睛。我對這一切毫無知覺，應該什麼都沒看到吧，總之我很快又陷入昏迷。從那時起我偶爾會睜開眼睛，不過對外在刺激仍毫無反應。布萊恩還是心存希望，覺得我在腦海深處可能聽得見他，於是開始像念經一樣對我不斷重複三件事。

他說：「**妳受傷了。妳在華特里德醫院。妳安全了。**」他在我耳畔一再如此低語，希望等我醒來時，我對我的經歷能稍有領略，即便只在潛意識層次也無妨。

媽陪在我床邊時也有一套經念給我聽。她自幼信佛，近年又格外虔誠。她跟很多泰國佛教徒一樣，相信人一旦承受衝擊或創傷，有時會靈魂出竅，而念經能幫人回魂。所以當我無意識地躺在那裡，她就坐在我身旁念佛經，一念就是幾個小時，幫我把魂魄喚回身體。我一點也不記得，不過後來護理師跟我說，她們覺得那聲音很安定人心。

在加護病房狹小的等候室裡，媽跟布萊恩能睡就會睡一下，其他傷兵的家屬也在那裡休息。他們有時會下樓去食堂匆匆吃個飯，不過媽通常只從等候室的販賣機買東西吃。之前她從沒吃過火辣口味的芝多司，不過那個辣味讓她想起心愛的泰國菜，於是她一包接一包地吃（直到今天她還是很喜歡這一味：二〇二〇年八月她在華特里德動換膝手術，術後她要我買火辣芝多司給她吃，簡直就像時光倒流）。她也透過那台販賣機發掘了罐裝的亞培安素飲，後來她跟我說：「我實在太餓了，想說乾脆試試。很好喝耶！喝下去胃也比較舒服。」

在那最初幾天，媽感到既痛心，又無助。我躺在病床上全身接滿管線，連著那些日夜嗶嗶、嗤嗤、砰砰作響的機器，而她除了坐在一旁眼睜睜看著，什麼也不能做。雖然那些機器是在維持我的生命，但她後來很討厭那些聲音。即使事隔多年，她說她現在在腦海裡有時仍會聽見那些機器聲。

她只在一個地方幫得上忙。我的頭髮在前往伊拉克之初剪短了，但在駐外期間逐漸留長，現在醫師出於衛生理由又想給我剃頭。爆炸導致我的顏面和頭頸部扎滿彈片，醫師想把可能妨礙治療或移除彈片的毛髮通通剃掉。不過醫師如此提議時，出乎他們意料，媽尖聲反對：「不要不要不要！我來弄！」她把我夾滿血塊的一頭髒髮編成八條長辮，又因為汙垢和洗髮粉讓髮絲變得硬邦邦，這些辮子立刻在我頭上七橫八豎。我那時有太多別的問題，醫師就算不由分說把我的頭剃光，我也絕不會介意。不過對媽來說，保住頭髮感覺是她唯一能為我做的事。

到了我住進華特里德大約第五天，醫師開始減少讓我陷入昏迷的藥物。隨著他們逐漸減藥，我也進入一種恍如作夢的狀態。我看得見模糊的影像，也開始聽見一點周遭的話語聲。正如布萊恩的盼望，我聽見了他低聲告訴我的三件事，也在內心深處知道自己安全了。

同一時間，我也斷斷續續從醫療團隊口中聽見我的情形。在時醒時睡之間，我聽見護理師和醫生提到「直升機墜機」。雖然他們不曉得，不過他們使用的「墜機」這個字眼造成我這整段經歷裡最嚴重的情緒創傷。我在清醒幾天後，以為自己是害黑鷹墜機、組員受傷的罪魁禍首。我陷入四十八小時的情緒崩潰，以為我是個失職的飛行員、軍人和長官。我在心情最黑暗的時刻覺得自己活該失去雙腿，誰叫我有虧職守呢。

等布萊恩總算想通我為何如此痛苦，他告訴我直升機根本沒墜機，而是被火箭榴彈擊落，最後還在野地安全降落。如釋重負的感覺讓我整個人虛脫。用字遣詞真的有關係，直到今天，凡是有人說我的直升機「墜機」或是我出了「意外」，我都會糾正他們。我的黑鷹是被射下來的。那些混蛋存心瞄準我們攻擊。這並不是意外。

醫師讓我從昏迷逐漸甦醒，那段期間他們也試著幫布萊恩做後續準備。他在日記裡寫道：

譚美自從抵達華特里德一直昏迷不醒，她在手術期間心臟數度停止，我不知道她的腦部是否曾缺氧受創。雖然我自認很了解我太太，等她在突然遭遇人生劇變之後真正清醒，我還是不確定她的情緒狀態會是如何。

她在華特里德動了多次手術，這段期間，職能治療部主任比爾·霍華（Bill Howard）上校來找我，帶我下樓參觀物理治療部，所有截肢傷患都在那裡走來走去，繼續把日子過下去。事後回想，我覺得他是在幫我做準備，好讓我在太太清醒後「賣」她一個樂觀前景。他這是在告訴我，我的責任就是在她最需要的時候，為她描繪一個正面的遠景。

布萊恩自己當然也得適應新的現實。不過他知道他得先把個人感覺放一邊，專注於幫我了解來龍去脈、我們接下來又能有什麼打算。即便他仍在觀察守候我是否終於清醒，已開始投入這項任務。

十一月二十號，擊落事件過後第八天，我一覺醒來，狠狠撞上一面疼痛築成的牆。我甚至不知如何形容，我全身無處不深陷劇痛，「痛」和「疼」這些字眼不足以表達那種感受。我覺得全身好像被熔岩或滾水淹沒——每一處神經末梢都有如火燒。那種感覺不曾有片刻休止，強烈得令人頭昏腦脹、噁心反胃。我的腿和手臂裡裡外外如入火堆，身體其他部位的每一吋都疼痛不堪，每一個毛囊都在痛。

我睜開眼睛，能看見布萊恩和媽在床邊。等醫師移除我的呼吸管，雖然我好痛，還是勉力對他們說：「我愛你們。」然後又說：「我們開始吧。」因為當我逐漸清醒時，聽見護理師向布萊恩說明一種呼吸練習的做法。我想展開復健。

那時我一點也不曉得自己傷勢有多重，只知道全身痛到不行，腿又特別痛。我說：「親愛的，我的腿需要來點泰諾。」布萊恩只是看著我，淺褐色的雙眼看起來很憂鬱。他到病房外請一位醫師進來，然後坐到病床上握住我的手，小聲地說：「譚美，那是幻肢痛。妳失去雙腿了。」

「哦……有意思。」我說。「解釋一下。」我不知道是藥物的緣故，還是我遇上危機的第一反應就是想解決辦法，不過我對這個消息的反應很實事求是。

那位醫師向我解釋，幻肢痛就是人即使失去四肢，仍然覺得原本肢體所在之處有感覺。他跟布萊恩也向我解釋我還受了什麼傷。我看不見我的右臂，因為傷口太慘不忍睹，所以醫師把它遮起來不讓我們看，不過醫師告訴我，我的手骨粉碎，皮肉也全毀了。布萊恩說我的臉被彈片炸傷，左肩神經受損，雙手也留下黑鷹控制桿的瘀青印記，因為我為了降落直升機，死命緊抓著它們不放。

布萊恩跟醫師說話時，我面無表情躺在那裡聽。我想消化我聽到的每件事，同時還是渾身劇痛。但就像布萊恩在日記裡寫的，我仍保有一絲生氣：

> 今天早上，我跟加護病房主任對譚美說了她的傷勢有多嚴重。雖然那大概是我做過最困難的事，她卻聽了進去，看起來平靜又堅忍。
>
> 她聽我大略說了這裡的截肢傷患都在做些什麼，我又解釋這種傷其實不太會影響她的生活品質（這是真的，很神奇）。
>
> 然後她告訴我：「我愛你，可是你好臭。去沖個澡吧。」聽起來我們準備好了。

我清醒不久後，我弟湯姆也來看我。他盯著我，睜大了雙眼，然後搖著頭說：「喔……譚美。」如此流露關切之情本來讓我很感動，不過他接著咯咯笑起來：「是媽搞的，對吧？」嗄？這下我真是糊塗了。

「妳這些辮子。」他說，臉上掛著從小沒變的燦笑。「妳看起來好像酷力歐（Coolio，譯按：美國知名饒舌歌手）。」

劇痛與安慰

只可惜，這些清醒的時刻並不長。我開始嘔吐，原本已極度劇烈的疼痛更是加劇。然後我開始出現幻覺。

有一次我看到一個女人在病房裡飄來飄去，她身穿飄逸又虹光燦爛的紗麗，我從沒見過這麼鮮豔的藍色和綠色布料。我咕噥著：「布萊恩，跟那個天使說她好美。」他聽了哈哈大笑，對我說：「可以呀，不過她其實是個護理師阿姨，她的藍色手術服印了綠葉圖案。」

我的幻覺包含全套飛行場景，我在裡面重返駕駛座，有時還想跟司令部回報直升機擊落地點。這些場景感覺惟妙惟肖，我花很多時間跟不在病房裡的人說話。布萊恩說他會跟我做好長一整段對話，不過他只是我以為在場的四、五個說話對象之一。我會說：「我得回報！」然後吐出一連串毫無意義的座標。「告訴弟兄！他們一定要知道敵人的方位。」有一次我神遊回從前受預官訓練的日子，指示布萊恩和想像中的士兵挖一個臨時作戰陣地。他像班上軍科生一樣配合我一搭一唱，後來又說我課竟然上得不錯，教得相當完整。布萊恩覺得很神，不過我的幻覺讓媽既困惑、又害怕，於是她加倍努力念經。

另一回，有個護理師在病房外把資料打進我的線上表格。我以為他在用「嗒、嗒、嗒」的信號跟我溝通，於是在高燒昏亂之中，以為自己能在腦海裡叫出他的電腦螢幕。我想回覆他，便說：「請打給我的營長，跟他說發生了什麼事！」最初那幾天，我常常急著想把敵方資訊回報上級。

後來醫師發現，我對他們給我施打的嗎啡反應不良。像我這種身受重傷且需要最強效藥劑的病人，嗎啡通常是不二選擇，但用在我身上卻是弊大於利。糟糕的是，我的狀況沒穩定到能植入靜脈注射裝置，醫師無法為我持續注入神經阻斷藥物，所以他們想破頭為我找別種可能有效的止痛劑。同一時間，他們開始減少我的嗎啡用量，接下來是我這輩子最悽慘的五天。我陷入生不如死的劇痛，被人所能想像最殘忍無情的痛楚擊垮。

那種痛苦強烈到我幾乎無法呼吸。我好痛好痛，度秒如年，光是為了忍痛就用盡全身力氣。我虛弱到無力叫媽別再撫摸我，只能任由她溫柔地摸呀摸，每一下都有如刀捅。疼痛難忍到一個地步，我發現自己撐不下去了。我這一生走過無數風雨，但這回身體實在承受不住。

我耳語道：「布萊恩。」他俯身靠過來。「我得走了。我得把自己圍起來。」他猛然挺身，驚恐地睜大雙眼。

他說：「譚美，別這樣，撐著點。」他以為我在跟他說我要死了。我的意思確實是我得走了，但不是他想的那樣。我只是想通了，為了活下去我得完全關機，潛伏到軀體深處。我閉上眼睛。在腦海裡，我看見一座山頂，上面有篷蓋馬車圍成一圈，我想像自己坐在圓圈中央。那好像夢境，又像是冥想。我躺在那裡想像有篷車保護我，如此不知道過了多久，但我相信那幅景象幫我活了下來。

不知道過了多少時間，但大半天之後，我總算有點力氣睜開眼睛。在病床對牆上，我看到一只圓形大壁鐘——聯邦政府建築裡隨處可見的那種，白底黑字黑針，秒針走得很響。我覺得那只鐘莫名地安慰人心，因為那讓我想起我待過的很多房間，裡面有同一款壁鐘標示著我在陸軍服役的時間。我不知道自己能不能再撐過一天，或僅僅一個小時。可是當我盯著那具時鐘，我想我應該能再撐個一分鐘。

我看著秒針掃過鐘面，開始跟著計秒，喃喃地說：「一個死叛軍、兩個死叛軍、三個死叛軍……」我雖然深陷劇痛，幾乎沒力氣呼吸，還是滿腔怒火。「四個死叛軍、五個死叛軍、六個死叛軍……」隨便一個手握火箭筒的叛軍竟然能把我搞成這樣，氣死老娘了，我也開始想像要怎麼報復。可是不出幾分鐘我就覺得好傻，於是我闔上雙眼，不情願地改為：「千分之一、千分之二、千分之三……」想要就這麼度過一分鐘。再一分鐘。然後再一分鐘。

不知何時，我睜開了眼睛，發現有個高大的非裔女人站在病房裡。這是夢嗎？又或者她是真人？她走來我床邊，用右手脫下她左臂的義肢，把左前臂的殘肢轉成我看得見的角度，對我說：「我知道妳一定很痛。會過去的。」我只是盯著她，沒力氣回覆。她又說：「我能為妳站在這裡嗎？」

這位是三等士官長璜妮塔．威爾森（Juanita Wilson），幾個月前才在伊拉克被土製炸彈炸斷了手。她自己剛經歷磨難，加護病房的嗶嗶聲、氣味和儀器低鳴，於她肯定是記憶猶新，不過璜妮塔還是來到我床邊。華特里德的截肢女傷患不多，她身為陸軍士官長，想對軍中手足表達相挺之意。她知道我需要的不是精神喊話，也不是微笑或溫柔撫觸。她知道，我需要看見有人也在我身陷的地獄走過一遭。有人從這地獄的另一頭走出來，就算不比進去之前更強健，也一樣強健。

接下來五天，她不時會來我床邊站一陣子。她會跟我說：「妳辦得到。我從前也跟妳一樣。我懂。一定會愈來愈好。」我躺在床上倒數計時，每次數六十秒，她會在一旁默默看著。有時疼痛太過劇烈，我會昏迷過去，但等我醒來，她人還在。我像抱著救生圈一樣，緊抓住她散發出來的寧靜安詳。

要是沒有璜妮塔，我真心不知怎麼撐過那五天。每當我想到她，腦海就冒出「戰士」和「慈悲」兩個詞。在我亟需奧援時，她就是我的恩典和力量，一個真正的士官長、真正的軍人。她為我做的一切，我永遠感激不盡。

璜妮塔不是唯一來加護病房探望我的退役軍人。最初那段時間還有三個被截肢的女性來過，有人在我清醒之前就來了。梅莉莎．史托維（Melissa Stockwell）中尉是伊拉克戰爭第一個女性截肢傷兵。她中了路邊炸彈，失去一條腿，後來還是成為全球頂尖運動員和殘障三鐵世界冠軍。丹妮爾．葛林（Danielle Green）下士曾是聖母大學明星籃球員，在守衛屋頂時被爆裂物擊中，失去一條手臂；現在她是服務退伍軍人的臨床心理師。還有因為火箭榴彈失去一臂的棠恩．海菲克（Dawn Halfaker）中尉，她出身傑出的軍旅世家，也是西點軍校校友，後來創立了自己的國安事務公司。這四位優秀的女性都與布萊恩談過，與他分享康復經驗並建議他能如何幫助我。來探視我的同袍都想協助受傷的戰士手足，自願奉獻時間精力，也是傷兵康復過程不可或缺的一環。

在華特里德的同袍訪客裡，最知名也最受愛戴的是湯姆（Tom Porter）和艾蓮諾．波特（Eleanor Porter）夫婦。湯姆是七十四歲的榮民，身材魁梧、笑容可掬，是個溫柔的巨人。我還昏迷不醒時，他就來到我床邊與媽和布萊恩聊過，在我恢復意識後很快又來看我。他年輕時是韓戰的陸軍中尉，後來被地雷炸斷了兩條腿，回美國養傷那幾個月期間，艾蓮諾（她自己也是陸軍少尉）是他其中一名物理治療師。這對夫婦已結褵超過五十年，別看他們滿頭白髮又和藹可親的，華特里德的病患管他們叫「聊性愛、吃餅乾」那對夫妻。

因為湯姆覺得，他的使命就是跟士兵聊截肢後的感情生活。很多截肢的弟兄年紀還小，才十八、九歲。他們缺手缺腳躺在病床上，心裡想著：**現在還有誰會愛上我？**湯姆會走進病房，精神矍鑠，笑嘻嘻地說：「嘿，我以前跟你一樣，二十二歲就沒了兩條腿。不過我在那之後還追到了艾蓮諾，我們已經結婚五十年了，兒孫滿堂呢。」他會向他們保證，他們還是能擁有理想的生活。此話由他來說很有分量，因為他本人就是活生生的例子。他會眨眨眼睛說：「聽我說，截肢比小狗狗還管用。我不騙你，你要追小姐絕對沒問題。」接下來，不論傷兵提出任何關於親密行為的問題，他有問必答，而且直接了當，臉不紅氣不喘，因為他知道除了他，這些弟兄就沒別人能問這些事了。

湯姆和艾蓮諾每逢週二和週四都會來華特里德，數十年如一日。大家叫艾蓮諾「餅乾阿姨」，因為她會帶一堆家常手工餅乾來發給大家。她跟教會會友收集餅乾，再通通裝進一個印著「餅乾」的大帆布袋。像我們這種長期住院的人，艾蓮諾會記住我們的口味：布萊恩喜歡肉桂餅乾，我是葡萄乾燕麥。艾蓮諾來巡房時，我要是剛好在做物理治療、動手術或清理傷口，她就把一小包餅乾留在我的床頭桌上。在痛苦的康復初期，這些餅乾真是一大享受，讓人每星期有個盼望。

當然了，艾蓮諾不只是給大家享享口福，這也是讓我們攝取熱量的方法。我們傷兵因為食慾不振、噁心反胃，或長期透過靜脈注射吸收養分，個個體重大減。跟我一樣截肢的同袍多半是十八到二十五歲的年輕小夥子，受傷前正值人生的體格巔峰，如今很多人變得骨瘦如柴——曾經高大魁梧的弟兄，體重掉到只剩四十五公斤。我體重最輕時只剩四十二公斤，那時醫生警告，我要是掉到四十一公斤以下就要重新插鼻胃管。醫療團隊總在想辦法讓我們攝取更多熱量，艾蓮諾的餅乾就是一條妙計。還有一個總是帶奶昔來探病的常客也功不可沒，他叫吉姆．梅爾（Jim Mayer），大家比較知道他是「奶昔人」。

吉姆是年近六十的越戰老兵，在退伍軍人部工作，每週會在下班後來華特里德三、四個晚上，在來的路上先到麥當勞買個幾十杯奶昔。他會沿著走廊探頭進病房問：「有人想喝奶昔嗎？」遞出奶昔就繼續往下走，偶爾也會進病房小聊一下。有天晚上他對我說：「我可以坐一下嗎？我有點累了。」吉姆坐下來的時候，我第一次看到他的兩條腿都是義肢。他跟我一樣失去雙腿，但他要是沒露給我看，我絕對不會知道。

這對我來說是很大的激勵，吉姆也心知肚明。他沿著走廊來來回回走幾個小時，發奶昔給大家喝。我心想：**要是他能靠兩條義肢這麼做，那我也可以**。

過來人帶來的激勵是無比珍貴的。起初我想要疼痛消失，也希望要是有任何可能，要恢復右臂的功能。但我真正想要的其實是恢復正常的生活。對我來說，這代表我要能重返駕駛艙，再度為陸軍飛行。就連這一點，我也有個同袍訪客來當勵志楷模。

安德魯．羅瑞克（Andrew Lourake）中校是空軍飛官，一九九〇年代晚期參加摩托車越野賽時出了意外，導致腿部受傷。他在醫院裡感染了葡萄球菌，從此腿傷從未真正痊癒，歷經十八次手術和長年疼痛，最後不得不從膝蓋上緣截肢。他決心再度飛行，於是做了幾百小時的物理治療，最後在二〇〇四年七月——最初發生意外的六年後——空軍批准他重回駕駛艙。

打從我在華特里德醒來，心裡就只有一個目標：我要再度為陸軍開直升機。起初我不知道身為截肢人究竟有沒有這個可能，所以當羅瑞克中校來訪並告訴我他成功重返駕駛艙，這就是我需要的肯定。

有個走狗運的混蛋用火箭榴彈射下我，我就要讓他從此決定我的命運？門都沒有。不論我要忍受多少痛苦，又要忍受多久，我下定決心，非重返黑鷹的駕駛艙不可。

第十章

搞定你的爛攤子

「所以，妳想再開直升機？」我醒來的隔天，有個護理師問我。

「是啊，我想。」我說。

「嗯，那妳最好開始動一動。」

我突然一陣噁心作嘔，一時說不出話來。等感覺過去了，我說：「我哪裡也動不了。」我的右臂還釘在簡稱「外架」的金屬固定架上，粉碎的手骨就靠這東西托住。我那不存在的腳底痛得如烈火焚燒，幻肢痛一路從殘餘的腿部往上竄，遍及全身。我什麼地方都痛。這個護理師以為我能幹麼？

她說：「來來來，有哪裡可以動動看嗎？讓我瞧瞧。」我勉勉強強動了一下左手手腕。「好棒喔！」她說。「妳就這樣幫我動十下。」我微微動了十次手腕，她又笑著說：「現在來三回，每回十下。」我的康復之路就這麼展開，人平躺在加護病房裡，把手擺來擺去。如果這麼微小的動作是我唯一能做的事，實在沒道理白白躺在那裡可憐自己。我得接受自己的處境，然後著手改變它。

在華特里德最初那段日子，我時常想起在伊拉克跟同袍學到的一句話：「搞定你的爛攤子。」爛攤子發生時，你不是讓它搞死你，就是你去搞定它。被派駐到海外很爛。在五十度高溫裡汗流浹背又沒地方尿尿很爛。失去雙腿更是爛透了。但你知道嗎？你的爛事只有你自己清楚。親友和醫護人員永遠無法真正了解你在經歷什麼——唯一真正了解的人就只有你。所以，搞定你的爛攤子。搞死它！不然就變成它來搞你。

我下定決心要搞定我的爛攤子——喔不，該說是海扁它才對，方法就是一次一小步讓自己康復。如果我動不了手臂，那就動動手。如果我一坐起來就頭暈，那就先練抬頭，一點一滴進步直到能坐直為止。我的處境絕對是爛透了，但這就是現實。我要是保持專注、努力復健，明天就會改善一點點。後天、大後天再好一點點。最後就會康復了。

因為我決心搞定我的爛攤子，所以沒過多久就能進入狀況，掌握應對之道。只可惜媽對我的遭遇無法釋懷。信佛的她相信因果報應、人的命運與前世息息相關，簡單說就是善有善報、惡有惡報。所以在最初那幾個星期，媽簡直把自己搞到崩潰，在我床邊哭哭啼啼，不明白我為何要受這種罪。

她會問：「為什麼這會發生在妳身上？妳這輩子又沒做過壞事。妳是做了什麼要受這種劫難？」

「Mâ khaa，」我用泰語叫她媽媽，「妳有沒有想過，或許正因為我上輩子是好人，這次才會活下來？」看她這麼憂心忡忡，我實在難過，她顯然也需要只有我能給的安慰。我告訴她：「我大難不死，或許這正是我的福報呀。」從她的神色看得出來，這麼說挺有幫助的。把這些話大聲說出來，對我自己其實也有幫助。

十一小時的手術

醫師除了逐漸減少我的嗎啡用量，也想辦法穩定我的傷勢，控制住我的疼痛。每一天，他們都會帶我進手術室清理傷口：挖出彈片、洗去汙垢殘渣、清除壞死組織，希望能抑制感染。每次他們都會先麻醉我才著手清理，可是等我醒過來，殘腿和手臂上的開放傷口又更痛了。

我還是沒看過自己的右臂，因為醫師不想讓我跟布萊恩看到那有多駭人（其實我也沒辦法看，因為我的頭還轉不到那麼側面）。我知道我的右臂一定很糟糕，因為有個叫雅絲翠·史壯（Astrid Strum）的護理師不時得暫離病房，以免讓我們看到她在哭。雅絲翠個性堅毅，護理過各種恐怖的創傷，但從沒見過像我這麼慘不忍睹的女性身體。我的傷勢似乎讓不少護理師猝不及防，後來我看到醫療團隊在手術期間拍的照片，就明白這也難怪。不過她只是稍微花點時間鎮靜下來，隨即回來繼續照料我。華特里德的醫護人員普遍都有這等力量和慈悲，很了不起。

我的手臂化為一團亂七八糟的碎爛生肉組織，說那是絞肉都算講得好聽了。那裡的肌肉跟皮膚被火箭榴彈炸得四分五裂，全部三根骨頭——肱骨、尺骨、橈骨——都化為碎片。我的骨外固定架看起來好像中世紀刑具，不過我的手臂之所以還勉強成形，真的全靠它托住。

醫師還是不確定這條手臂保不保得住，不過他們打算一等我體力恢復到受得住，就要幫我動複雜的手術。為了緩解我最劇烈的疼痛，他們為我植入一枚神經阻斷器，這個儀器連著一條導管，讓我的神經浸泡在源源不斷輸入的止痛劑裡。他們又花了五天時間評估我是否穩定到足以開刀。要處理的不只有我的手臂，還有軀幹和部分臀肌，整個過程需要多重手術和多名外科醫師，預計要花八到十小時。

首先，醫師要像拼拼圖一樣把我粉碎的手骨拼回去。接著他們要把根據我手臂尺寸訂製的金屬片釘進骨頭，維持骨片定位。

下一步是用活組織重建手臂。我的肌肉和肌腱多半都被炸掉了，所以光是修復骨頭還不夠；如果醫師不補入新的組織，我的前臂只會是一根包著鬆垮垮皮膚的細桿子，既缺乏保護也根本不能使用。所以他們計畫為我做「肌肉皮瓣」，這種創新的技術能造出有血有肉、大致運作無虞的手臂。

我的醫師傑洛德．法柏（Gerald Farber）中校在手術當天早上解釋，這是很耗時的高難度手術。他要在我的肚子上切長長三刀，弄出一個長方形開口，再把上頭的皮膚和肌肉層像開活板門一樣剝開，從下腹一直剝到胸膛，開口上緣那條水平的邊保持與身體相連。接下來，他會把我的右臂放到這個開口上，用他們剝起來的那片肌肉皮瓣裹住手臂縫合，把手臂固定在身側。最後，他會從我的臀部切除一塊皮膚，用一種特殊機器在上面打洞並加以延展，然後把這片皮膚移植到我的胸腹部、封住傷口。

他說：「別擔心，妳全程都會睡得不省人事，」接著又面露微笑。「我整晚都在溫習手術步驟。」好像以為我聽了會感到寬慰。

我說：「嗯，希望不是真的『整個』晚上啦。我是說，希望你還是有睡覺才好。」

後來手術總共花了十一小時，因為每個步驟都不如預期順利。醫生從我的右臀瓣取下一塊皮膚，又用特製工具延展，卻發現那還是不足以覆蓋胸腹的傷口。於是他們又取下一塊皮膚，這一次是從我的左大腿取材。我清醒後懊惱地發現全身除了舊傷不說，又多了兩個全新的傷口——我被剝了兩大塊皮，一塊面積十五乘八公分、另一塊二十五乘八公分，兩處都刺痛得要命。

我的屁股是爆炸中唯一沒受損的地方，現在我卻往右不能壓到臀部，往左不能壓到大腿。弟兄搶救下我這老屁股，結果落得被醫師扒了它的皮。整件事感覺有笑點，可是我笑不出來，因為神經阻斷器雖然緩和了斷腿和手臂的痛楚，對這些新傷口毫無作用。

儘管疼痛難當，我還是很高興刀開完了。現在我總算能從加護病房轉到普通個人病房，開始復健。

給我一條內褲

如果你是平民又不幸失去一條腿，保險公司大多要過好幾個月才幫你給付義肢費用。這是因為殘肢的形狀和大小會逐漸改變，要是很早就做輔具，每隔幾週就得調整尺寸，每次得花數千美元。不過在華特里德，我們入院不到六週就會拿到新的腿。醫師希望我們盡早開始穿戴義肢，站起來活動，因為你愈早開始動，復健通常也愈順利。

醫療團隊給我套上一個透明壓克力槽，為我的兩條新腿量尺寸。其中一個義肢裝具師助理問我：「妳的腳幾號？」我告訴他：「八號。」新的腿會有跟我從前尺寸相同的腳，讓身體比例保持勻稱，我也能繼續穿舊鞋。

只可惜，等新腿送來，那個腳大得跟船一樣。

我就問了：「搞什麼鬼啊？」

「呃啊，」義肢裝具師說。「這是男鞋的八號啦！」腿部截肢的女性實在少見，軍方供應鍊顯然沒有一人想到要根據女鞋尺寸下單。

其實，華特里德的方方面面也都是針對男性設想。我入院的第一個星期，慈善組織傷殘戰士（Wounded Warrior Project）送了一個預先配好的「慰問包」到加護病房給我。裡面有一具 iPod，這是很好，但其他東西對我就毫無用處了：男用內褲、刮鬍刀組、襪子和拖鞋。布萊恩打開那包東西看了一眼，開心大喊：「酷哦！我又能撐一個星期不用洗衣服了。」我只能翻個白眼。

那些男用內褲特別惹我不爽，因為那陣子就像在伊拉克，我需要內衣褲又很不容易取得。擊落事件發生前，布萊恩正好去馬里蘭州參加弟弟的婚禮，所以沒有打包我的個人用品帶來，我全部的衣物都留在伊利諾州。我既沒內褲也無胸罩，雖然我開始覺得有力氣做物理治療了，但總不能穿著後面開開的單薄病人袍，露出結痂的屁股去復健。

幸好有一群紅十字會的志工來逐一拜訪每間病房，問各人有什麼需求，我說我要內褲、胸罩、短褲和T恤，他們也把這些東西加到清單上。很多退伍軍人團體會跟紅十字會接洽，然後派志工把東西買齊，不過他們顯然是派弟兄去採買我的份，因為我的必需品福袋送來時，我從裡面拉出一組欠揍的阿嬤尼龍大內褲——外加兩副DD罩杯的胸罩。**不會吧？**我相信那些自告奮勇的老兵一定盡力了，或許本地大超市架上有什麼他們就拿什麼，不過這絕對是個好意十足卻成事不足的例子。我可以把那幾件阿嬤內褲塞進巨乳DD罩杯裡，再穿上胸罩，罩杯空間應該都還有剩。一直等到空軍上校珮緹．偉伯（Pat Webb）擔任採訪志工來看我，她重新安排採買，我才獲得合身的內衣褲。

璜妮塔的禮物

等我從加護病房轉到一般個人病房，已經是我被擊落過後的第三週。在那段時間，大家習以為常的簡單日常活動，我一樣也做不來。自從綠區那頓熱炒午餐之後，我再也沒吃過東西，而是改用鼻胃管吸收營養。離開蟒蛇基地後，我一次澡也沒洗過。媽偶爾會在她給我編的狂野辮子頭上撒點洗髮粉，除此之外我一直沒能洗頭。

不過我一轉到普通病房，璜妮塔就現身了。我住加護病房的時候，她知道我碰不得——光是有人往我床上一倚，牽動床單微微摩擦我的皮膚，我都會痛得受不了。現在我裝了神經阻斷器，能忍受別人碰我了。這一切，璜妮塔都懂，因為她是過來人。既然我現在承受得住，她就來送我一份全天下最棒的禮物：幫我洗頭。

她說：「挪到床邊來。」我緩緩移動全身重量，注意不讓身上接的管線脫落，然後把頭伸到病床外。我用左手拉住床邊的安全護欄，我弟拿一個小塑膠壺，小心翼翼倒水淋濕我的頭髮。璜妮塔給我的頭打上洗髮精，再把洗髮精揉進髮根。她把伊拉克的汙垢塵埃、乾硬的血漬、爆炸殘留的黑色碎片，全從我髮間洗去，流入湯姆用另一手捧住的粉紅小塑膠盆裡。湯姆把髒水倒掉，在璜妮塔為我洗頭時繼續為我的頭髮淋水。她就這麼反覆搓洗，直到流進盆裡的是清水為止。

那個畫面一定很引人側目——我沒了雙腿，一隻手臂縫在胸膛上，整個人掛在床邊，讓璜妮塔為我輕輕洗去髮絲間殘留的戰爭痕跡，用的是她剩下的那隻手。多年後我去上歐普拉的脫口秀，她在節目進行間安排我們兩人驚喜重逢，我一看到璜妮塔露面，眼淚馬上掉下來。即使到了現在，一想到她在最初那幾個星期對我是如何溫柔呵護，我都會再度淚水盈眶。

倫斯斐來訪

在我醒來的隔天，布萊恩悄聲對我說：「譚美，有幾位將軍在外面，他們想見妳。」**不好意思……你說什麼？**這是現實還是幻覺？為什麼將軍要來見我，還不止一個？當時我是年資O－3級的上尉，在陸軍官階順位排倒數第三。將軍的資等起碼O－7起跳，有些高達O－10，端視他們有幾顆星而定。一群將軍來探視我，就好像公司執行長全體去拜訪一個中階經理一樣。如果你要與最高階的軍官見面，通常會希望自己處於最佳狀態，不過他們提出見面的要求時，我人躺在加護病房裡，劇痛、嘔吐、幻覺纏身。

布萊恩告訴我在外頭等待的將軍叫什麼名字、官階為何，又問我：「所以呢，妳想先見誰？」我自然一個也不認得，也沒那個力氣挑挑看、選選看。

我說：「照官階高低來吧，從四星的開始。」畢竟這是軍隊，如果我得做個不可能的決定，最好照規矩來，是吧？

布萊恩把我的意思轉告候在門外的將領，很快地，他們一個接一個進入我的病房，每一個都想向我致謝、誇我盡忠職守。我很感激他們這番美意，不過在一輪採訪結束後還是鬆了一口氣。不幸的是，我很快發現這不會是唯一一次，遠遠不是。一整天，每一天，不論在加護病房或普通病房，都有人想來我床邊說兩句話、拍張照片，接著繼續探視下一名傷兵。也不只有軍官，名人、演員、政治人物、喜劇明星、部會官員都會來，每天川流不息——總有個位高權重的某某人會盡職地來我床邊打卡。

這些訪客可分為兩種。第一種是真正關心傷患的人，例如好萊塢演員蓋瑞・辛尼茲（Gary Sinise）和亞當・山德勒（Adam Sandler），他們多次現身為大家加油打氣，從來不是為了個人目的。第二種人是為了自己做公關才來探視，他們拿傷患當道具，好讓行銷機器展現他們有在「挺國軍」。他們會匆匆走過，打聲招呼，心不在焉地跟人握手，轉頭對相機露出白牙燦笑，連我們的名字都懶得知道就走了。我們傷患感覺有如關在籠裡的珍稀物種，開始戲稱我們住在「可愛截肢動物區」。

我就不指名道姓了，只能說凡是在華特里德休養過的截肢傷患，都能明確告訴你我在說誰。

我們很快就知道哪些名人會打斷緊湊的物理治療，就為了拍張照片（為了展現風度，你只好強打精神陪人家擺姿勢）。我們也知道哪幾個政治人物會對你咧嘴假笑，在你回答他們敷衍的問題時眼神放空、左耳進右耳出。有一陣子我實在累得無力應付，布萊恩不得不用椅子卡住門，把人流擋在外頭。我得接受治療、開刀、被醫師問診、清理傷口、做復健，要為這些打起精神已經夠難了，還要為可愛截肢動物區的訪客露出尷尬但不失禮貌的微笑，有時實在超出能力範圍。

有天晚上大約九點時，我躺在床上等著吃晚上的藥，一位上校突然探頭進病房來，興奮地說：「倫斯斐部長人就在隔兩間病房。妳準備一下，他要來了！」有機會見到國防部長本人，很多軍官都會覺得既激動又榮幸，那位上校預期的顯然也是這種反應。不過我沒有那種感覺。

我說：「長官，這是直接命令嗎？」

那位上校頭一偏，瞇起眼睛問我：「什麼意思？」

我說：「意思是，要我見他，這是他的命令嗎？他是我上級，如果這是命令，我就照辦。如果不是，請恕我拒絕。」

我很想客氣應對，但當時已經過了晚上九點，經過漫長又累人的一天，我只想吃了藥就蒙頭睡覺。我一直都想盡忠職守，換作另一天，我絕對會管住嘴巴，與倫斯斐見上一面。可是說真心話，我最不想要的就是與策動伊拉克戰爭的首腦面對面。我是誓言維護我國憲法的陸軍軍官，也自願且自豪地為那場戰爭效力，因為遵從上級命令，即便是我不樂見的命令，是我入伍時許下的承諾。可是我從不認為伊拉克戰爭有其必要，也不認為那是明智之舉。當下我實在無力對一個把我國拖進這局面的人擠出假笑，不論是其中哪一人。

那位上校眉毛一挑，又問我：「真的嗎？」

我小聲但堅定地說：「長官，我希望他可以不要踏進我的房門。」

他看看布萊恩，目光又轉回我身上。「這不是命令。」他說。「如果妳不想，不必見他。」隨即一轉身離開。

第二天，一名軍隊的精神科醫師來到我床邊。他說：「聽說妳昨天晚上拒絕見倫斯斐部長。妳還好嗎？有沒有什麼事想跟我聊聊？」

我搖搖頭。不會吧，他們覺得我需要接受精神評估？就因為那件區區小事？我說：「長官，我想昨天晚上那個決定，足以證明我是這個房間裡精神最正常的人。」他點點頭，嘴角掛著微笑，又問了我幾個問題就離開了。

真正關心我們的人

過了幾週，那位上校又隨倫斯斐部長經過我的病房。他說：「今天勞軍聯會派了幾個人來，妳想要他們跳過妳的病房嗎？」看樣子他以為我不是衝著倫斯斐，而是一概不想見客。

我問他：「有誰來了？」

「《週六夜現場》那個人——艾爾．法蘭肯（Al Franken）。但妳要是想獨處，我可以跟他們說。」

「歐買尬！」我大叫。「艾爾．法蘭肯？他人在這裡？」我覺得法蘭肯超好笑，我在伊拉克時剛好就在讀他的新書《說謊的騙子和他們說的謊》（*Lies and the Lying Liars Who Tell Them*）。我整個人進入粉絲模式，劈哩啪啦告訴這位上校我有多愛法蘭肯、能見到他本人又是多麼令人興奮，簡直就像披頭四大駕光臨。

這位上校詫異地搖搖頭，走出病房帶法蘭肯進來。我一看到法蘭肯大大的笑容、那副小圓框眼鏡，又一整個陷入瘋狂。他立刻開始妙語如珠，逗得我跟布萊恩哈哈大笑，好像我們已經認識了一輩子。我告訴他：「我在伊拉克的時候在讀你的書，可是來不及在我們被擊落之前讀完。後來他們又把我的家當全送人了，所以那本書也沒啦。」

他說：「好吧，我想這算正當理由。」他又陪我們有說有笑了十五分鐘吧，然後請我們跟他合照一張拍立得。他在上面寫：「致譚美和布萊恩，愛你們的艾爾．法蘭肯」，直接把照片遞給我（想知道誰是真心為國軍而來，這是最好的指標：他們會拍張拍立得，當場送你。那些參觀可愛動物區的會帶專業攝影師來，照片你只會在事後看報紙才知道）。艾爾來訪大約一週後，一個勞軍聯會的代表帶了一本他的書給我，上面有他題獻給我的簽名。

艾爾是真心挺國軍，除了來華特里德探訪也參加勞軍聯會的巡迴演出，去過伊拉克和阿富汗。我因為這些表演成了很多樂手和喜劇演員的粉絲，例如饒舌歌手五角（50 Cent），因為他不辭千里跑到巴拉德為國軍開演唱會。不論是誰，光是為了娛樂我們就在烽火正烈時自願來到蟒蛇基地，都會立刻成為我的心頭好。

艾爾來華特里德看過我好幾次，我也注意到他習慣對我們說：「感謝你報效國家。」（Thank you for your service.）很多受傷戰士很討厭這句話，這聽起來很死板，好像不經大腦就吐出來的空話。後來院裡有人告訴他：「艾爾，你最好別再那麼說了。」於是他開始改說：「感謝你身受重傷。」每次都讓大家笑成一團。

要判斷誰是真心關切國軍還有一個指標，那就是他們不會只來一次。有些人每星期來個兩次，用心問你治療做得如何、之前聊到的事有什麼後續。出人意料的交情在這裡建立起來。就我而言，這包括與陌生病友結下長遠的友誼。

國防部副部長保羅・伍夫維茲（Paul Wolfowitz）就像倫斯斐，也是伊拉克戰爭的推手。當我第一次見到他，想到要跟他聊其實並不開心。不過他每星期會來華特里德兩次，探視被那場戰爭打亂人生的人。某個週間晚上他恰好走進我的病房，來到我床前坐下，問我治療跟復健做得怎麼樣，又大致關切了我們因傷退役的人要面對什麼困難。我認為他的政策立場理應被譴責，實在無法苟同他，但也看得出來他真心想幫助退役軍人。

我也感覺得出來，伍夫維茲對於這場戰爭造成的苦難感到很矛盾。他不只每週來探訪傷兵兩次，也會去阿靈頓國家公墓第六十區致哀，那是一片面積大約五・六公頃的區域，用於安葬在伊拉克和阿富汗陣亡的戰士。後來我就親自在那裡遇過他，他會與喪家親屬低聲交談，或單純站在墓碑前默哀。我感到難以釋懷；對於在那場戰爭中傷亡的人員，這個人顯然抱著既深刻也真誠的關懷，卻依然堅持為那場戰爭做不實的辯護。

這段期間我與另一名共和黨員交上朋友，那就是前參議員鮑勃・杜爾（Bob Dole），不過他不是川流不息的探病訪客之一，高齡八十一歲的杜爾參議員也是病人。二戰期間他在義大利服役，被德軍用機關槍擊中背部與雙臂，導致餘生都有健康問題。晚年的他總在右手裡握支筆，以掩飾他的拳頭其實無法張開。他在受傷六十年後，因為在水門綜合大廈的自宅跌倒，所以又回來做復健。

很多小弟兄不認得杜爾參議員，他似乎覺得這樣很好。雖然他有一間VIP病房，理當能私下做專屬療程，不過他來到人滿為患的治療室跟我們其他人一起復健，與十九、二十歲的傷兵共用一片墊子。

他會告訴他們：「我是杜爾少尉。要不要賭我能比你做更多下仰臥起坐？」他會跟我們說他從前在陸軍服役的故事，卻從不透露自己是美國政壇知名大老，一九九六年才獲共和黨提名為總統候選人。年輕弟兄大多只覺得他是個酷酷的榮民阿公。前參議員麥克斯．克萊蘭（Max Cleland）也是一點架子也沒有，他在越戰時因傷三重截肢，我在華特里德時，他也在那裡看病。這些光榮退伍的老前輩都不吝與年輕同袍打成一片，幫我們面對身心創傷。

病房人氣王還有橘郡機車（Orange County Choppers）的人，那是陶托（Teutul）家族經營的客製重機公司。當時橘郡機車有一檔熱門的電視實境秀，他們會像搖滾巨星一樣，現身治療室跟大家擊掌打招呼。他們渾身刺青又蓄著濃密的翹八字鬍，那身江湖氣魄教年輕的傷兵崇拜得五體投地。不過橘郡機車不只是來跟弟兄開個激情見面會就算了，他們也投入數不清的募款活動，為了挺退伍軍人捐贈了價值數十萬美元的配備和機車。

在我們療養的同時，竟然有名人和政治人物在大廳走廊上溜達，起初這感覺很奇怪，不過大咖訪客實在很多，我們很快就習以為常。歐巴馬也會來，通常是夜深人靜的時候，也不像其他參議員有大批隨從簇擁，還有傳言他是搭捷運來的。他會進來小聊一下，問候我家人好不好、我康復情況如何。要是媽或布萊恩在，他也會跟他們聊聊。我後來才知道，他當時其實在參議院退伍軍人事務委員會，我們回答什麼他都聽得很仔細，好為傷兵設想該做哪些能加強支援的調整。

我第一次試著用義肢站起來的時候，亞當．山德勒也在場。那時他主演的《我的失憶女友》剛上映，他時不時就帶著劇組或別的演員來跟大家打招呼。他雖是影視巨星卻非常隨和，瞥見我在治療室裡努力想直立身體，就待在旁邊看著。

在治療室裡，每當有人首次克服某個難關，大家都會爆出歡呼，那天我就下定決心非把身子立起來不可。那陣子我凡久坐必定頭暈，過去六個星期都躺在床上，所以這個挑戰絕非等閒。物理治療師把我綁在傾斜床上，一點一點改變角度，緩緩把床從水平轉向垂直。

她跟我說：「妳要是覺得快暈倒了，就說喔。」我在一個傾斜角度待了十秒鐘，又躺平回去。然後她把角度調高一點點，讓我待個二十秒，又讓我躺平。我一直逼自己撐住，雖然暈眩難耐，不過我絕不准自己當著亞當．山德勒的面昏倒。等我總算直立起來——雖然只有幾秒鐘——聽他跟治療室其他人一起大聲鼓掌叫好，我覺得自己好像跑贏了一場馬拉松。

爸爸的一句話

十二月二十一號，我被擊落過後將近六週，我推著輪椅進入華特里德的會客室，準備接受航空動章和陸軍嘉獎動章，並晉升少校。我在被擊落的三天前剛接獲晉升通知，當時的我萬萬料想不到，我不是在大漠中別上少校的橡葉章，而是在醫院的會客室裡。布萊恩、媽和湯姆齊聚一堂，見證一位將軍把動章別到我的制服上。授動儀式結束後，我一抬頭，看見一個憔悴的老人拄著枴杖，吃力地走進會客室。我爸來了。

從我被派到海外之前算起，我大概有一年半沒見過他了。我知道他在擊落事件一週前心臟病發，所以沒辦法跟媽一起飛來華盛頓特區。他留在夏威夷休養，豈料十二月初再度心臟病發。過了兩星期，醫師才判斷他的狀況禁得起搭十小時的飛機來看我。

爸向來高大健康，不過到了七十六歲又兩度心臟病發，現在好像只剩個空殼。他也獨自生活了一個月，沒有媽為他下廚，只能自己張羅吃的；後來我才得知他都是去家附近的小七買晚餐。他一臉病容，看起來比我記憶中老了至少十歲。爸俯身擁抱我，在我身旁坐下時又握住我的手。我們小聊了一下。我問他航程順不順利，他問我治療做得怎麼樣。兩個人都在設法接受對方的身體變化。

我不能坐直太久，於是我們回我的病房去——我坐輪椅、爸拄枴杖。我躺回床上，他找張椅子在我床邊坐下，然後他很快睡著了。他看起來好虛弱，我不知道自己能見到他的日子還有多少。但無論如何，我很高興他趕來了。

四天後，我跟爸媽、湯姆和布萊恩一起過耶誕節。醫師首度准我離開醫院；雖然布萊恩暫住的費雪慈善之家（Fisher House）就在附近，他還是拿大衣、毛毯和帽子把我緊緊包好。他既緊張又護妻心切，要是能弄個繭把我整個人裹住，一定會那麼做。我坐著輪椅滑過人行道上的積雪，覺得自己好像穿著防雪裝的幼兒，被層層包裹到快悶死了。

費雪慈善之家是軍隊版的麥當勞叔叔之家，在受傷兵員康復期間供家屬免費住宿。不過費雪之家遠不只是個睡覺的地方，這裡每個房客入住的原因都一樣，所以那種大家庭的感覺非常真切。退伍軍人協會在儲物櫃堆滿牛奶、麵包、雞蛋和其他必需品，本地的教會和榮民團體會來辦晚餐會和烤肉會。只要能幫助掙扎著面對新現實的家屬好過一點，他們都義不容辭。費雪之家不只是布萊恩的天賜良助，對許多軍眷來說也是。即使只有短短幾小時，我總算能離開醫院親眼看看這個地方，還是非常興奮。

我們家好幾年沒像這樣，聚在小小的客廳吃一頓團圓飯了。我還是沒什麼食慾，只勉強吃了點乾澀的火雞和一個小麵包。坐在那裡跟爸媽說話雖然不似真實，還是令我倍感安慰。大家的人生都經歷了很大變化，但我們這個小家庭還是齊聚一堂，光是能再度彼此為伴就令我們慨嘆不已。那是個很窩心的耶誕節，氣氛既輕鬆又溫暖。

到了隔天早上，爸再度心臟病發。

布萊恩的手機鈴聲響起時，他正在陪我做物理治療。那是媽打來的，跟他說爸在浴缸裡站不起來。布萊恩趕到他們在莫洛尼之家（Mologne House）的公寓，那也是傷兵眷屬的住宿處，他一看到爸灰敗的臉色立刻打給九一一急救專線。救護員馬上把爸送到華特里德，醫師先穩住他的狀況，隨即讓他住進五樓心臟科病房──就在我的截肢病房樓下。

現在開始不是爸來探望我，反倒是我去看他了。我會推著輪椅滑過走廊，搭電梯下樓去他的病房，坐在他床邊陪他個一小時。有時我會跟他聊天，但多半只是坐在一旁，他不是在休息養神就是睡覺。我會看著媽違背減鹽的醫囑，偷帶鹹蘇打餅給他。她知道爸就愛吃這個，想想爸也不知還有多少日子，還是讓他享享口福吧，就算她可能挨護理師的罵也值得。

我們父女倆的關係向來一言難盡。我大半童年都對他崇拜有加，對於他想營造的「大人物」形象完全買單。有多年時間我窮盡辦法博他一句稱讚，可是不論我再怎麼努力：在中學打校隊、當選模範生、在夏威夷賺錢養家……他似乎都看不上眼。這輩子我總聽他說繼女戴安娜多麼令他得意，卻從沒聽他這麼稱讚過我，這很傷我的心。

即使我後來終於想通爸不是超人，更不是全能知識家，還是一心想光耀門楣。我追隨他的腳步從軍，躋身陸軍屈指可數、首批到伊拉克出戰鬥任務的女飛官，但不論怎樣的成就似乎都不夠。我駐守伊拉克時一直想與他溝通，我曾打電話給爸媽，可是我們父女的對話總是很簡短。他會問：「妳過得怎麼樣？」我才一開口，他就咕噥：「好啦，妳跟妳媽講。」馬上把電話遞給她。

可是現在，我在華特里德坐在他病床邊，爸總算開始說話了：「譚美，我很擔心妳。妳沒了一雙腿要怎麼過日子？」他說他怕我再也不能走路，我的人生會落得殘缺不全。

我一再安撫他：「爸，我沒事。我被擊落前能做什麼，以後也都能做。真的！」不過他只是搖頭。

所以等我在幾天後拿到第一隻義肢，立刻下樓讓爸瞧瞧，想讓他放心。我說：「你看，我有腳了！」我坐在輪椅上，把義肢從左腿殘肢脫下來，湊近前去讓他看看。

他露出笑容，然後說了一句出乎我意料的話：「我很難過妳兩條腿都沒了。妳的腳很好看。」他竟然會為我的腳感傷，我覺得怪怪的。我自己其實很快就不再感傷了。既然腳不會回來，何必把心思放在那上面？我要是能把這分力氣改用於適應新義肢，又何苦糾結永遠不復得的肢體？

我說：「爸，你看，我用這隻腳一樣能站。」我把義肢套回腿上，小心翼翼從輪椅站起來。我站到他面前，看到他眼裡噙著淚。

「妳知道嗎，」他說。「我真驕傲有妳這個女兒。」

我耳朵聽見這句話，腦袋卻無法理解。**他剛才真的這麼說嗎？**我們互相凝視了半晌，然後我說：「爸爸，謝謝你。你這麼說，我很珍惜。」我等父親這句話等了一輩子，現在他終於說出口，我除了道謝竟然就無言以對了。

兩週後，爸轉到馬里蘭大學的聖約瑟醫學中心（St. Joseph Medical Center）動開心手術。我們知道他虛弱的身體很可能熬不過這一關，可是不開刀他必死無疑。一家人討論過後，爸決定放手一試。

醫師確實修補好他的心臟，不過術後他再也沒醒過來。醫療團隊用藥讓他昏睡，希望他會恢復過來，然而過了兩週仍毫無改善，於是醫師告訴我們，爸基本上已處於腦死狀態。最後媽雖然萬般不願，還是決定移除他的維生系統。二〇〇五年一月二十八號那天，我們齊聚在他的病房與他告別。

我不記得自己在最後一刻對他說了什麼，只記得滿病房都是嗶嗶作響、高速轉動的機器，不過在護理師為他撤除維生系統時，這些機器一一安靜下來。媽彎下腰吻他，跟他說再見，然後，就是一片死寂了。爸走了。

「我們十分以譚美為榮」

我在華特里德休養的時候，媽跟湯姆飛到檀香山整理爸的文件。爸保了一份意外死亡險，媽是受益人，不過他既然非意外過世，也就領不到任何給付。

他也保了一份壽險，但令我們震驚的是，受益人竟然不是媽。保險公司拒絕告訴我們受益人是誰，不過近來我檢閱爸的早期文件時，發現他在五十年前把第一段婚姻所生的長女卡蘿定為受益人。或許他僅僅是忘了在再婚後改動？絕對有可能，因為他將媽列為他的軍隊福利津貼的受益人。現在我們再也不得而知了。

然而，因為爸為壽險作的決定，加上他一直對退伍軍人部堅稱自己沒有任何傷殘，導致媽在他過世後只有他基本的軍隊退休俸可領。爸留給她的遺產甚至不夠支付葬儀費，所以到頭來，是我跟布萊恩用我駐外存下的薪水幫他辦喪禮。我不認為爸故意要讓媽吃虧；我猜他出於某些理由，以為媽領得到那份意外死亡險的給付。不過這多少為他的人生做了個絕佳總結：這個男人一輩子都想逞英雄，也一再失敗，最後又跌了一跤。

小時候，我覺得爸無所不能，我也信了媽媽娘家對她的說法，以為媽是個沒念過書又只會幹粗活的人，運氣好嫁給了我爸。如今在成年後回頭看，他的缺陷顯得一清二楚。爸從來不是他想要別人以為的那個人。他沒本事好好照顧我們，反倒是我們母女倆一再出面收拾殘局，讓全家人過著正常的生活。爸不過是打腫臉充胖子，媽才是關關難過關關過的強者，到現在也還是。

當我們跟媽說爸什麼也沒留給她，她只說：「不要緊，錢財來來去去，我現在過得比我們從前好多了。」

爸的文件還有個令我們意外的地方。原來在我被打下來的幾星期之前，爸在《檀香山廣告商報》（*Honolulu Advertiser*）的網站貼出一張我的照片與一段短文。他在文中寫道我在檀香山住過，現在隨美國陸軍預備役單位外派到伊拉克。不過真正打中我的是文章最後一句：「我們十分以譚美為榮，她投身戰鬥行動的每一天，我們都為她禱告。」

長眠於阿靈頓公墓

我猜想，爸知道他來華特里德看我，也是他人生的最後一程。後來布萊恩說，他跟爸在夏威夷的醫生談過，他們顯然知道爸來日無多。這些醫生准他旅行，是想幫他見家人最後一面，讓他在故鄉維吉尼亞州離世。到頭來，這也讓他圓了最後一個夢：在崇高的阿靈頓國家公墓舉行軍葬。爸要是在夏威夷過世，因為運送遺體的費用過於高昂，絕對不可能葬在阿靈頓。但現在他將長眠於美國最神聖的墓園、他出生地所在的州。

二〇〇五年三月九號，我三十七歲生日的三天前，一輛馬拉的靈車載著爸覆蓋國旗的靈柩，伴隨軍樂隊演奏的〈更加與主接近〉（Nearer My God, to Thee），駛向阿靈頓公墓。我身穿陸軍制服坐在輪椅上，右臂用吊帶吊著，腿上蓋著毛毯。號兵吹喪禮號時，我舉起左手行禮，在料峭春寒中，我看著步兵對空行二十一響鳴槍禮。

擔任助手的士兵把覆棺星條旗折成一絲不苟的三角形，交給我媽。其他人安靜離開，不過我留在原地，吻了吻自己的手指，搭到爸的棺材上。

「爸爸再見。」我說。我調轉輪椅回到先生和媽媽身旁，在低垂地平線的夕陽下，我們穿過一排又一排潔白的墓碑離開。

第十一章

「輪椅是我自己的選擇」

二〇〇五年一月下旬，正當爸在聖約瑟醫院靠維生系統命懸一線之際，伊利諾州參議員迪克．德賓（Dick Durbin）捎了個訊息到華特里德。他想知道有沒有來自伊州的受傷戰士願意擔任他的來賓，在健康狀況許可下出席國情咨文演講。

雖然我不是布希總統的大粉絲，但我絕對想去。這既是歷史性時刻也是難得機會，可以親眼見證我國民主制歷久不衰的重要儀式。此外，出席這個活動就能見到當時身為民主黨少數黨黨鞭的德賓參議員，或許我也有榮幸見到其他參議員。

國情咨文演講預計在二月二號舉行，也就是兩週後，距離擊落事件只有十二週。那時我還沒能坐直超過九十分鐘，因為僅僅九十分鐘就能搞得我頭暈目眩又虛脫。可是我如果想出席國情咨文，得坐上至少五個小時，包含往返國會山莊的路途在內。我對醫師說：「我辦得到，我真的可以。」其實我根本不知道我辦不辦得到，但我絕不想錯過這個機會。

另有一個伊利諾州軍人的身體狀況可以赴會，他是陸軍預備役下士傑洛布．華許（Jarob Walsh），我則十分勉強。要是我能增強體能，說服醫師讓我去，德賓參議員會讓我們兩個都當他的來賓。所以接下來兩週我卯起來復健，以延長我能起身的時間。這將是我首度離開醫院院區，我也知道得全力以赴才撐得住。

與會那天晚上，我也得想辦法為自己注射抗生素。從伊拉克帶著開放性創傷抵達華特里德的傷患，很多都感染了有「伊拉克桿菌」之稱的鮑氏不動桿菌，我自然也不例外。這種細菌蔓延得很快，抗藥性又強，凡是治療伊拉克戰爭傷兵的醫療團隊都花很大力氣遏止感染失控。我做的治療包含兩種藥效最強的抗生素，每隔四小時就透過點滴注入我的靜脈。我的左臂植入了打點滴用的永久導管，不過我們在國會山莊時，布萊恩得找時間為我換一包點滴液。

醫師一判斷我身體狀況足以赴會，準備工作就如火如荼展開。我不只需要藥物和點滴袋，也得盡快找到合身的陸軍制服，外加與軍銜相稱的動章和佩章。我連個刻了「達克沃絲」的名牌也沒有，不過有人竟然從另一個軍人那裡為我借到名牌，那位同袍（應該是院裡某個陸軍醫師或治療師）恰好與我同姓。

護理師準備了小瓶裝的抗生素液、點滴管線的消毒藥包，又分裝了小袋止痛藥——從泰諾到美沙冬，各種強度一應俱全。他們把點滴管藏在我借來的制服外套下，穿過袖子再從領子後頭拉出來，布萊恩就能在需要時低調地吊起點滴袋、為我接線輸液。二月二號下午，醫療團隊把我推上輪椅巴士的升降台，布萊恩與我上車坐定，展開駛向國會山莊的一小時車程。

我們為這趟行程做了全盤推演，沒想到最折騰的竟然是接駁過程。這輛巴士雖然可以搭載輪椅，坐起來卻非常不舒服。其實這只是一般的陸軍巴士，所以整段路我大都在車底東搖西晃，完全不適應在行進中的車輛上坐輪椅。自從我被擊落過後，我再也沒搭過交通工具（至少清醒時沒有），所以當我隨巴士在華盛頓特區的街道上疾駛，一路奮力維持坐姿，感覺不只古怪，也比預期來得心驚膽跳。

巴士抵達國會山莊後載我們到大樓東側下車，那裡有個可通行輪椅的出入口，整棟樓其實也只有兩個。你沒看錯：直到今天，國會山莊依然只有兩個供輪椅使用者出入的大門，所以你要是在那兩扇門關閉後人還在裡面，就出不來了。我當選參議員後，有時為了離開只好在閉館後推開其中一扇門，害得警鈴大作（我不建議大家這麼做就是了）。

我們一進大樓就往電梯前進，這下我又親眼目睹輪椅使用者是如何處處受阻。當晚我坐的是體積龐大的電動輪椅，幾乎進不了電梯，更別提讓布萊恩跟我一起擠了。這是我第一趟坐輪椅的大行程，已經體會到殘障人士不論走到哪，隨隨便便就會撞上不公待遇，建築物的設計尤其如此。

初訪國會山莊

雖然有這些不便，國會山莊的富麗雄偉還是令我傾倒：圓形大廳有高聳的拱頂，還有栩栩如生的壁畫，描繪喬治·華盛頓在天堂與天使相伴。那裡有偉大政治家的等身雕像，牆上掛著描繪美國歷史重大時刻的油畫，大理石地板透出被人踩踏了數百年的痕跡。我是從小在海外崇拜美國長大的愛國小孩，能以我州參議員個人來賓的身分置身這個殿堂、來到這個深具歷史意義的地方，真是不可思議。

德賓參議員在民主黨黨鞭辦公室接待我們，這個空間本身就有一段長遠又精采的歷史。參議員林登・詹森（Lyndon Johnson，譯按：後來擔任第三十六屆總統）、羅素・朗恩（Russell Long）、泰德・甘迺迪（Ted Kennedy，譯按：約翰・甘迺迪總統的弟弟）擔任黨鞭時都在此辦公，這四面牆裡有過的對話左右了我們全體的人生。透過辦公室窗戶，我能看見星條旗在空中飄揚，背景是國會山莊的拱頂。這畫面是如此崇高又動人，我竟然濕了眼眶。這一年來，我先是被伊拉克的滾滾黃沙包圍，後來又是華特里德的蒼白，現在一下子看到這麼多色彩、親身浸淫於國會山莊宏大的歷史，我感動到無以復加。

德賓是個超級親切的東道主，馬上讓布萊恩與我感到很自在。他聊起天來像個老朋友，而不是全國最位高權重的人物之一。他有種平易近人的氣質，講話客氣又坦率，我只能說那就是正港中西部人的風格。我馬上就喜歡上他，這些年下來對他的欣賞也有增無減。

他周到地問了一些常見的問題，例如我們來自伊利諾州哪裡、我是怎麼受傷的，接著又問我在華特里德復元的情形如何。我告訴他：「他們是有全世界最棒的醫療服務啦，可是一定出了什麼行政問題。」他聽了眉毛一挑，於是我向他說起家屬的住宿空間是如何不足：我們剛入院時，親友得在加護病房等待室打地鋪好幾個星期，因為臨時住處沒有空房。我光顧著講，沒打住想想他是真心關切還是只是客套問問。華特里德有些行政程序確實有改善必要，我也一五一十跟德賓說了。他邊聽邊點頭，把話都聽了進去。

過了十五分鐘左右，我問他有沒有地方讓我跟布萊恩獨處一下。我們預計要見媒體、出席晚宴，然後聽國情咨文演講，所以最好趁現在為我換抗生素點滴液。迪克說：「當然有。」就帶我們去主辦公室旁邊的一間小會客室。

我從輪椅移到一張有藍金雙色織錦襯墊的長沙發上，有一瞬間我心想，這件古董不知見證過多少歷史（這張沙發至今還在原處，每次我去那間辦公室找迪克，看到它時心裡都暖暖的）。我側坐在沙發上，背靠著桃花心木雕刻扶手，把殘肢在身前伸直坐好。

布萊恩吊起新的點滴袋，問我感覺怎麼樣。我全身發痛，其實我從來沒有不痛過。雖然我沒了雙腳，還是能感覺到腳底痛如火燒，甚至到現在都會。除了幻肢痛我也遍體鱗傷，雙腿斷裂處不說，醫師割取皮膚的地方等於兩大片挫傷，右臂也還沒痊癒。我吞了幾顆止痛藥，然後說：「好，我們回去吧。」否則還能怎麼辦？這就是我的新日常，我別無選擇，只能咬牙撐過去。

十幾名記者聚集在訪談場地，華許下士與我推著輪椅與他們見面。這是我第一次接受媒體訪談，迪克決定一切從簡，只請我說說自己的經歷。我談到直升機擊落事件、我的組員如何救我一命，也提到一點復元的情形。有幾名記者發問，都不是什麼尖銳的問題，然後《芝加哥太陽報》（*Chicago Sun-Times*）的政治線記者琳安．史薇特（Lynn Sweet）問我，對於有人在華特里德抗議有什麼想法。

那時已經有反戰團體的抗議人士在院外集結，尤其是每週五晚上。來自蘭茲圖爾的新傷患大多在那時抵達，這代表不只是傷兵，家屬為了進入院區也得一頭迎上高呼口號、揮舞標語的人群，雙方往往鬧得劍拔弩張。琳安想知道受傷戰士怎麼看待這個狀況。她問我：「妳為伊拉克戰爭失去雙腿，看到院外針對這場戰爭抗議的民眾，有什麼感覺？」

我說：「我想我上戰場就是為了這個呀——為了捍衛他們抗議的權利。」我不假思索就說出口，因為這是我覺得唯一說得通的道理嘛。事後迪克說，他當下的反應是：**喔喔，答得高明！**多年後他告訴我，那是他第一次覺得我有競選公職的潛力。

那天的晚宴有如一場夢。迪克帶我走遍全場，介紹我認識其他參議員，其中也有甘迺迪和井上，他就是多年前我在夏威夷念十二年級時，見過的資深參議員和二戰老兵。竟然能親自認識在書裡讀過、電視上看過的人，而且他們有那麼多人對我說話，都不知道該先回應誰才好，簡直像愛麗斯夢遊仙境。晚宴的餐點看起來很可口，可是抗生素害我噁心反胃，我還是毫無食慾。於是我跳過滿桌的美式傳統佳餚（雞肉派、蜜汁火腿、蘋果派），一邊與別人聊天，一邊用意志力壓下嘔吐的衝動。我幾乎撐過了今晚一半的節目，不過國情咨文還在後頭呢。

國情咨文即將在眾議院議場舉行，我推著輪椅來到議場看台，莫名覺得這地方有種親切感，但也很壯觀。議場本身空間並不大，卻承載了許多歷史的重量。布希總統開始演說時，我往下看到參眾議員、大法官、內閣部會成員齊聚一堂坐在那裡。我實在太驚奇了，好像靈魂出了竅，既身在電影裡，也看著電影在眼前播映。

布希總統演說的最後三分之一講到了阿富汗和伊拉克。他提到伊拉克近來舉行的選舉，並引述一名伊拉克年輕女性的話，她說那天外頭依舊槍林彈雨，不過她非出門投票不可。他也向在場的諾伍德夫婦致意，他們是在法魯賈戰役殉職的海軍陸戰隊中士拜倫·諾伍德（Byron Norwood）的父母。我雖然不認同伊拉克戰爭，能身穿軍服參與那一刻還是令我倍感自豪，也等不及要重新歸隊。可是離開華特里德五小時後，我清楚知道：我還有一段漫長的康復之路要走。等布希總統結束演講時，我因為長時間維持坐姿已經精疲力竭。

我一定在演講後累到昏睡過去，因為我不記得自己搭上巴士回醫院，也不記得是怎麼回到病床上的。不過之前的每個細節我都記得，因為置身那些崇高的廳堂，不知怎地觸動了我。我不知道要如何或何時才辦得到，但我知道，有一天我想重返國會山莊。

為傷兵打電話

國情咨文過了大概一週，我在職能治療室練習使用右臂。我做的物理治療主要是訓練雙腿再度走路，職能治療教的則是如何恢復日常活動，譬如寫字、鋪床、從輪椅坐到馬桶上。職能治療區還內建一座小公寓，裡面有廚房、床鋪和浴室供我們練習。他們管這叫「獨立堡」基地（Fort Independence）。

外科醫師剛把我的右臂割離腹部的肌肉皮瓣，雖然留下老長的傷疤，皮肉色澤很古怪，形狀也有點凹凸不平，至少又有手臂的樣子了。不過這條手臂還是無力到無法自主動作，所以我得用左手把它舉起來放到定位。即使是最基本的動作，我都得從頭訓練肌肉。

職能治療師遞給我一個直徑大約二．五公分的海綿圓筒，有點像迷你的游泳泡棉棒，中間插了一支鉛筆。我的右手絕對無法持筆到能寫字的地步，那個海綿筒就是握筆用的輔具。雖然如此這還是很難，我的手臂動作也完全達不到寫字所需的精確程度。所以我用右手握住鉛筆海綿棒，然後用左手拖著它在紙上寫出歪七扭八的字母。

我的目標是寫封感謝信給德賓參議員，當然一時三刻是寫不完的。等這封信大功告成，我把它塞進輪椅前下方綁的橘色圍裙（家得寶〔Home Depot〕公司捐贈的，超級實用），打算一查到他的地址就寄出。

不過信還沒寄，德賓就在我某次做物理治療時出現了。那時我做復健做得滿頭大汗，他走過來開心地跟我打招呼：「哈囉，譚美！」

我回答：「喔，哈囉，長官！我寫了一封感謝信給你，有點像鬼畫符就是了。等一下喔，信就在這裡。」我伸手從圍裙掏出那封信，心隨之一沉。那封信在圍裙口袋裡跟其他東西塞在一起，變得又髒又皺，不是我原本想的那種很有專業感的信函了。

他微笑接過信封，然後把他的名片遞給我：「請收下吧，有什麼需要儘管開口。」我用左手接過名片，看到上面印著他的電話。他說：「我說真的，想打就打來。需要幫忙的不是伊利諾鄉親也沒關係，這裡有什麼問題我都想知道，我想幫忙解決。」

我打從那時起就學聰明了，很多參議員都會說這種話，不過有些人只是隨口說說。我也不是真的認識德賓參議員，不確定他真心想要我打給他。但我既然拿到那支電話也就不可能不打，因為我對院內的弟兄姊妹多少負有上級責任。

不論在戰場或病房，軍隊都是依階級制運作。身為三十七歲的少校，有好幾個月我都是全截肢病房區最年長、官階最高的傷患，所以理當照顧比我年輕的傷兵，為他們加油打氣並處理各種問題。其他官階比較高的截肢傷患也扛起領導職責，例如喬伊・波瑟（Joe Bowser）上士。雖然情境不尋常，這對我們來說是再自然不過的反應。

有一陣子很多人都沒有依約去看診，所以華特里德的上級決定，病患只要身體狀況允許，每天早上七點都要集合整隊，恢復老派的軍隊紀律。可是最靠近閱兵場的電梯每次只容得下一台輪椅，所以每天早上都有二十幾個弟兄得坐輪椅排上一小時的隊，等得一肚子火，就為了下樓整隊「站好」。我與波瑟上士目睹這個狀況，就代表弟兄告訴那些坐辦公室的人，這計畫根本不切實際。

不論是華特里德的問題，或是薪資和福利津貼出了差錯，這些年輕戰士凡是需要協助，我都覺得有責任為他們發聲。於是我開始打電話給德賓參議員，我要是因為復健和治療分身乏術，就由布萊恩來打。

其實，第一個代人聯絡德賓參議員的人是布萊恩。有天下午他在手術室外等我開刀，在等待室外頭的走廊上，他看到一個抱著嬰兒的女孩子在掉眼淚，就問她：「妳先生在開刀嗎？」她搖搖頭，於是布萊恩說：「不管怎麼樣，妳都會沒事的。」他想安慰人，可是這個外表只有十九歲的女孩子突然放聲痛哭。

她告訴布萊恩，她先生已經昏迷不醒好幾個月了。他們在他外派前剛結婚，結果他到伊拉克沒幾天就受了傷。她告訴布萊恩：「我們從那時起再也沒領到他的薪水了，因為我拿不出錢，我們快被趕出德州的胡德堡（Fort Hood）的拖車了。我連給寶寶買配方奶和尿布的錢都不夠。」

布萊恩不敢相信自己的耳朵。一個軍人年紀輕輕就為國犧牲了幸福健康，正當他昏迷不醒時，他太太卻領不到他的薪水？布萊恩搭住她的肩膀說：「我會幫妳解決。」行政單位顯然「snafu」了，捅了烏龍婁子的意思，這是「狀況正常，全部搞砸」（Situation Normal, All Fucked Up）的縮寫，原本是二戰軍人發明的說法，看樣子這種症頭代代相傳，至今沒有改善。不過這害得一個新婚小家庭幾乎破碎。一個年方十九歲的女孩子，懷裡抱個嬰兒、先生昏迷不醒，她哪來的能耐搞定軍隊龐大的官僚體系解決問題？

布萊恩幫她打了幾個電話，包括打到德賓參議員的辦公室，同時也帶她去紅十字會領物資，又從費雪之家的庫存拿了一些尿布給她。這個女孩子感激涕零，因為知道她不可能獨力解決問題。這些傷兵和眷屬顯然需要有人為他們捍衛權益，現在我們既然能一通電話直撥德賓參議員，可以擔當這個角色。

在華特里德，有些問題的根源似乎是布希政府認為伊拉克戰爭很快就會打完，所以陸軍的行政和後勤沒有為長期戰做好準備。二〇〇二年十一月，國防部長倫斯斐宣布伊拉克戰爭要花「五天、五週，或是五個月，但絕不會更久」。所以當戰事愈拖愈長，傷兵源源不斷抵達，儘管醫療團隊咬牙提供一流照護，華特里德的行政部門並未準備好應付病人潮。

我在二〇〇四年十一月入院時，我的家人就有切膚之痛。起初我媽跟布萊恩沒地方住，因為莫洛尼之家已經額滿，他們就是在這段期間輪流睡在加護病房狹小的等待室。大約一週後，陸軍終於撥給他們一間莫洛尼的空房，但還是太小。在他們心急如焚的那些個日夜，媽跟布萊恩得輪流睡那個房間。而且他們運氣算好了，有些家屬被告知，他們只能自費住醫院對街的六號汽車旅館（Motel 6）。陸軍理論上會幫他們報銷住宿費，實則未必如此。

接下來幾個月，布萊恩和我一再打給德賓參議員辦公室，有時是為了行政烏龍和住宿問題，有時是退役軍人向我們通報他們沒收到應有的給付。我們徹底濫用了擁有這支電話的特權，不過德賓參議員一次也沒抱怨。他撥了個助理當我們的接洽窗口，每次我們又為了什麼問題打電話過去，總能得知後續。迪克根本成了華特里德受傷戰士的非正式申訴專員。

風聲一定在伊利諾政壇傳開了，因為在我們展開猛烈電話攻勢的幾週後，歐巴馬辦公室與我聯繫。他所屬的退伍軍人事務委員會預計在三月中舉行聽證會，歐巴馬參議員想知道我有無意願為華特里德的情形作證。我當然一口答應。我那時已經希望有天能重返國會山莊，想不到機會這麼快就來了，也沒想到是為了這等大事。

二〇〇五年三月十七號，我在參議院委員會聽證會首次亮相。針對如何改善軍人與退伍軍人的生活，我有大約十分鐘發表意見，於是我寫了一份有六大項的大綱來說明。

醫療團隊是我的救命功臣，於是我從表揚他們說起：

要是事情發生在早年的戰場上，我絕不會活下來。這證明了我穿戴的頂尖保護裝備，以及從前線到華特里德、讓我今天能出現在這裡的醫療後送渠道是如何有效……接受同袍的治療，與同袍一起康復，都是不可取代的過程。

我促請參議院投注更多資源協助軍人的醫療與復元，尤其是透過科技、就業諮詢和心理支持。這麼做不只是出於人道理由，最終也能為軍隊節省大筆成本。就像我告訴委員會的：

我們的戰士既昂貴也不可被犧牲。我認為我們一定要全力保護這項資源，盡可能留住現役軍人，盡全力讓每一人重返崗位。舉例來說，為了替補一名受傷的憲兵上尉，與治療受傷軍人並讓他們重返崗位相較，從頭「打造」一個新兵的費用實在過於高昂……

前線軍人不應浪費任何時間為倒下的同袍擔憂。我們一定要讓他們知道：「我的伙伴安然抵達華特里德，他不會有事，那裡有頂尖的醫師和科技。」如果我們確保這些醫療機構的經費充足無虞，就能保持軍人的最佳士氣與戰力。

我在發表這段證詞的十六年後，接任了歐巴馬在參議院的那個位子。時至今日，為軍隊爭取經費和後援的奮鬥仍是現在進行式。二〇二〇年中，四萬名國民兵應召投入新冠病毒疫情的援助工作。在他們能獲得聯邦退休福利與教育津貼資格的前一天，川普政府無端終止了他們的役期。這個決定既有違人道，也是川普執政團隊的典型作風，等於在狠狠打臉這些為疫情冒生命危險的美國兒女。

我為此提出了《國民兵響應新冠病毒疫情穩定法案》（National Guard COVID-19 Response Stability Act），目的是讓所有響應動員、投入疫情防治的國民兵獲得額外津貼。那時我說：「川普執政團隊一再想占國民兵的便宜，這在任何情況下都不可取，趁著新冠病毒肆虐、已奪走超過九萬名美國人生命的時候這麼做，更是格外有辱國民兵。」

二〇〇五年的我是個養傷的軍人，二〇二〇年則是參議員，不論哪個身分，看到有人意圖虧待為國奮戰的美國兒女，都使我氣憤難平，因為這麼做違背了我認為美國代表的價值。我們美國人是會照顧同胞的人，身為軍人，我們在戰場上也絕不拋下同袍，我這條命就是這些事實的見證。川普團隊企圖抹煞這些價值，不只是小小失誤，而是重大惡行。

我在華特里德休養期間，在我病房門外貼了一張〈軍人誓言 Soldier's Creed〉。我最初是在基訓營學到這套信條的，裡面的十三句宣言道盡了從軍的真義：

我是美國軍人。
我是戰士與團隊一員。
我效忠美國人民，恪守陸軍價值。
任務第一。
絕不認輸。
絕不放棄。
絕不拋棄倒下的同袍。
我紀律分明、身心堅忍、操練扎實，武藝精良。
我將器、械、人保持在最佳狀態。
我精通專業職能，具備職業操守。
我隨時皆可出征，為與美國敵人作戰並將之摧毀親身上陣。
我是美國生活與自由權利的守衛者。
我是美國軍人。

中間四句宣言一般稱為「戰士精神誓詞」，我每次想到其中兩句都不禁激動，一是「任務第一」，二是「絕不拋棄倒下的同袍」。這不只是我們軍人的本分，更是我們身為美國人民、身為戰士的本色。

我在門上貼〈軍人誓言〉是希望每個進來的人都知道，躺在裡面的是個軍人，不是受害者。我想告訴大家，創傷和輪椅是我自己的選擇，別人大可不必可憐我。後來國民警衛局局長H．史蒂芬．布隆（H. Steven Blum）將軍看到我門上那張軍人誓言，便送我一份裱框的版本，我把它掛在正對病床的牆上，每當疼痛加劇時就能看著它提醒自己。這份信條帶領我走過最黑暗的時刻，在我走筆至此時，它也掛在我的參議員辦公室裡，就對著我的辦公桌。

來相互傷害啊

重度創傷的康復之路並非一帆風順。進展時好時壞，也常常停滯不前，挫人志氣。到頭來，支持你走下去的是那些小小的勝利。

我剛開始為右臂做職能治療的時候，有一次我的治療師凱蒂．楊柯薩（Katie Yancosek）上尉遞給我一個金屬器材，看起來好像裝了儀表的釘槍。這是液壓握力計，用來測量我抓握時能使出多少力。她說：「盡妳最大的力氣緊緊握住它。用力！用力！用力！」我使出吃奶的力氣握住這玩意兒，貫注全副心神精力，使勁使到全身顫抖，結果儀表還是顯示我對每平方英寸施的力是零磅。我看了心灰意冷。我要是連控制桿都握不住，又怎能再度飛行？

職能治療部主任霍華上校看到我一臉失望，大步走過來。他抓起一張紙遞給我，說：「拿著。」我用手指輕輕捏住那張紙，抬起頭困惑地看著他。

他說：「看到沒有？不管儀表怎麼顯示，妳是有握力的。今天是一張紙，明天是兩張，後天三張，大後天四張。然後妳很快就能拿一整疊紙了。」我點點頭，他又俯身對我說：「別聽這機器的話，妳其實有力量，我們也會幫妳恢復到必要的水準。」

我知道他說得沒錯，康復需要時間慢慢來。我也知道鬧情緒無濟於事。雖然我有時還是會為了力不從心發脾氣，卻也很努力制住負面情緒，而且大半時間都做得到，靠的是盡量珍惜自己還擁有什麼，而不是糾結自己失去了什麼。

宋美儀（Anna Song，現在冠了夫姓坎札諾〔Canzano〕）是奧勒岡州波特蘭市KATU新聞頻道的記者，二〇〇五年三月，她為了報導華特里德的女性截肢傷患來採訪我。她的團隊拍下我做物理治療練習的情形，我說了自己被擊落的故事，她在訪談時問到我失去雙腿的感想。

我告訴她：「那只是腿而已。我是說，對啦，腿是很重要。可是我還活著，視力也沒受損。我原本擔心會失去一條手臂，結果並沒有。」我露出笑容，然而這麼說顯然嚇到了她，因為她後來在播出的片段中特別提到這段話，鄭重強調：「『只是腿而已』，她真的這麼說。」我沒料到有人會覺得這想法很奇怪，因為我真心這麼認為。我很幸運能活下來，也很幸運保住了頭腦，五官也健全。

在華特里德，我們截肢的人會比來比去。有一次我看到一個失去一條手臂的弟兄，在那邊慢吞吞練習用非慣用手寫字，我就說：「大哥，感覺一定超鳥的！」他看著我雙腿的殘肢說：「有沒有搞錯？」顯然認為斷一隻手比較划算，可是我真無法想像如何用單手包辦一切。這全取決於你用什麼心態看事情。「你問我還好嗎？喔，很好啊，哪像隔壁房那個弟兄，他兩條腿、四根手指沒了！」我們就像在較勁，想比對方更勝一籌，或者該說更勝一肢。唯一沒資格玩這遊戲的人，是只有一腿從膝下截肢的弟兄。拜託好不好，就那點小傷，你還有膝蓋耶！少在那邊唉唉叫。

「有看到我的腿嗎？」

所以說，我是華特里德的開心戰士，總是盡量保持正向樂觀。一來是因為我大半時間確實心情很好，二來是我想以身作則，做出軍人榜樣。我結束華特里德療程的多年後，我的主治醫師葛斯・格林威（Garth Greenwell）上尉對我說：「譚美，妳是最差勁的病人，因為妳從不老實招來有多痛。我知道妳傷勢有多糟，可是妳永遠強顏歡笑。」

私底下，其實我也有傷心欲絕的時候。我在伊拉克處於人生的體格顛峰，正值三十六歲盛年，身強力壯，從事世界上最棒的工作。如今僅僅因為一枚火箭榴彈飛來，我陷入了無窮盡的痛楚，細菌感染纏身，不但失去雙腿也可能再失去一條手臂，就連想提筆寫自己的名字都難上加難。

在心情最黑暗的時刻，我會想到自己被炸飛的右腿。它現在在哪裡啊？還有殘骸躺在伊拉克偏僻的棕櫚樹叢裡嗎？會不會有隻狗發現了我的腿，叼起來跑到樹下啃呀啃？我的身體竟然殘留在敵方領土，我好恨啊！我試著轉移心思，可是那些畫面一再跳出腦海。我既痛苦也傷透了心，卻不知道如何是好。所以就像那一圈掩護我的篷車，我也在心裡創造出一幅畫面，幫自己度過難關。

每當我想腿想到難過得受不了，我就想像有個能上鎖的盒子。我會在腦海描繪自己把情緒放進那個盒子，轉動鑰匙上鎖，再把盒子束之高閣。這麼一來，我至少能暫時免於憂傷喪志，有力氣繼續做復元該做的事。雖然如此，還是要多年過後，我才有能耐不再去想右腿的殘骸有何下場。

我也不只為了腿感到悲哀。有天晚上，我跟布萊恩在他費雪之家的住房休息，我們打開電視，《超級名模生死鬥》剛好開始。我看著那些女孩子身穿短裙高跟鞋，在伸展台上高視闊步，既美豔又性感，我突然像被一巴掌打醒：我再也不能那樣穿衣服，也不會有那種外表了。雖然我對自己的身分認同主要是直升機駕駛和軍人，但也喜歡打扮得漂漂亮亮、展現有女人味的一面。可是從今以後，我只能挑實穿的衣服，坐輪椅時能舒服搭配鈦合金義肢的款式。

我哭了起來，對布萊恩說：「爛死了，我再也回不去了。」

布萊恩摟住我。「對啊，真討厭。」他先這麼附和我，又微笑說：「可是從此以後，妳都能在安全、快樂的人生裡討厭這件事。」這個男人在我昏迷時日日陪在床邊，在我清醒前不斷對我耳語安撫，又在我開刀復元時悉心照料。當我揮汗如雨做物理治療，他也跟我站在一起。對他來說，我們的遭遇除了幸運沒有別的解釋。我還活著。我還活著耶！我怎能抱怨呢？

當然了，在二十一世紀當個失去雙腿的人，比史上任何時期都來得容易。我在華特里德剛清醒，醫護人員就講起我的義肢會有多棒。護理師告訴我：「看起來跟妳的腿一模一樣，沒人分得出來。」最初幾週我為了勸媽寬心，曾對她說：「媽，別擔心！我還是能穿短裙，看起來和以前完全沒兩樣。」我不確定自己真心相信，但確實抱著這個希望。

裝飾性假腿送達的那一天，我在華特里德已經住了好幾個月，我看了不敢置信，那雙腿竟然那麼完美。肌膚的色調與我的膚色吻合，雀斑也一模一樣，裝具師甚至把第二根腳趾做得比大腳趾長，我真的腳也是這樣。這雙腿真的就像我的腿，不是什麼詭異的巨型芭比娃娃腿。當我試穿的時候，我覺得，我覺得……我恨死這些東西了。每次我照鏡子看到假腿，沒了真腿的失落感就再度湧現。我看著自己，負面情緒排山倒海而來，不得不把假腿脫下。

不過醫療團隊也給了我另一雙腿，材質是鈦合金和閃亮的不鏽鋼。這些義肢接的假腳與真腳相似，不過小腿只是細細的鈦合金桿，就像金屬棍子，大腿部分比較粗，你想怎麼裝飾都可以。於是我訂做了星條旗圖案的右腿——當年初次造訪美國的十二歲的我，看了可能會倒退三步吧。至於左腿，我在上面貼了一枚陸軍飛航隊高階飛官的徽章。很多軍人有迷彩義肢，另一些人的義肢畫了火焰、骷髏頭，或是哈雷機車之類的商標。你想客製怎樣的腿都行。說到底，那是你的腿嘛。

當我看著自己，從裝飾性假腿看到的是損失，從鈦合金義肢看到的卻是**力量**。我穿戴鈦合金義肢不是為了失而復得，也不是想要彌補什麼。我只是想不計一切必要手段，堅強起來。我不是唯一做這選擇的人：截肢軍人大多選擇機械義肢，理由跟我一樣。現在我連自己的裝飾性假腿在哪都搞不清楚了，或許塞在儲藏室某個角落吧？我只知道，上回它們公開亮相是華特里德的裝具團隊跟我借用，讓波士頓馬拉松爆炸案的受害人看看裝飾性假腿大概是什麼樣子。

客製義肢是我們適應截肢人生的其中一招。至於另一招是幽默，超猛的一招。我開始看到弟兄穿著有搞笑標語的T恤現身，例如：「快問我怎麼在一夜之間減掉五公斤」「看什麼看？你這兩隻腳的怪胎。」我也給自己弄了幾件，像是：「大哥借問一下，有看到我的腿嗎？」「我不用替身，特技全部自己來。」還有「想不想摸摸看？」不過我最喜歡的是這一件：「算我走運，他只喜歡看屁股。」可惜布萊恩很討厭這一件，三番兩次想丟了它，我又撿回來繼續穿，誰叫我看到這件就笑死。

當個截肢人也代表你能稱霸萬聖節。我看過弟兄打扮成電影《聖誕故事》（*A Christmas Story*）裡的假腿檯燈、慘遭鯊魚攻擊的受害者、桌上足球檯的假人，還有火鶴。要惡作劇也輕而易舉：帶著血淋淋的假手假腳出現是萬年老哏了，或是躺在車輛旁邊，假裝手腳被壓在底下。幾年前，我用划船機健身時動作太過激烈，弄斷了一根義肢。於是我在社群網站貼出一張照片，裡面的我一臉蠢笑，義肢斷裂的下半截卡在划船機的束腳帶上。我寫的說明是：「剛才划船把腿弄斷了，都是我划太猛太快害的。還好現在斷假腿不會痛了！」塞翁失腿，焉知非福，是不是！

挑戰馬拉松

失去雙腿也有光明的一面：我再也不必慢跑了。我很喜歡打球和游泳，卻一直超痛恨慢跑，尤其討厭陸軍所謂的「開心跑」。這號稱可以提振士氣，所以我們會在清晨五點集合，來個「悠閒的」八到十六公里慢跑。不過我可以很篤定告訴你，我的士氣一點也沒被提振。既然我的腿沒了，再也沒人能逼我大半夜爬起來慢跑，開不開心都一樣。想到這裡我倍感安慰。

這也是為何，有一次在華特里德，一個叫瑪麗．布蘭特（Mary Bryant）的義工出現在病床邊對我說：「我們能幫妳練習跑紐約馬拉松！」我一口回絕：「謝了，我才不要。」有沒有搞錯？我沒有腿耶！更別提我就算處於體能顛峰也對馬拉松毫無興趣，現在又為何會想跑？

她說：「喔不是啦，不是用跑的，妳會騎手搖自行車參加。」她是「阿基里斯自由隊」的人，一個屬於國際阿基里斯（Achilles International）的部門，那是協助傷殘軍人重返競技環境的非營利組織。他們有專門的訓練和器材，義工每週會來給受傷戰士上課，協助我們克服挑戰。

我或許討厭慢跑，卻很喜歡有飛行感的高速和機械。我對手搖自行車很好奇，一旦我坐上去，發現能以二十四公里的時速奔馳，馬上上癮。自康復以來我參加過四場馬拉松，每次都讓我覺得自己強壯、靈活又自由。我逼自己一再提升速度，有時在下坡路段達到每小時四十公里。不用跑也這麼快！

這是在華特里德療養最大的好處之一。醫護和治療師永遠都在挑戰我們，逼我們離開舒適圈。當我跟醫師說我想參加國情咨文演講，他們沒有說，「這樣可能不妥」、「妳的狀況根本不行」。他們希望我們盡其所能，愈快康復愈好。這是一種很實際的哲理，在一般民間醫院恐怕聽不到的哲理。你絕不可能躲在角落自怨自艾，永遠有人會出現在你身邊說：「來來來！我們來做這個、做那個！」

華特里德提供的課程有游泳、冰上曲棍球、高山滑雪、水肺潛水、泛舟、高空跳傘，還有馬拉松。我因為太喜歡飆手搖自行車，後來也玩過高山滑雪，這要感謝退伍軍人部的「半山奇蹟」（Miracles on the Mountainside）活動體驗專案。專案的教練先教我滑雪，再把我綁上連著滑雪屐的座位，用力把我一推，我轉眼就飛下山了！好啦，不算真的飛下山，因為我跟教練綁在一起，不管是在斜坡上橫衝直撞的五歲小鬼，或是盲人與他們的導盲員，我往往只有被超車的分。可是我從小在東南亞和夏威夷長大，之前從沒滑過雪，就算速度比別人都來得慢，還是樂在其中。

不過呢，一回有個失明的受傷戰士經過我身邊，竟然大喊：「閃邊別擋路啦，死瘸腿！」我喊回去：「對啦，你要是看得到前面有什麼，也會放慢速度哦！」

是的，我們受傷戰士開玩笑可以口無遮攔到這種地步。

二〇〇五年春天，這些大冒險都還遙不可及，不過華特里德的志工和醫護已不斷逼我挑戰自己，好讓我為這些活動做好準備。他們這麼做當然都是多餘的，因為我為了回歸我唯一在乎的一項活動，已經把自己逼到極限。要是我想為陸軍重返駕駛艙，現在就是向他們證明我辦得到的時候。

第十二章

第二次機會

擊落事件過後的最初四個月，我都住在華特里德。我想搬進費雪之家跟布萊恩住，可是他們規定打點滴的病人不能在那裡過夜。那段時間我一直在對抗鮑氏不動桿菌感染，點滴幾乎從不離身。

慢慢地，我們鑽起漏洞來。同情我們的護理師教布萊恩如何吊點滴、從我的腹部注射每日所需的抗凝血劑，在每天該施藥的時候為我打藥。有布萊恩當我的「打藥大師」（他自封的頭銜），醫師偶爾會放我出院十二小時，讓我在費雪之家過夜度週末。起初布萊恩會用毛毯把我嚴嚴裹住，推我往返華特里德和費雪之家，而且推得超級慢，好像稍微有個小顛簸都會把我震散了。我可不喜歡被這麼對待，有天終於對他大叫：「別再把我當小嬰兒了好不好！」他也希望自己別那麼像保母，但那種想保護我不會再出差錯的心情也是可以理解。

在我住院期間，布萊恩都在南伊利諾州一個國民兵單位當指揮官，每個月一定要北上幾天值勤。遇上這種時候，他會安排他的醫師表妹克勞蒂亞來陪我。克勞蒂亞成了我們和醫師之間的橋梁，功不可沒，不過她其實是小兒科醫師，所以我也忍不住拿這來揶揄布萊恩。

我說：「不會吧？我們有那麼一大家子親戚，你竟然選了個小兒科醫師來顧我？」

他氣定神閒地回答：「你們飛航隊的就會胡鬧，給妳找個小兒科醫師是剛好而已。」

到了三月，我總算能搬進費雪之家了。儘管每天都要回醫院治療復健，能出院還是今我欣喜若狂。最後我總共在華特里德花了十三個月療養，能在那裡待這麼長一段時間，不論身心或情緒都比較容易康復。要是我只住院一兩個月就被踢出去，早早就得應付別人的異樣眼光，還要承受一再解釋個人遭遇帶來的厭煩。反之，我待在一個身為截肢人是常態的環境，每個人都懂別人正在經歷什麼。

醫護人員知道我的頭號目標是再度為陸軍飛行，所以一等我體力夠好就帶我去實地考察。他們載我到維吉尼亞州貝瓦堡基地（Fort Belvoir）的戴維森陸軍機場（Davison Army Airfield），車子在一架黑鷹直升機旁的跑道停下來，我馬上心跳加速。當時我穿著過渡期的假腿，我的物理治療師邦妮・韋考夫（Bunnie Wyckoff）鼓勵我爬進駕駛艙試試。坐進駕駛座的感覺真是舒坦——好像套上久穿成習慣的運動服。自從事發以來，我第一次深深吸入一口心愛的JP－8燃油和金屬氣息。

邦妮在一旁看我在駕駛艙坐定，我們也討論到要怎樣才能再開直升機。有些問題很明顯：我能用義肢操縱踏板嗎？右臂有力到能握住迴旋桿嗎？另一些問題是我坐進駕駛艙才想到的。直升機駕駛通常會把右前臂架在右大腿上，控制操縱桿時手很輕鬆就能更穩一點。可是我沒有右腿，再也不能這麼做了。

還有一個更大的問題，就是我能不能爬上機頂執行行前規定程序，檢查旋翼、液壓系統和其他飛行系統。我試著把自己撐上去，但右臂還是太無力，我的靈活度也不足以使用握把和踏腳處。我看著邦妮爬上去，滿心羨慕她那麼輕易就辦得到。她說：「繼續練習就對了。」她就像華特里德所有的員工，每次看到我苦苦掙扎做某件事，絕不會說：「妳不行的啦。」而是給予支持鼓勵。

幾週後，潔西卡．萊特（Jessica Wright）少將——賓州的國民兵指揮官，也是國民兵第一位直升機女駕駛——准我使用陸軍在印地安城山口堡（Fort Indiantown Gap）營區的黑鷹模擬器。於是我跑了一趟賓州，試試身手。我摸索出用義肢踩踏板的方法，也發現右臂已經靈活有力到能操縱迴旋桿了。在鄰座教官的陪伴下，我做了一趟迷你「試飛」，評估我的技術如何。

我們讓虛擬直升機滑行一段，我接著飛了幾種航線，做了幾個斜坡著陸，又操作了一些緊急程序。我意猶未盡，還沒回過神來，測試就結束了。要我在模擬駕駛艙待多久都沒問題，再度飛行的感覺實在太棒了。教官說我符合所有基本操作的標準，我聽了笑得合不攏嘴，希望這代表我很快就能重返真正的駕駛艙。

在白晝拉長、天氣回暖、傷口持續癒合之際，我決定面對另一項挑戰，雖然這肯定很困難，恐怕也非常不舒服，但我知道非做不可。

我問醫師：「我能多快停用美沙冬？」美沙冬是治療慢性疼痛的鴉片類藥物（也用於戒除海

洛因成癮），華特里德經常開立給截肢傷患。不過它的藥效很強，副作用有暈眩、嗜睡、噁心反胃等等，不可能一邊服用美沙冬一邊飛行。要是讓我選擇用美沙冬止痛，或是為了飛行忍痛，我其實別無選擇。我告訴主治團隊：「我想盡快徹底停用美沙冬。」

自從我失去雙腿至今不過六個月，醫師認為這時候停藥還太早。他們的建議是，截肢傷患大多會使用美沙冬至少一年，有些還更久，原因是美沙冬不只能止痛，也能緩解幻肢痛——這毛病有時不只毫無改善，還會惡化。繼續用美沙冬能讓我的身體專心將能量導向復元，而不是浪費在忍痛上。可是他們看到我的心意已決，便同意讓我試試。

我的主治醫師格林威上尉說：「好，我們就這麼辦吧，把劑量減半。」這是很驚人的減藥量，結果絕對是地獄級的痛楚，又因為美沙冬其實是鴉片製品，我也會深受戒斷症狀的折磨。醫師現在已經夠了解我，知道我無論如何都要超前部署。不過他們或許也暗自盤算，我一旦嚐到那些症狀的滋味，就會懇求恢復正常劑量了。

減藥的效應很快浮現。我的四肢痛得有如置身煉獄，戒斷症狀也來報到——顫抖、流汗、嘔吐。我的神智變得昏亂，劇痛持續不減。這一切雖然很糟，還是不如在華特里德的第一週，醫師為我減用嗎啡時那麼糟。所以我只是咬緊牙關，鐵了心撐過感覺最痛苦的日子。一旦症狀趨緩，我就說：「好，我們再把劑量減半吧。」

如此這般過了好幾個星期，我從每天吃四顆美沙冬減為兩顆，又從兩顆減為一顆。接下來，布萊恩開始把我的藥丸切成半顆，然後又是四分之一顆。每次劑量減半，戒斷症狀都會再度上身。可是到了第六週結束時，我已經完全停止服用美沙冬。戒藥成功。

惡夢

在我復元初期，羅瑞克中校來看過我。他在一九九〇年代晚期因為葡萄球菌感染失去了一條腿，歷經多次手術和多年復健，後來再度獲准為空軍飛行。我跟他聊過之後重燃希望，要是他能重返軍方駕駛艙，那麼我也可以。不過我們的傷勢很不一樣，隨著復健持續進展，我也逐漸醒悟我有更高難度的關卡要過。

羅瑞克中校自膝蓋上緣截去一腿，我則失去了雙腿，而且右腿自髖部以下全沒了。多虧有布萊恩要求醫師保留的一小塊骨頭，我才能穿戴義肢，可是我開模擬器時很難讓義肢保持原位，有時我在座位上轉動身體，義肢會鬆脫，害我很難控制踏板。我不斷撥弄套口想讓義肢聽話，不過真正飛行時當然不能這樣分心。

這絕對會是一大問題，可惜問題還不只這一個。

我也在重新學走路，進展其實相當不錯，不過光是會走路和踩踏板還不夠。如果我想為陸軍飛行，就有可能重返戰場，那麼也得有能力疏散機上人員、扛組員脫險。說到底，當初我黑鷹上的弟兄要是沒本事把我拉出駕駛座、扛我上二號機，我會有什麼下場？要是未來有一天我是那個安然無恙的人，其他組員卻喪失行動能力呢？不論我將來會跟誰一起飛，我都得有辦法營救他們，就像丹恩和麥特營救我一樣。

就像飛行教官說的：「隨便哪隻猴子，你都能教牠操作控制桿。」可是要當飛行員，除了操作控制桿還得具備很多能力。你得有辦法執行任務，不論任務有怎樣要求都得使命必達。隨著夏天過去，我也逐漸覺悟，不論我做多少努力又再怎麼想開直升機，依我的身體狀況都不再可行。這也代表我再也不能為陸軍飛行了。

這輩子，每次我只要真心企求什麼，都會拚了命自我驅策，不達目的誓不罷休。有時我或許不是最聰明、最快或最強壯的那一個，但永遠相信勤能補拙。當我念書想跳級，我就盡一切努力跳了級。當我得在航校的測驗拿滿分，即使機會渺茫，我依然不眠不休苦讀，結果也辦到了。不論是擲鐵餅、拿碩士學位、在催淚瓦斯室撲到地面伏地挺身，或是為了聽國情咨文以意志力撐住五小時坐姿……勤奮就是我的超能力。

現在是我人生中第一次，這項超能力撞了牆。不論我再怎麼努力嘗試、流了多少汗水、意志又是多麼堅定，都不可能長出一條新腿，就連長出控制義肢所需的新肌肉也不可能。既然我對腿無能為力，也就無法再為陸軍開直升機。這層領悟於我是剜心之痛。

對我來說，開黑鷹不只是一份工作。陸軍飛官成了我的身分認同、我之所以為我的要義。這是我此生最大的殊榮。你現在要是告訴我，我能回到過去——在航校當個奶油條（butterbar，少尉的綽號），指揮瘋狗連，到伊拉克作戰，然後被炸彈轟下來又失去雙腿，從頭承受一遍復健的折磨——我會毫不猶豫，立刻答應。因為這代表我能重返天空，與軍中同袍同甘共苦，如此又度過十二載寒暑。

沒人告訴我，在伊拉克出那次任務會是我最後一次飛行。沒人事先通知過我。這麼多年來，我的人生因為這份工作有了使命和意義，我卻沒機會向它道別。在那慘烈的一瞬間，我就這麼被剝奪了飛官身分。當我說：「那只是腿而已。」我是真心這麼認為。不過那名叛軍從我身上奪走的不只有雙腿，也不只是右臂完整的能力。那個混蛋奪走了我的身分認同，這才是最叫人難以接受的地方。

我做過最痛苦的夢並不是被擊落，也不是復元時的劇痛，而是我睡著又睜開眼睛時，發現自己躺在巴拉德兵營的臥鋪上。

在那些夢裡，我下床來，在伊拉克如常度過一整天。我做了一切再平凡不過的瑣事：寫飛行計畫、做任務風險評估、填行前報表。我走過蟒蛇基地的碎石地，我嗅著隨風旋繞的灰沙。我與組員碰頭，做任務前簡報，然後爬進黑鷹的駕駛艙出勤。

我在直升機裡跟組員在一起，從大漠上空呼嘯而過。我在飛。我實在太快樂了！所有著陸區都在我腳下——南伊拉克沙漠中的杜克著陸區（LZ Duke），還有海珊舊宮附近的勝利著陸區（LZ Victory）——我們給那座宮殿取了「水世界」的綽號，因為那裡有好幾個大型裝飾湖泊，湖水都是從這片乾燥大地抽取的地下水。我看到了組成我伊拉克生活的每個地方，像是鐵馬著陸區（LZ Ironhorse），還有北上基爾庫克（Kirkuk）和艾比爾的道路。接下來，任務結束。我完成返航後的作業，走回營房，在臥鋪躺下。

然後我醒了過來。有那麼一瞬間我還是樂得忘乎所以，接著馬上醒悟我躺在家裡而不是伊拉克的臥鋪上，旋即回想起一切。這是現在的我，夢裡是過去的我。於是我從頭經歷了一遍失落和哀痛，因為剛才與組員一起飛行的喜悅只是個夢，那不是真的，而且再也不可能成真了。

每當我從這些夢醒來，總是有如槁木死灰。我在一夜間過了十二小時，不只體力耗盡，情緒也大受打擊。所以即使到了今天，我還是得盡量避免做這些夢。幸好我知道觸發夢境的因子：戰爭故事。例如《危機倒數》（*The Hurt Locker*）這類電影。凡是描述伊拉克和阿富汗戰時部隊的書籍或電影，我都不能看。有趣的是，越戰故事也會觸發這些夢境，但我聽過二戰故事還是可以好好睡覺。

我是經由慘痛教訓才學會，如果我在清醒時一下子接收太多這類影像，晚上就會做那些夢，又在睡醒時大受打擊，重新經歷一生最沉重的損失。

創傷治療

華特里德也提供團體或個人心理治療，這是康復過程的一環。雖然我向來鼓勵退伍軍人尋求精神健康服務，從前自己卻沒這麼做。

主要原因是我想再度飛行，又知道做心理治療可能礙事。在二〇〇五年那時候，光是尋求精神科治療就可能害我拿不到安全許可，無法恢復飛行身分。安全許可是為了確保航空器駕駛的心理和情緒達適任標準，但實際上往往適得其反。受過創傷的飛行員明明有需要卻不願求助，唯恐傷害職業生涯，或遭人視為軟弱。

我們訓練美軍成為體格精實、心理強韌的戰士，這本是軍旅文化，而且根深蒂固。不過那些讓我們隨時準備好出征的特質——堅強的心理、超越痛楚的意志、死守任務的決心——也在我們需要援手時從中作梗。我就像許多受傷的同袍，頑強地想克服痛苦。**沒事長官，我很好。一切都**

好。隨時能上陣。我什麼時候可以回單位報到？

我出任伊利諾州退伍軍人事務廳廳長時，認為該為精神鑑定洗刷汙名了。多年來，所有外派的國民兵在返國後都得接受醫療和財務評估，這是解除動員的既定程序。二〇〇七年，我以伊州退伍軍人廳廳長的身分與本州國民兵指揮官比爾．安堯（Bill Enyart）少將接洽，研議將精神健檢也列為強制項目。兵員回到伊利諾老家後，不必再主動尋求這些幾乎沒人想做的檢查。現在每個人跑解除動員的程序時都得做，沒人會多嘴多問，不會有人給你貼標籤。後來我在歐巴馬執政時期擔任退伍軍人部的助理部長，也與國防部和國會合作，軍方人員如果選擇做精神健康篩檢，上級不會再剝奪他們的安全許可。

其實，凡是從戰場退下來的軍人，都有機會從團體或個人心理治療獲益，我也總是這麼建議大家。雖然我自己沒有得益於專業療程，不過我在華特里德長期休養了十三個月，其他傷患、醫師、物理治療師都了解我的處境，我天天都能跟他們談我的經歷。事後可見這本身就是一種治療，因為這協助我走出戰爭傷痛，融入日常生活。擊落事件不過成了我人生故事的其中一章，而不是全盤故事，這對我的恢復正常有莫大幫助。

當然了，我對自己的遭遇多少還是有怒氣，所以我像從前一樣，想像一個能封裝情緒的盒子。最初幾個月我選擇不在這些情緒上糾結，因為這好像無助於康復。但隨著氣力逐漸滋長，我終於動手打開盒子，一次開一點點。後來，我把這看成獨屬於我的潘朵拉的盒子。

在希臘神話裡，宙斯交給潘朵拉一個盒子，潘朵拉不智地把它打開，想偷看裡面有什麼，結果將大批禍害釋放到人間。等她把盒子猛然關上，禍害已全部逃脫，留在盒裡的只剩「希望」。跟人討論我被擊落又失去雙腿的經歷，感覺就像打開盒子、釋出禍害。每次我打開它，就又釋放掉一點痛苦，最終只留下美好的事：對服役期間的深情回憶，對我所擁有一切的珍惜，還有對未來的盼望。

就跟每個人一樣，我的日子還是有好有壞，可是被擊落的悲憤已然平復。近年來，我唯一一次又出現那種情緒是在二〇一九年，不過那是因為一次非常特殊、不太可能重複的情境。

那次我回伊利諾州參訪以前在陸軍的單位，他們想給我一個驚喜，決定帶我坐黑鷹飛一趟。我要強調，我很喜歡搭直升機，尤其是黑鷹，可是我是黑鷹的駕駛呀！我不想爬進這款直升機的後機艙——我的直升機的後機艙，被我指揮過的單位當乘客載來載去。我不是懷恨在心，而是有種失落感。

我連自己會有這麼強烈感受都不曉得，直到行前那天晚上一聽說他們的計畫，眼淚馬上掉下來，才連我自己都嚇到了。我對布萊恩說：「不行，我辦不到，我是飛行員！不是搭直升機找樂子的平民。」黑鷹曾經是我的生命，如今我無法假裝那只是消遣，也不該是改行從政的我拍照打卡的道具。我打電話給以前在伊拉克的長官史考斯基，當時他擔任我在伊利諾的參議員辦公室的偏鄉地區主任（並且續任至今）。

我對他說：「蘭迪，不好意思，我實在很感謝這番好意，可是我真的辦不到。」我知道弟兄是想對我好，並且真心感激，但也知道在當下那一刻，照料自己的情緒比強忍心痛更重要。蘭迪立刻了解我的意思，並說他會處理。最後因為當天天候不宜飛行，這件事從未被提起。

有時我不免心想，我坎坷的童年或許起了預防針的效果。曾有多年時間我都害怕爸爸會消失不見、我們會流落街頭。我看過別的深膚色或混血裔的人，他們不像我們有美國背景，我也了解他們有怎樣的遭遇。小時候我經歷過戰爭、貧困和歧視，或許這些逆境就像疫苗，讓我準備好面對更沉痛的傷痛。又或許，我因此磨練出照顧自己的本事。

無論如何，在深受創傷折磨的退伍軍人當中，我無疑屬於幸運的那群人。許多受傷戰士都經歷了創傷後壓力，有些還在最初事發多年後才發作。麥克斯．克萊蘭參議員直到二〇〇二年落選，才為創傷後壓力症候群尋求治療，距他在越戰失去雙腿和右臂已經過了三十年。我在華特里德認識了麥克斯，也是和他談過才真正了解到，面對人生最好的方式就是每次專心過好一天就好。

二〇〇五年夏天，當我領悟自己再也不可能為陸軍飛行，麥克斯的建議拯救了我。當時我失去了人生目標，但還是決定一次過一天，敞開心胸面對接下來的任何發展。

從政的召喚

接著在八月下旬，德賓參議員打電話給我。

過去六個月以來，我和布萊恩頻頻聯絡德賓的辦公室，為華特里德的疑難雜症求助。他有求必應，不是幫個案做點什麼，就是為改善制度而努力。不論我們聯絡他的辦公室多少次，他都敦促我們不要罷手。他既有心也有力提供協助，我們也備受激勵，真的繼續在有需要的人與他之間居中牽線。

我看是迪克打來，以為大概是要說我們通報的某個問題的後續，不過這一回他有別的事找我商量。

他說：「譚美，妳為同袍當非官方代言人，做得很出色。可是有更多事情得有人來做。妳要不要考慮看看，當官方代言人。」他頓了一下又說：「我認為妳應該選國會議員。」

「呃……哇塞。」我說。這完全出乎意料之外，我不確定怎麼回答。雖然不能回歸陸軍飛航隊了，我對未來的預期是恢復外派前的正職。之前我在國際扶輪社當亞太地區的分社和分區經理，做了兩年，也做得很開心。扶輪社是傑出的組織，他們也告訴我，不論我要為陸軍駐外多久——擊落事件後又改口不論我要休養多久——職位永遠會為我保留。

迪克指的是伊利諾州的一個眾議員席次，原本由亨利．海德（Henry Hyde）做了三十年。海德是伊利諾政壇共和黨的一方之霸，近來剛宣布退休，許多民主黨人士已打算投入初選，想反攻那一席。我跟迪克說我得先跟布萊恩討論，可是一掛電話又不禁納悶這會不會太誇張了。我從未涉足政壇，也從沒有過這個意願，現在真的要突然參選眾議員、踏上從政之路嗎？

我問布萊恩怎麼想，他說：「這個嘛，我是覺得有何不可。如果我們想繼續為受傷戰士盡一份心力，選眾議員完全合理。」

自從我參加國情咨文演講以來，就不斷接受訪問、去退伍軍人團體演講，那年春天也到參議院退伍軍人事務委員會的聽證會作證。過去六個月以來，我的知名度漸開，但我還是不確定我該參選。

我問布萊恩：「我是說，我難道不該先選個市議員之類的嗎？」我不確定自己有競選國會議員的本事。高中畢業後我再也沒參加過辯論了，更何況我以前每辯必輸。我的個性其實也頗為內向，不特別享受置身鏡頭前的感覺。可是，我報效國家的力道能提升到另一個檔次，我該把握機會嗎？

我和布萊恩三番兩次討論，還是覺得要多花點時間才能決定，於是我回電告知迪克。

我說：「我們不是要拒絕，但也沒有要答應。我得做點功課。我們能不能跟誰談一談，讓我們更了解想參選要怎麼做？」

迪克說：「當然好，我介紹你認識拉姆．易曼紐（Rahm Emanuel）。」

拉姆曾是柯林頓政府的官員，是個講話像機關槍又三句不離髒話的人才，當時是代表伊利諾州第五選區的眾議員。於是有天下午拉姆來華特里德看我，我帶他參觀醫院，介紹他認識了幾個受傷戰士。後來他打電話跟我討論參選的可能性。

他說：「我跟妳講，妳要是覺得我們沒好好照顧退伍軍人，又覺得伊拉克戰爭不應該，那就絕對該參選。要不妳跟我一起去民競委（D-triple-C）吧，我介紹妳認識幾個人。」

「好啊，」我說。「什麼是民競委啊？」我從沒聽過這個代表「民主黨國會競選委員會」（Democratic Congressional Campaign Committee）的簡稱，對這個組織一無所知。我得學的可多了，可是不論迪克或拉姆好像都不在意。他們覺得我應該選。但我還是拿不定主意，此外我還有現役軍人身分，不得競選、募款或參與任何政治活動，頂多只能做這種泛泛的討論。

我在拉姆來訪後打給迪克，告訴他我需要更多時間考慮。最重要的是我尚未完全痊癒，手臂到了秋天很可能要再開一次刀。迪克告訴我：「妳很快就得做決定了哦，因為登記期限是十二月，我們還得收集到五千人連署才能讓妳上黨內候選名單。」

我實在不知該如何抉擇。從政感覺很累人，我從沒想過走這條路，也沒興趣一天到晚置身眾目睽睽之下。最簡單的選擇會是回歸我喜愛的生活，在國際扶輪社上班之餘為我所屬的國民兵單位效力。我已經在醫院待了一年，一切努力都是為了重返舒適圈，而不是踏入政壇。然而，我也想走上能造福最多人的位置，如果從政是達成這個目的的最佳方式，我就得鄭重考慮。

當下我決定按兵不動，專心療養手臂，希望接下來幾週會船到橋頭自然直。

重生日的醒悟

二〇〇五年十月，華盛頓濕熱的夏季終於讓位給金黃燦紅的秋光，華特里德的員工也開始準備為我過第一個「重生日」。

沒人知道重生日這傳統是怎麼開始的，只知道最初是在越南老兵之間流行起來，我就是從奶昔人吉姆那裡聽說的。吉姆在越南因為地雷失去雙腿，於是每年爆炸發生當天，他都會慶祝自己活過那場劫難。在失去雙腿那一天，呆坐在角落自傷身世未免太容易、也太喪氣了點，何不改為慶祝死裡逃生呢？

打過越戰和伊戰的軍人有種惺惺相惜，因為這兩場戰爭都不得人心。越戰軍人響應國家號召，光榮踏上征途又親身經歷慘烈的戰事，返鄉後卻要面對國人的抗議和奚落。對很多越戰老兵來說，這就算不比參戰本身更痛苦，也一樣痛苦。他們遭人唾罵是「嬰兒殺手」，導致心裡一直有陰影，不忍心看到伊戰後輩落得同樣下場。所以來到華特里德的越戰老兵都大方敞開雙臂，好像想成為我們的保護網。他們竭盡所能，絕不讓自己的遭遇在另一名美國軍人身上重演。

自從多年前我加入第二二八航空團二營B連，遇到那些讓我試開奇奧瓦直升機的越戰老兵，他們已經在我心中贏得特殊地位。不過越戰老兵最珍貴的禮物是把「重生日」傳授給全醫院的後輩，也與院裡比較年長的榮民分享。陪大家「聊性愛、吃餅乾」的湯姆老爹在韓戰失去雙腿，當他得知「重生日」這回事，也開始為自己慶祝。

有些退伍軍人過重生日的方式很低調，只是悄悄一人回憶往事，有些人設法與遇難當天與他們同在或救了他們的同袍重聚，另一些人則開趴慶祝。因為這是我第一個重生日，我們打算在我媽住的莫洛尼之家開一場盛大派對。有些華特里德的人也來參加，例如醫護人員和幾個傷兵。我在伊拉克的組員大多無法到場，不過我的正駕駛丹恩打算遠從密蘇里州開車來華盛頓特區，我知道了以後非常高興，這將是我們自事發以來第一次見面。

重生日當天早上九點半，我在費雪之家躺在床上，又因為施打抗生素而暈眩噁心。當時我接受兩種不同的抗生素治療，每隔四到八小時就要吊一袋新的點滴，我躺在那裡看著點滴液徐徐輸入我的血管，試著壓下「這次細菌可能真的會贏」的恐懼感。要是抑制不住這一波感染，我很可能在歷經疼痛、手術和數月復健之後，還是會失去右臂。

正當我滿心淒涼躺在床上，電話響了。我接聽起來，聽見丹恩小聲地說：「譚美，快發生了。」

我問他：「什麼快發生了？」不過他一說完，我的腦袋馬上轉過來。

他說：「現在是巴格達時間一六三〇。」接著停了半晌。「就是現在，我們中彈了。」

就是現在。一年前，就在這一刻，那枚火箭榴彈射穿駕駛艙底板，炸掉了我的大腿。就在這一刻，丹恩發現他得獨力降落一架嚴重受創的直升機，否則就要失去包括他自己在內的四條人命。就在這一刻，我展開了重生的奮鬥。

我跟丹恩在電話兩頭沉默下來，這場改變了我們兩人人生的事件，讓我們結下不解之緣。我們有種超越言語的連結，因為那一刻在駕駛艙裡發生的事，在我們的腦海種下了刻骨銘心的共同回憶。

最後，丹恩說話了：「妳知道嗎，那真是一場惡夢，好像《搶救雷恩大兵》的開頭。」雖然我對救援過程毫無記憶，我知道那天駭人的景象永遠烙印在他心裡。在我休養的數月期間，丹恩和麥特在電話上跟我描述過事情經過。他們是怎麼把我殘破的身體拖離直升機，同時以為我已經死了。他們是怎麼扛著我跑過荒郊野外，三個人都因為沾滿我的血肉而渾身濕滑，又是怎麼跌倒又爬起來，把我掉到地上又舉起來，使盡每一份力氣把全體人員安全弄上二號機。丹恩在描述這段經過時告訴我：「感覺好像有人把我的心跟肺扯掉了。我們好像扛著妳跑了好幾公里那麼遠。」

這一切我都已經知道了，可是在重生日那天，丹恩跟我說了另一件事。

他說：「要不是妳後來應付得這麼好，我真心不知道自己有沒有辦法面對這件事。」這或許只是簡單一句話，卻有如醍醐灌頂，徹底改變了我的想法。我聽他這麼說，覺悟了自己該做什麼選擇。

丹恩和麥特拚死把我扛上二號機，兩架直升機的組員為了帶我安全離開滯留險境。從此以後我的人生不論有何際遇，我都會反省我活著的每一天配不配得上他們兩個的努力，值不值得全體組員冒那種危險。我要是把餘生浪費在自怨自艾上頭，或是為了失去雙腿長吁短嘆，都是在愧對他們的付出。他們賭上性命拯救的這條命，我一定要好好利用，才不算辜負。丹恩那句話讓我明白，我是否善用自己的生命，會直接牽動他的生命。

這份恩情我一輩子也還不了，但我至少得放手一試，也非試不可。為了回報救我脫險的弟兄，我再怎麼樣都該好好活著。

不可思議的奇蹟

說實在的，我真不知道自己怎麼會活過那場擊落事件。但你要是相信奇蹟，我會說那是我自己創造的奇蹟。

事件發生兩週前，我注意到有些弟兄變馬虎了，沒有依規定穿戴飛安裝備——飛行頭盔、維生背心、飛行服、貌似《星際大戰》中黑武士的顎面盾。這些裝備都是為了保護他們，可是那些弟兄抱怨：「實在太熱了啦。」我把他們狂削一頓，要他們給我守規矩，而我為了以身作則，從此必定穿戴全副面罩手套，也不再捲起飛行服的袖子。二〇〇四年十一月十二號那一天，就是這些小動作救了我一命。手套和衣袖使我免於嚴重燙傷。後來我得知火箭榴彈把我的面罩炸成兩半——要是我沒把面罩拉好拉滿，被炸成兩半的就是我的臉。

我一聽見機關槍擊中直升機的聲音，立刻伸手啟動GPS記錄方位。這是出於直覺反應，儘管我們一整天都沒用到GPS。因為我恰好在那一刻伸手，榴彈才炸毀了我的手臂，否則就是我的頭遭殃了。

我們全體都出奇幸運，那天是由丹恩擔任駕駛，之前他改值夜班，那是我們幾週以來首度一起出勤。丹恩是技術精良的飛行員，從沙漠風暴開始累積了豐富的戰鬥駕駛經驗。我不唬爛你，很少有飛行員有他的本事，能把重創的飛航器安全降落。麥特在二號機上目睹全部經過，後來他也說：「丹恩竟然能降落那架直升機，真是不可思議。」

就這一點而言，丹恩在我們中彈的那一刻負責駕駛確實是個奇蹟，要是他沒早三分鐘罵我「霸道鬼」，直升機就還是由我主控，我們很可能全都掛了。

我們迫降的黑鷹只留下一張照片紀錄，你能看到火箭榴彈把底板射出一個大洞，穿出機頂時又開了一個洞。那枚榴彈的殘體射穿駕駛艙頂時，怎麼會沒打中旋轉中的旋翼？旋翼一旦遭受強烈衝擊，直升機就會失去飛行能力。偏偏在毫釐之間，沒打中就是沒打中。

還有那片空地，怎麼剛好在我們非降落不可時出現？在我們中彈不到一公里的地方、一大叢棕櫚樹林當中，突然瞥見著陸區的機會能有多高？那塊空地就是冒出來了。

那天二號機駕駛是明克斯，這很可能也救了我一命。他當過後送傷兵的飛行員，懂得搶先呼叫塔吉營預備後送機。我要存活就得在黃金一小時內抵達巴格達的醫院，說分秒必爭並不為過。即使如此，我還是差點沒熬過來，在戰地外科醫院的手術台上數度心跳停止。

我根本不該活著，人卻還在這裡。我知道有人給了我第二次機會，每一天，我都一定要好好利用這條命。

重生日過後不久，迪克又在十一月中打電話給我。那時我因為手臂開刀再度住院，還在休養中，因為又被施打大量抗生素而噁心無力。可是自從丹恩那通電話，不論在理智或情感上，我對於該做的事都再無疑義。

迪克問我：「所以呢，妳怎麼說？」

「我要選。」怎麼選？我哪知道，不過我決定參選眾議員。

第十三章

上天的恩賜

我這輩子從為沒想過要成為政治人物，也從未認真考慮當媽媽。你要是在我年輕時說我有一天會兼具這兩種身分，我會反問你是嗑了什麼藥。

打從我成為陸軍直升機駕駛那一刻起，心裡就只有一個目標：成為攻擊直升機分隊的營長。我知道這條路競爭激烈，於是多年來不斷「闖關」達成從軍的里程碑，一路從排長、連長晉升到後勤官。在整個過程中，我都知道懷孕會讓我偏離夢想，或至少也會延後實現夢想。出於醫療考量，懷孕後得停飛，不能出飛行任務不說，產後還得耗更多時間恢復飛行所需狀態。所以我打從一開始就告訴布萊恩，我不特別想要小孩。我以陸軍為優先，希望有天能達成職涯目標。

等我外派伊拉克時，只要再以作戰官的身分服一輪役期，就集滿了當營長所需的一切資歷。我還得晉升少校才能擔任作戰官，不過我人在巴拉德時接獲通知，陸軍在二〇〇四年年底就要升我當少校。一切完全如計畫進行，夢想總算近在咫尺。我正當三十六歲壯年，也處於正合我意的位置。

接下來，就在那枚火箭榴彈在我腿上爆炸的毫秒之間，多年苦心經營全化為一陣輕煙。

在復元初期，我發誓不讓那個擊落直升機的混帳決定我的命運，這代表我一定要重返駕駛艙。有好幾個月我都認為自己辦得到——這個信念在我痊癒的同時驅使我奮力向前、使我保持堅強。最終，當我醒悟自己再也不可能為陸軍飛行，我深受打擊，然而這起事件也改變了我的命運，而且是遠遠更為理想的轉運：這為我開啟了生兒育女的契機。

我要是當上營長，未必就不會生小孩，可是一旦此路不通，人生的優先順序就變了。我成年後的人生大半全心奉獻給陸軍，可是現在，我覺得生孩子的時候到了。

然而這一回，造化再度弄人。

布萊恩與我的考驗

二〇〇五年十二月，我從華特里德出院的隔天宣布參選眾議員，當時手臂上還打著點滴。緊湊的競選活動隨即在二〇〇六年持續了一整年，不只嚴重考驗我的體力極限，我們夫妻的感情也沒有倖免。

布萊恩跟我都是軍人，既沒有政治神經，也都沒有競選的經驗。這個學習過程萬般辛苦，要做募款工作、接受面對媒體的訓練、摸清民主黨地方政壇的潛規則，我整個人很快就耗竭了。一天二十四小時不夠我處理每項課題，只能信任我們召集的專業競選團隊。只可惜，布萊恩並不同意其中某些人的決策，他也不避諱對我實話實說。

布萊恩大學念的是軍事史和美國史，他希望我的競選能反映宏大的歷史主軸。我跑完一整天漫長又累人的行程，回到家又看到他等在那裡，想跟我討論他看不順眼的新聞稿。他會對我說：「我覺得妳不會說這種話。」或是：「這沒有反映出陸軍價值嘛。」他希望我們利用晚上好好研究競選要傳達的訊息，不過我只想好好喘一口氣。我通常認同他的想法，但往往累得無力討論，最後只是搞得兩個人互相大小聲，沒人滿意事情走向。

共和黨拚命想保住海德空下的席次，在競選期間對我火力全開，砸錢大打露骨的種族歧視廣告，在裡面把我的膚色調深、把我已經偏圓的臉型再拉寬，又把我的眼睛修成瞇縫眼。那些惡質的廣告是如此鋪天蓋地，就連我媽在選戰將近尾聲時來看我們，都在電視上親眼目睹，還問我是不是真的塞了大把鈔票給非法入境的重罪犯。那一整年有如魔鬼障礙賽，每轉一個彎都有新的恐怖考驗等在那裡。

二〇〇六年十一月，我敗選了。我覺得自己愧對競選團隊、捐款人，還有整個民主黨。即使我每天打五小時電話募款也無濟於事，經費還是不夠。我受過再多媒體訓練也是白費，在鏡頭前永遠不自在。不論我再怎麼打拚也沒用，輸了就是輸了。

在陸軍，指揮官要負起責任，所以我雖然自認為打贏選戰盡了全力，敗選還是百分之百要怪在我身上。我是真心這麼認為，於是感覺也很痛苦。

加入歐巴馬政府

連續三天我都坐在浴缸裡，深深陷入沮喪。我其實可以窩在床上，可是浴室是我們家唯一收訊不良的地方，待在那裡可以避免各方出於好意但令我極度痛苦的慰問電話湧入。從柯林頓夫婦、德賓參議員到隔壁鄰居，每個人好像都想表示安慰，可是我跟誰都不想講話。這輩子，我第一次不知該如何自處。我不知道要怎樣才能放下這次失敗向前走。

到了第四天，正當我在廚房想逼自己吃點東西，我的電話響了。來電的是約翰・哈里斯（John Harris），伊利諾州長羅德・布拉戈耶維奇（Rod Blagojevic）的幕僚長，他問我有沒有意願出任伊州退伍軍人廳廳長。想繼續我在華特里德起頭的工作，履行服務同袍的新使命，這是個絕佳機會。我馬上接受他的提議，在二〇〇六年十二月成為本州的退伍軍人廳廳長。希望到了二〇〇七年，我恢復了健康又有穩定工作，最近這段旋風式發展會緩和下來，我們夫妻倆就能專心生小孩了。

布萊恩就在這時候接到外派科威特的動員令。

我多年來數度奉派到海外，布萊恩卻是頭一遭。現在換我當留在後方那個人，心裡不免有點忐忑。我自己調適心情還不夠，我們也得確定我的身體狀況足以獨當一面。我在華特里德養傷時，我的單位有幾個弟兄親自出馬，把我們在霍夫曼莊園鎮的房子幾乎整個打掉，重建成適於輪椅通行的格局。這讓我們能繼續住在自己家裡，實在是了不起的大禮。不過話說回來，即使房子經過這番整修，我還是不能把積雪從輪椅坡道上剷掉，在廚房也拿不到上層櫃子的東西。所以在布萊恩動身前那幾個月，我們又做了更多翻新工程，例如在車庫搭了一個平台，讓我能直接從我的福特F－150小卡車移動到輪椅上，再直接推進屋裡。

我們也得應付媒體的關注，畢竟二〇〇六年的選戰讓我搖身變為公眾人物。現在換布萊恩部署海外，有些採訪者似乎感到很稀奇，不過我們覺得這只是軍旅生活的常態罷了。國家公共廣播電臺（NPR）的蜜雪兒．諾里斯（Michele Norris）還問我們有沒有想過申請免役，他就不用去了。我們當然想都沒想過。布萊恩告訴她：「這就是軍人的本分。該你上陣，你就上陣。」

布萊恩在科威特服役一年，支援伊拉克自由行動。他被分派到運輸單位，負責為前往伊拉克的卡車車隊規畫後勤，大半時間都在科威特南部的艾瑞夫江營（Camp Arifjan）坐辦公桌，處境相對安全。不過他跟我一樣，也想分擔同袍的戰鬥重任，所以每週都要求長官讓他隨車隊去一次伊拉克。他們只准他去過一次，車隊入境伊拉克那條路布滿土製炸彈，他知道我會擔心，於是等安全回營後才把這次任務說給我聽。

布萊恩外派那一年，我利用首度執掌伊州退伍軍人廳的機會，繼續為本地的退伍軍人效勞。

我們創立了全年二十四小時無休的心理健康生命線，並將心理健康篩檢加入軍人返國後的強制檢查。我們讓雇用退伍軍人的企業減免稅額，還開辦了退伍軍人的住屋與醫療服務計畫。我真心為我們部門的工作感到自豪，能夠幫助退伍同袍實在令我振奮。然而我也心知肚明，隨著一個月接一個月過去，我的生理時鐘也愈走愈響了。

接著在二〇〇八年底，甫當選總統的歐巴馬請我到全國退伍軍人部工作，擔任公共和跨部門事務處的助理部長。我抓住這個機會加入歐巴馬與拜登執政團隊，在二〇〇九年初搬到華盛頓特區。我們很幸運，布萊恩從科威特回來以後，上級也調他到國民兵總部擔任網路安全官，地點就在華盛頓特區近郊的維吉尼亞州阿靈頓郡。

經過這麼多年的風風雨雨，我和布萊恩總算在同一個城市安定下來，沒有誰住院或為了選戰疲於奔命，也沒有人派駐海外。我們決定再試試看做人，心想不趁現在就沒機會了。我當時年紀來到四十一歲。

醫生的判決

我們想自然懷孕，然而試了幾個月都沒有結果，於是我在四十二歲生日過後不久，上小愛德華漢斯榮民醫院（Edward Hines Jr. VA Hospital）做年度婦科健檢時跟醫師討論這件事。

我告訴幫我做體檢的醫師：「我想懷孕一陣子了，妳覺得我這年紀會不會太遲？」她說：「唉呀，我們職業婦女都為了拚事業放棄生小孩，是不是？不會，現在不算太晚。」她鼓勵我們再自行試一陣子，又說：「要是行不通，我把妳轉去看生殖科醫師。」又過了毫無成果的六個月，我回頭求助，又因為那家榮民醫院本身沒有生殖科，醫師便轉介我去一家不在榮民醫院體系內的合作醫院。

我等了幾個月才在那家醫院預約到門診——這裡姑隱其名，是一家知名又備受推崇的醫院就對了。不過我一進診間，醫師甚至沒為我做檢查，只是在私人等候室跟我談。她說，因為我年紀四十出頭了，不適合做體外人工受精。

她邊說邊搖頭：「妳馬上要四十三歲了，我實在不好把妳轉去做體外受精，妳這年齡層的成功率不到百分之三。」這令我很意外——我的意思是，我年紀是不小了，但也沒那麼老呀。不過這位醫師是生殖專家，我想她有她的道理。她看到我失望的表情，便微笑著說：「我跟妳說，最好的辦法就是回家去，好好享受妳老公，然後抱著最樂觀的希望吧！」她就這麼把我送出門去。

我們在那之後心裡就有譜了。我們不會有小孩，至少不會有親生的，而且也只能接受現實了。我回家告訴布萊恩，他一聽到那句「好好享受妳老公」果然露出壞壞的笑容。我們都哈哈大笑，但我還是不禁難過我們錯過了時機。我實在等得太久了。

退伍軍人部需要跟上時代

我在二〇〇四年外派到伊拉克時，陸軍發給我一年分的避孕貼片。這是為了調節我來月經的時間：要是我得出飛行任務，就會貼貼片止住那個月的月經。光是長程任務的尿尿問題就夠棘手了，還要想辦法找地方換衛生棉條，根本天方夜譚。

我在二〇〇五年底從華特里德出院後，曾經去榮民醫院請醫師再幫我開立避孕貼片，結果有個醫師告訴我：「不好意思，我們的處方集沒有避孕貼片。」所以說，政府是為了他們自己方便，破例讓我在作戰時節育，可是一旦我回到老家，避孕變成為了我個人而不是政府，就沒那麼容易了。喔對了，你們猜什麼藥在榮民醫院的處方集範圍內呢？答案是威而鋼。沒錯，弟兄退役後還是可以輕鬆走進醫院拿到威而鋼，姊妹退役後想調理生殖週期，就祝她們好運、自己想辦法嘍。

這很顯然不公平，我也極力要求榮民醫院更改處方集。這是我第一次為從軍的女性爭取權利。四年後，我成為退伍軍人部職等最高的女性退伍軍人，也決心繼續為姊妹爭取權益。

擔任助理部長期間，我走訪過全國幾十間榮民醫院。我會向院方提出參觀院內環境的請求，有些好心的主管會親自帶我穿越各大廳堂，裡面掛著痊癒病患的勵志照片，不過影中人免不了都是男的。我會問：「退伍的女軍人在哪裡啊？」他們就會帶我去某間復健室底端的角落，或是某條走廊的盡頭，讓我看看絕無僅有的一張女性照片。於是我又說：「唉呀，我們來多讓女生亮亮相吧。」同時再度詫異不已，因為我參觀的每間醫院好像都是這樣。

我也發現，即使是婦科門診，裡面工作的退伍軍人泰半都是男性。於是我建議艾瑞克．新關（Eric Shinseki）部長（他本身是打過越戰的陸軍退伍上將），我們應該確保榮民醫院的婦科都有女性退伍軍人任職，至少要有一位。要是在民間，這不過是簡單又符合常識的做法，稱不上創新，對政府來說卻很新穎。

退伍軍人部還有其他跟不上時代的地方。當我發現退伍軍人部和原住民部落的地方政府沒有系統化的組織關係，真是大吃一驚。這妨礙了我們照顧原住民退伍軍人，尤其是住在部落保留區的那些。這實在說不過去，於是我成立了部落政府關係辦公室，但早在幾十年前就該這麼做了。同樣地，當我發現我們與退伍軍人主要的通訊方式是——老師請下鼓聲——寄送紙本刊物！我也成立網路通訊辦公室，希望能把退伍軍人部拉進二十一世紀。

不過我最得意的是一個減少退伍軍人遊民的專案。二〇一〇年，美國有十四萬五千名退伍軍人無家可歸，這也未免多得太嚇人了。很多人住在遊民之家，但有將近一半露宿街頭。這項統計實在可恥，所以歐巴馬政府針對退伍軍人遊民發起一項計畫，目標在五年內解決這個問題。在退伍軍人部，我是這個專案的執行發起人，於是與住宅及城市發展部合作，成立了一個住屋援助方案。我們提供租金補助券、醫療服務、精神醫療服務、藥物濫用諮商，透過這些措施大幅減少了退伍軍人遊民的數量。

在退伍軍人部兩年期間，我雖然促成了很多美事，但也很快厭倦了僵固的官僚體系。退伍軍人部的問題根深蒂固，我也很快發現，想達成我樂見的改變，最有效率的方式就是透過立法。所以時隔五年，在二〇〇六年的選舉慘敗之後，我決定再拚一次眾議員選舉。這一回，我要選的是伊利諾州新近畫分出來的第八選區，對手是當過一屆眾議員、支持茶黨運動的喬・華許（Joe Walsh）。

華許的攻擊

我就客氣點說好了：華許這人也未免太瞎。他曾被逐出自家公寓，被之前的競選幹事告上法庭，又因為爽約未付高達六位數的子女贍養費，也挨了前妻的告。近來他因為保險失效被吊銷駕照，還被人踢爆沒有為祖父贈與他的信託基金繳稅。華許在二〇一〇年當選眾議員，以二九一票險勝，只占總票數的百分之〇．一。從那時起他就沒啥真正的建樹了，只會出一張嘴，從歐巴馬總統以降對民主黨人做人身攻擊。

不出我所料，我在二〇一二年三月贏得黨內初選，華許馬上開始打泥巴戰。他在那個月告訴《政客》（*Politico*）新聞的記者：「我實在太敬佩她為國捐軀了。」緊接著就酸言酸語：「呃……我們來說說，接下來她還有什麼成績？她是女的、受傷的退伍軍人……呃……不過是個總統欽點的華府官僚嘛。」

華許從來沒有從軍報國，似乎對我的軍旅生涯很是介意。他一再想利用這一點中傷我，似乎沒想過這只會適得其反。在七月上旬一場競選活動中，他恥笑我公開提及從軍經歷的做法，在某間市政廳演講時說：「我對手那個女的，老天爺，她就只會講我們真正的英雄啦、報效國家的美國兒女啦……天塌下來了他們還是只會講這個。」

要是在六年前，華許的攻訐或許會害我不高興，可是現在，我看到的是暴露他真面目的機會。我在接受MSNBC新聞網訪問時說：「他只是想轉移注意力，以免讓人發現他在眾議院這兩年，除了為茶黨運動當個走極端的大聲公，一點建樹也沒有。」除此之外，他的批評也沒道理嘛，我的軍旅生涯是我人生的核心，難道我一個字都不該提嗎？我身為因公受傷的女性軍人，這確實有助於引導大家注意我在乎的理念，事實就這麼簡單。我要是能利用這樣的身分做好事，絕對問心無愧。

我不夠女性嗎？

美國共和黨雖然在二〇一〇年與華許保持距離，但也不想輸掉剛贏得的一個席次。所以到了二〇一二年，他們大手筆投入選戰，數百萬美元的競選經費從外州流入華許陣營。那年夏天的民調顯示我們雙方呈拉鋸局面，怪的是我在選區兩個理應穩操勝算的族群，支持度卻落居下風。

郊區女性選民，以及四十到五十歲女性選民，通常是民主黨女性候選人的鐵票部隊。儘管我自己也是四十四歲又住在郊區的女性，身為候選人的我卻好像對她們造成反效果。我的民調專員吉兒．諾明頓（Jill Normington）為了找出癥結做了意見調查，結果她說：「我們聽到的說法是，她們雖然欽佩妳從軍報國，卻無法認同妳為人生做的選擇。」有些女性搞不懂我為何選擇當直升機駕駛，另一些人在意的是我雖然是已婚中年婦女，卻沒有小孩。

吉兒說：「我們得讓妳更常跟布萊恩曬恩愛，一起野餐之類的。就秀一下妳的家庭真可愛。」那次開會布萊恩剛好也在，於是我轉頭看著他。

他聽了嚴肅地點頭說：「沒錯，妳要是想結合妳女性化的一面，全靠我了。」他覺得實在太好笑了——他這個「進階營的女生全死定了」先生，如今成為我贏得女性選民芳心的秘密武器。這還恰好契合他最喜歡的低級笑話，他老愛說：「真搞不懂，弟兄為什麼不肯碰觸自己女性化的一面呢？我要是有這一面，一定一天到晚拚命跟它結合啊！」我真是有夠倒楣。

我翻了個白眼說：「那就好，有人尾巴翹到天上去了。」我的意思是，如果我得在競選行程中多提到布萊恩一點，絕對辦得到。我在二〇〇六年選戰就試過了，那時我跟《華盛頓郵報》的記者說布萊恩是「真正的伴侶」：「他會惹我心煩，我也會惹他心煩。他會嘴巴開開嚼口香糖，我會把我的腿隨地亂丟。」通常候選人不會這樣講話，但我們的生活真的就是這樣。

人生新里程

到了九月，我受邀到民主黨全國大會演講。華許顯然無法忍受我的人氣愈來愈高（他也的確沒忍），於是在官網貼出一段聲明譏笑我。

以下是他發的牢騷：「我們一再看到，達克沃絲女士比較喜歡跟黨內大老套交情，而不是乖乖待在家（原文如此），為選民處理棘手議題。事情再清楚不過，現在達克沃絲在意的議題只有一個：要為大場面演講挑哪套衣服。」

他這麼寫有點惱人，而且絕對是性別歧視，但也不值得我多花心思。華許一定以為這是高招，因為事隔一個月，他又在一場辯論會丟出這個話術。當時民調顯示他的支持度以百分之三十八遠遠落後我的百分之五十二，所以他顯然決定下狠手、放大絕。

在辯論台上，他高舉一張在民主黨全國大會拍到的照片，裡面的我正伸手拿一件別人遞來的紅色外套。

他說：「民主黨大會兩天前的那個星期天，我在我們蕭姆伯克（Schaumburg）參加遊行，不過譚美．達克沃絲遠在北卡羅萊納的夏洛特（Charlotte）的舞台上——你們可以看看這張照片——為她星期二晚上的演講挑件美美的衣服。」

他要是以為拿穿著嘲笑我會為自己加分，可就錯了。觀眾爆出一片噓聲，顯然跟我一樣，覺得華許耍這招很可笑。

我回答：「是啊，我有時候是會注意自己的穿著，不過我成年以後，大半時間只穿過一種顏色的衣服，那種顏色叫陸軍迷彩。」真是夠了。他的性別歧視、對我從軍的批評，還有那種裝腔作勢，我實在忍夠了。

於是辯論到了後來，我直接拿華許的愚蠢開刀。

我說：「我的對手意圖批評我對個人軍旅生涯的討論，可是我曾經從軍報國，他並沒有，所以我現在如果想拿這點出來講一下，請大家多多包涵，因為我認為這事關重大。」

我繼續說下去：「想認識我是個怎樣的人，我的軍旅生涯是關鍵，因為這是我這一生為國服務的核心。你們知道嗎，當你身為團隊的一員，一切就不再關乎個人，而在於全體的使命，務求攜手團結達成目標。」

觀眾顯然跟我一樣厭倦了華許，爆出如雷掌聲。

二〇一二年十一月六號，我以超過兩萬票的差距擊敗華許，扎扎實實領先百分之十。他拖磨好一陣子才承認敗選，但我懶得理他。我要競選團隊在慶功宴上大聲放送ZZ Top樂團的〈美腿〉（Legs），還有搖滾歌手佩特．班納塔（Pat Benetar）的〈儘管對我放大絕〉（Het Me with Your Best Shot），盡情享受勝利的每一刻，也為人生即將翻開新頁興奮不已。

茱蒂的六封簡訊

選舉過後不久，我受邀擔任一場女性領導力座談會的小組與談人，場中有人問到了平衡工作與生活的問題。

女性議題的聚會總會冒出這類問題，通常都是關於如何兼顧育兒與職涯發展，所以我早有準備。

我說：「嗯，這個問題我無從置喙耶，我四十四歲了，已經錯過當媽媽的時機。」

當下我沒細想這麼說有沒有道理，以前每次這麼回答也從沒多想。不過等座談結束，有個叫茱蒂．葛德（Judy Gold，不是那個喜劇演員）的聽眾趨前來對我說：「妳知道嗎，其實妳要生小孩還不算晚喔。」

茱蒂是律師而非醫師，不過她似乎頗懂生育。她說現在有很多療程都不無助益，就算只是吃顆藥促進排卵也好。

她告訴我：「我知道芝加哥有個很棒的生殖科醫師叫康菲諾。在大芝加哥地區，每個四十歲以上高級女主管的肚子，應該都被他搞大了吧！」

我哈哈大笑，謝謝她的建議。聽她這麼說，我是有點好奇，卻沒有認真追究。我有個國會辦公室要建立，更別提要上手一份全新的工作了。我可是很忙的，至少這是我告訴自己別去一試的藉口。

可是跟我交上朋友的茱蒂沒放過我。我們初次聊過大約一個月後，她傳簡訊問我聯絡康菲諾醫師了沒。我回覆說還沒，於是她和氣地催我去約診。我又謝過她——然後還是什麼也沒做。

過了幾個月，茱蒂又傳簡訊給我：「妳應該去找他呀，我說真的，譚美，去跟他談談嘛！」她在六個月期間對我鍥而不捨，每隔一陣子就傳一模一樣的簡訊來：「**快去找他，快去快去！**」終於，等她傳了不知第五還第六次簡訊，我想那就約個診吧，反正也沒什麼損失，然而在內心深處，我不太相信這位醫師幫得了我。我覺得試這條路大概只是浪費時間金錢，但去諮詢一次至少能給茱蒂一個交代。

那天傍晚我跟布萊恩提了這件事，告訴他有這個據說很驚人的生殖科醫師，又說：「之前那個醫生說我不能做試管嬰兒，可是我不知道耶，說不定其實可以？」

布萊恩說：「反正問問也沒差，對吧？」

我聽了聳聳肩。我已經四十五歲，橫豎是不可能自然懷孕了。我們有什麼好損失的？所以我約了在二〇一三年夏天與康菲諾醫師面談。布萊恩人在華盛頓，那次初診我得一個人去。

婦女的身體自主權

我第一次見到艾德蒙．康菲諾（Edmond Confino）醫師就感覺得出來他很厲害。我們在他位於西北紀念醫院（Northwestern Memorial Hospital）的診間做初診，他講話直接，不跟你閒扯淡，卻又是我遇過問病態度最溫柔用心的醫師——我可是花很多時間跟醫師相處過的。他也曾經從軍，年輕時是以色列國防軍的軍醫，跟我有共通之處。

他問到我們目前為懷孕做過什麼努力，我告訴他在二〇一〇年看生殖科醫師的經過，那是三年前的事了。我說：「當年我四十二歲，醫師已經說因為年紀，我不適合做生殖療程了。」

他又問那是哪間醫院的醫師，聽了我的回答之後點點頭說：「天主教醫療機構就是這樣。有些療程可能有違天主教會的教誨，所以他們通常不會告知病患。」

我楞楞看著他，覺得臉上血色盡失。我說：「不好意思，你可以再說一次嗎？」

康菲諾醫師說：「很可惜，這種事常常發生。天主教醫院裡的醫師不會把教會不樂見的療程告知婦女。」

我聽了目瞪口呆——但只有一下下，因為震驚很快變震怒。一個醫師，還是生殖科醫師耶！怎麼可以不告知病人她所有的選擇？一個醫師竟然根據教義來治療病患，這怎麼會合法或合乎倫理，遑論病人根本不是信徒？我的意思是，天主教醫院要是不願執行有違教會教導的醫療程序，這是一回事。那就隨他們高興吧。可是當一名女性想懷孕生子，體外受精又是實際可行的選項，哪個有原則的醫師會叫她拍拍屁股回家，還耍嘴皮子說什麼「好好享受妳老公」？

不只如此，我是被退伍軍人部轉診過去的，那是聯邦政府單位，這也代表我要是想享有保險給付，那家天主教醫院是我唯一的選擇。我從來想像不到，因為遵循聯邦單位的轉介，我可能被迫接受他人信仰教誨的支配。說好的政教分離呢？

當初那個醫師說我這年紀做試管嬰兒的成功率不到百分之三，指的是他們醫院提供的有限度療程，那不包括在體外讓卵子受精並長成胚胎的做法——這是讓高齡婦女懷孕最常用的方式之一。她大可以說：「還有其他更有效的體外受孕療程，我們醫院是不做，不過妳可以去其他機構試試。」我再去找其他醫院不就得了，而不是平白損失三年的受孕機會。

我真是氣到不行，等情緒稍微平復，卻也覺得自己好傻。我是受過高等教育的高階官員，卻輕易聽信了僅僅一位醫師的話，而且對方連幫我做個檢查都懶得麻煩。我只是從沒想過，專業醫事人員竟然會對關鍵的醫療資訊有所保留。我跟醫師和醫院打交道的經驗豐富，要是連我都沒想到，其他千千萬萬名婦女或許也料不到有這種事。天底下有多少想為人母的女性，就因為這種糟糕的建議斷送了夢想？

自從那次跟康菲諾醫師談過，我就立志為婦女爭取身體的自主權。我常公開表示應該廢除宗教禁言令，也大力倡議廢止海德增修條文（Hyde Amendment），這項條文禁止聯邦政府為人工流產或相關醫療服務買單。這條法律害人至深，尤其是對公務員婦女，例如我得知的一些案例：和平工作團義工和女性軍人遭人性侵而懷孕，想做人工流產卻求助無門。

我也致力改變退伍軍人部的規定，讓生殖醫療服務——即使是天主教機構反對的選項——也能獲得保險給付。這些變革不僅僅事關女性權益，很多在戰場受傷的年輕弟兄是被地雷炸傷私處，無法再生成精子。只要退伍軍人部給付的體外受孕療程不允許第三方捐贈精卵，這些年輕的退伍軍人永遠得不到成家生子必需的醫療服務。不論弟兄還是姊妹，我們英勇的退伍軍人為國家犧牲奉獻了那麼多，看在這一點的分上，無論他們想選擇以怎樣的方式圓一個家庭夢，我們都該賦予他們這個權利。

四十六歲的前夕

我第一次去見康菲諾醫師的幾週後，布萊恩與我一起去找他。他向我們夫妻詳細解釋了能採取哪些做法，先從侵入性最小的方式著手，再逐漸導入更複雜的療程。我跟布萊恩都很欣賞他說話有條有理，對於該有何預期也講得很清楚。他說：「過程會不斷重複同樣事情，不過我們就一步一步來。」

我們的確一步一步慢慢來，總共花了好幾個月時間，把標準程序全走過一遍，包括服用調理生殖機能的藥物、增加排卵量、取出卵子、試著讓卵子受精。每個步驟我們都做了好幾輪，結果都令人失望。

後來有一次，康菲諾醫師問我：「妳在華特里德照過很多X光嗎？」我說：「是啊，一天到晚照。」擊落事件過後的最初幾週，醫師為了給我清理傷口，每天都為我全身麻醉，每次都要照X光。因為我的右腿自髖部以下全沒了，所以也照過很多次含右下腹在內的X光片。當醫師為了做皮瓣手術把我的右臂縫到胸口，那個部位自然也照過X光。

他告訴我：「這或許影響了妳的生育能力。」是有道理，我知道從前我除了照X光別無選擇，但也不禁難過，那個把我們打下來的混蛋不只奪走了我的軍旅生涯，或許也奪走了我的生育能力。

幸好事不至此。二〇一四年二月，我四十六歲生日的一個月前——初次踏入康菲諾醫師診間的九個月後——我懷孕了。

我覺得既興奮……又害怕到不行。我開始瘋狂查看孕期應用程式的數據，每一週必看胎兒存活率有多高。到了第九週我就算「正式」懷孕了，所以我基本上是一直屏住呼吸，直到那一刻才敢喘口大氣。到了懷孕第十六週，我和布萊恩把喜訊告訴家人和幾個摯友。現在我只要再撐到第二十四週就好，從那時起早產兒的存活率將大幅提升。我每天一早醒來就看應用程式，拚命吸收各種資訊：胎兒會長多大、又會怎麼發展。這個程式也提供孕婦飲食建議，我還記得當時我心想，要是它建議我吃下一整袋活青蛙，我一定照吃不誤。嘿，我可是當兵的——我受的訓練是為達成任務，任何手段在所不惜。

每個人懷孕的經驗都不一樣，所以我也不知該有何期待。雖然我還有一些受傷的後遺症，但沒理由認為舊傷會影響懷孕。擊落事件過後將近十年，我的雙腿還是有幻肢痛，有時我會覺得那不存在的腳跟痛如火燒。我的右臂已經癒合，但活動能力有限。雖然彈片已經不會從我的皮膚掉出來，我全身上下、手臂和臉上還是嵌著很多金屬碎片。不幸中的大幸是我的生殖器官完好無損，身體也處於自擊落事件前算起的最佳狀態。每星期我會做三次皮拉提斯，還會騎手搖自行車，整個人感覺很好。

懷孕又讓我感覺更好了。我真心享受孕期的每一分鐘，從沒受過孕吐的折磨。二〇一四年春天，我展開眾議員連任競選，完全沒被懷孕拖慢腳步。我確實胃口大開，但也嗜吃得很健康：我變得超愛吃水果！我會一口氣吞下半公斤柿子，或是連吃五個梨子當晚餐。媽在我懷孕後搬來與我們同住，她會切好一整個西瓜，我會燦笑著捧著沙拉碗吃光光。

寶寶開始有胎動的時候，我不敢呼吸，唯恐這只是作夢。我很快開始瘋狂統計胎動次數，頻頻查看應用程式，想知道每小時踢幾次算是健康寶寶。我曾有多年不想要孩子，現在對於發生在自己身上的奇蹟感到既神魂顛倒，又萬分感激。雖然如此，因為我是「高齡」產婦（很多年紀較長的媽媽很忌諱這個詞，我倒覺得頗有喜感），我們知道風險不小，於是除了最親的家人朋友就沒將喜訊告知任何人。

不過我還是決定再告訴一個人：麥特．巴克。麥特是我們被擊落的那一天，與丹恩聯手把我血肉模糊的身體半扛半拖上二號機的人。他在奮力伸援的時候，曾經抬頭瞥見頭頂有另兩架黑鷹呼嘯而過。神奇的是，其中一架黑鷹的組長茱蒂．索托（Judy Soto）下士後來與他結為連理。我們三人因為那天在伊拉克的恐怖際遇結緣，成了要好的朋友。麥特和茱蒂還當過我二〇一二年競選活動的義工，曾經在幾段影片中與我一起露面。

那年夏天，麥特打電話告訴我茱蒂懷孕了。我說：「天啊，太棒了！」隨即脫口而出：「我也是！」當下我喜不自勝——十年前，麥特曾為了救我一命直視死亡，如今我們又能共享為世界帶來新生命的體驗，我內心的喜悅實在難以言喻。

結束軍旅生涯

二〇一四年九月，從軍二十三年後，我決定從陸軍退伍。這是個萬般艱難的決定，因為我一點也不想離開軍隊。我成年以後的全部人生，陸軍都是我的家，同袍就是我的家人。每一天，我都根據軍人誓言而活：**我是戰士與團隊一員。我效忠美國人民，恪守陸軍價值**。這些誓言於我不只是紙上談兵，而是我之所以為我的核心價值。不論在地面或空中，處於太平與戰爭時期，為國盡忠就是我人生的一切。

從華特里德出院後，我仍在國民兵單位繼續操練，每月值勤一個週末，每年接受兩週夏季訓練。因為我在擊落事件後開始領傷殘撫卹，所以這些值勤的日子就不能領薪水了——此外我也得自付機票和住宿費，全都是為了保有從軍的榮譽。

要是可以，我會繼續當國民兵，我還沒準備好最後一次換下制服。但我也心知肚明，繼續留在陸軍會占住一個數量有限的中校名額，妨礙其他堪當重任的軍官晉升。過去幾年來，我看著同儕不是晉升就是退伍，我卻卡在中間遲疑不決。我永遠實現不了營長夢，既然職涯踏不出這一步，也就不太可能晉升上校。衡量眼下情況，我在陸軍已無用武之地。

這些念頭在我腦袋裡轉了幾個星期，最後我終於拿出來跟布萊恩討論，他也支持我退伍的打算。除此之外我沒告訴任何人，只決定下次去春田郡林肯營（Camp Lincoln, Springfield）做預定的週末操練，就採取行動。

我飛回伊利諾州，穿上心愛的迷彩服，在晨間集合時向單位報到，跟過去二十多年來無數個週末一樣。晨間集合一開始，二等士官長總會問：「今天誰第一次出操？」我羨慕地看著一個年紀輕輕的新兵還是少尉舉起手來。接著他又問：「今天誰最後一次出操？」我喉頭哽咽著舉起手來。那時我懷著七個月的身孕，這個決定最叫我揪心的地方，是我女兒看不到我身穿制服報國的樣子了。不過時候到了。

二〇一四年十月十四號，我從美國陸軍退伍。兩週後，我從卡佩拉大學（Capella University）拿到公共服務博士學位——我在北伊大的博士學業因為外派加上擊落事件而中斷，這是我後來設定的學業目標。十一月六號，我贏得眾議員選舉，連任成功。十一月十二號，我慶祝了十週年重生日。我不禁想起多年前在伊拉克的那天早晨，那個爬進黑鷹的年輕的我，絕對想像不到我在十年後會成為這麼一個人：失去雙腿，自陸軍退伍，還是懷孕三十七週的國會議員。

十一月十七日

不到一週後，十一月十七號星期一那天，我去找婦產科醫師艾倫．皮斯曼（Alan Peaceman）做產檢。我的預產期是十二月第一週，感覺狀況也還是很好，所以覺得這不過是例行檢查。

皮斯曼醫師只稍做檢查就說：「嗯，時候到了。」

我問：「什麼時候到了？」

「引產的時候到了。寶寶很小，體重一直停留在最小前百分之十上不來。所以我們要讓她出來了。」

我說：「啊，好的，我請我行程秘書凱西（Kelsey Becker）打給你。我今天晚上要飛回華府投票，不過星期四之前能搞定。所以週四或週五傍晚可以嗎？」

皮斯曼醫師對我露出慈祥的微笑，好像覺得我這樣很逗很可愛。他說：「不好意思，我是說現在。這不是國會議員譚美．達克沃絲怎麼排行程的問題，這是『妳現在就要離開診間去住院』的問題。」

因為我這人是超級行動派（而且隨時可以收拾行囊上路！），所以在我的小卡車裡已經放著一個裝好衣物、盥洗用品和所有必需文件的旅行袋。我推著輪椅到停車場，抓起那個袋子，然後直接把自己推進醫院。我在途中打電話給人在華盛頓的布萊恩。

我說：「嘿，他們要給我引產了。」

他說：「好啊，什麼時候？」

「我現在就要住院。」

「喔。有意思。」他說。「嗯……其實我正要去吃午餐。」電話那頭沉默了半晌，然後我聽到他說：「嘿大家，我得請你們下車。我要趕去機場。」希望他運氣夠好，能很快搭上班機，在我們的女兒出世前趕到我身邊。

十一月十八日

皮斯曼醫師做生產計畫時，曾問我想不想排剖腹產。

我搖搖頭告訴他：「我想要自然產。」

他說：「好，妳說『自然』，表示不想做無痛分娩嘍？」

我聽了大笑說：「才不是，拜託給我做無痛！我已經在醫院痛得死去活來夠久了。來人啊，給我把麻醉針準備好！」我不必透過忍痛證明任何事，這方面我早已成就解鎖。

醫師在我開始分娩一小時後給我打無痛針，真是謝天謝地，因為我後來生艾碧嘉兒生到驚天地、泣鬼神。我拚命用力再用力，但她就是一動也不動。醫師說她有隻手臂擱在頭上，所以每次查看她的時候都會說：「嘿，妳女兒手伸高高跟我擊掌！」我累到笑不出來，只是繼續用力，又因為不能穿戴義肢，沒辦法抵住腳鐙，想施力更是難上加難。

布萊恩在星期一晚上趕到醫院，後來證明他實在不用急。我從星期一上午開始引產，然後一直生到下午……又生到晚上……然後是星期二早上……又到了星期二下午……艾碧嘉兒還是不出來。原來她的兩隻手臂都舉在頭上，在我的骨盆裡卡超緊，看來要讓她出世別無選擇，只能剖腹了。

最後有個醫師說：「好，譚美，妳已經沒力氣了，我們也不能一直試下去，這對妳跟寶寶都太危險了。我們得動緊急剖腹手術。」這句話讓我的情緒如洪流乍洩。我一來感到如釋重負，因為我已經為分娩用力了超過三十小時，氣力放盡。可是我也傷心不已，因為實在太想自然產了，這感覺才是對的生產方式呀！我又累又情緒激動，一心只想趕快生完，才能把寶寶抱在懷裡。於是我噙著眼淚，勉強虛弱地點點頭。

我對重返手術室沒有心理障礙，可是布萊恩有。他坐在我臉旁看著各個儀器的螢幕，死盯著我起起伏伏的生命跡象。當醫師動刀把我切開，我的血壓驟降，布萊恩一看就慌了，猛問醫師：「怎麼了？我太太怎麼樣？」

一位麻醉醫師說：「她沒事，你專心看寶寶就好。」可是布萊恩耳裡聽著嗶嗶作響、高速運轉的儀器，眼裡看著我躺在醫院病床上吃痛，他的痛苦回憶一一浮現，整個人冷汗直流，心跳加速。生產雖然是無比奇妙的經歷，如此這般煎熬了三十六小時，我們兩個都巴不得趕快生完算了。

終於，在十一月十八號星期二晚上十點，我的寶貝小鬥士艾碧嘉兒誕生了。起初她一聲也沒哼，把我嚇個半死。我問：「怎麼了？她還好嗎？」醫師很快為她做抽吸，艾碧嘉兒做了此生第一個深呼吸——隨即爆出足以震破玻璃的大哭。

「歐買尬！」布萊恩哈哈大笑。「這小妮子也太狂了吧！」

護理師把艾碧嘉兒放到我胸口，但我沒辦法扶住她，因為我的左臂吊著點滴又綁著血壓計，右臂還沒穩到抱得動她。接著我開始呼吸困難，於是醫護人員趕緊把她抱走，把我直接推進恢復室。我不確定自己在裡面躺了多久，只知道我抱不到自己的孩子，感覺漫長又痛苦。等我的呼吸和生命跡象總算穩定下來，護理師才把艾碧嘉兒遞給我。

她真是個小不點，不到兩公斤半，趴在我胸口的時候，兩條小腿像青蛙一樣弓起來。在我們母女肌膚相觸的那一刻，我全身充滿了寬慰、愛意與喜悅——一整個宇宙的情緒宣洩而出。我不敢置信，這個小女娃，這個迷你又珍貴的小東西是我們的孩子。她跟我一起躺在這裡，呼吸合而為一，母女緊緊相繫。我永遠不想放開她。

天堂來的愛子

我跟布萊恩想給艾碧嘉兒取個夏威夷名字，不過根據習俗，我們不能自行命名，得請一位夏威夷長老幫我們選，再由一位夏威夷牧師祝福這個名字。

所以在艾碧嘉兒出生前幾個月，我們拜託朋友馬克．高井（Mark Takai）幫忙。馬克是夏威夷眾議員，那時我們兩個都投入二〇一四年眾議員競選，也說好要在檀香山幫他辦幾場造勢活動。於是我在飛去當地之前打了個電話告訴他：「我們想給女兒取個夏威夷名字，你有認識的長老或牧師嗎？」

他說：「當然有，我來幫妳打幾個電話。」

等我跟布萊恩倆抵達夏威夷，馬克邀我們跟他在一家佳比餐廳（Zippy's）碰頭吃早餐，那是夏威夷版的丹尼連鎖簡餐店（Denny's）。我們走進餐廳，驚訝地發現他身旁坐著參議員丹尼爾．阿卡卡（Daniel Akaka）。阿卡卡是個傳奇人物，不只是二戰榮民，也是首位當選美國參議員的夏威夷原住民。馬克微笑說：「這是你們的長老，他兒子就是牧師！」

等我們兩人坐定，阿卡卡參議員把一張紙推過桌面。我跟布萊恩讀過上面列的名字，兩人都特別受一個名字吸引：卡蕾．馬卡玫．歐卡拉妮（Kalei Makamae Okalani）。可是我們接著交換了一個眼神，於是我知道我們心有同感：這些名字都很美，可是實在好長啊！阿卡卡參議員看到我們的眼神，哈哈大笑說：「沒關係，不必用完整的名字，可以簡單取『歐卡拉妮』當她的中間名就好。」

在夏威夷語裡，「Kalei Makamae Okalani」的意思大致是「天堂來的愛子」。我們很榮幸有阿卡卡參議員賜名，但最後還是決定依布萊恩的妹妹為寶寶取名艾碧嘉兒，他妹妹又是依艾碧嘉兒．亞當斯（Abigail Adams，譯按：美國建國後第二位總統約翰．亞當斯的妻子）命名的。所以我們的女兒成了艾碧嘉兒．歐卡拉妮．達克沃絲．鮑斯比（Abigail Okalani Duckworth Bowlsbey）——天堂來的小小恩賜。

自從我們首次嘗試受孕的九年來，我跟布萊恩總算有了一個寶貝女兒。現在我們終於能放心享受家庭生活了。

至少我們是這麼以為。

第十四章

一償夙願

艾碧嘉兒剛開始牙牙學語時，布萊恩很喜歡對她問東問西。他會說：「艾碧嘉兒，這是誰？」一邊舉起她最喜歡的小熊娃娃。或是：「那是誰？」——接著往我一指。艾碧嘉兒會用細細的娃娃音尖著嗓子回答，後來等她長大一點，更會說話了，布萊恩還是樂此不疲，而且問起比較困難的問題。

有天早上他問：「艾碧嘉兒，把拔叫什麼名字？」

「布萊恩。」她說。

「馬麻叫什麼名字？」

「譚美．達克沃絲。」她以一種古怪又低沉的嗓音宣布，我跟布萊恩聽了笑成一團，這是在演哪齣呀？我們家還在學走路的女兒，怎麼突然像是詹姆斯．厄爾．瓊斯（James Earl Jones，譯按：好萊塢知名演員與專業配音，以低沉的嗓音聞名）上身？我隨即醒悟：每次艾碧嘉兒在電視上看到我露臉，就會聽到這個聲音。我們家的小女娃人生才開始十八個月，已經看過無數廣告，不是攻訐人神共憤的譚美．達克沃絲，就是我自己的參議員競選廣告，有我在裡面說：「我是譚美．達克沃絲，我認同以上訊息。」

從艾碧嘉兒四個月大開始，我就投入參議員競選。這幾乎等於她整個人生。這也是我差點決定不參選的原因。

進軍參議院

艾碧嘉兒誕生後的頭三個月，我都沉醉在家有新生兒的喜悅裡。她精力旺盛，一頭捲髮和長長的睫毛像她父親，每次她把小小的手臂向我伸過來，我的心就融化了。我們決定給她吃母奶，能和這個天堂來的寶貝禮物擁有如此親密連結的時刻，我怎麼都覺得不夠。

我剛以超過百分之十的得票差距成功連任眾議員，在政壇可謂炙手可熱。我很喜歡在眾議院工作，有過第一任的經驗，也已經知道那裡的眉眉角角、行事程序。我能繼續在那裡為民服務並累積資歷，但也有另一場選戰可以考慮。共和黨的馬克．科克（Mark Kirk）是伊利諾州現任參議員，也是他個人的第一任，而他打算在二〇一六年競選連任。於是在二〇一五年初，有意與科克角逐這一席的民主黨人已經開始整隊。

雖然伊利諾州直到二〇一六年三月才要舉行民主黨黨內初選，不過初選的競選活動在整整一年前就得開跑。二〇一五年一月，競選金主、黨內大老和其他可能人選已經開始與我聯繫，探問我是否有意參選。當時我連育嬰假都還沒放完，可是我如果想選，最好及早宣布，這有望幫我鋪平黨內的道路。

所以在育嬰假的整整三個月期間，我跟布萊恩都在反覆推敲我該不該挑戰科克。我絕對很心動，畢竟參議員的影響力大於四百三十五個眾議員之一。我也樂見能為伊利諾州全體鄉親服務，就像我擔任本州退伍軍人廳廳長一樣。更何況我的資歷和科克不相上下，我們都是有身障的退伍軍人。伊州另一席參議員是德賓，我這次要是不參選，下次最早也要等到二〇二二年才有機會，但要是民主黨在二〇一六年拿下科克這一席，就算等到二〇二二年也沒我的份了。以從政立場觀之，如果我想進參議院服務，這次是參選的最佳時機。

可是就個人角度而言，這時機並不理想。參議員選戰本就漫長而艱辛，這一仗又保證特別難打。共和黨拚了命都要保住這一席，也代表他們會用盡手段攻擊民主黨對手。這場選戰絕對會很險惡。我真的準備好投身一場為時超過一年的混戰嗎？更何況我得為此四處奔波，犧牲與心肝寶貝相處的時光？

育嬰假趨近尾聲，我還是無法下定決心。後來參議員陸天娜*跟我說了幾句逆耳忠言。她自己在二〇〇八年生下兒子亨利，又在二〇一〇年投入了一整年的參議員競選活動。

她告訴我：「我跟妳說，跟寶寶分開這麼久，確實會讓妳覺得像被五馬分屍，可是艾碧嘉兒那麼小，什麼都不會記得。等妳當選參議員，只要每六年競選一次就好，而不是每兩年就來一次。」

天娜的話是臨門一腳，我在二〇一五年三月宣布參選。我萬般不願放下艾碧嘉兒，但想要把握進參議院的機會，現在正是出手的時候。但願天娜說得沒錯，艾碧嘉兒小到不會記得我們母女分開這麼久。

我給自己立下規矩，絕不與艾碧嘉兒分開超過一晚，也要員工依這個原則排我的行程。我人在伊利諾州時還不難辦到，一旦展開全國巡迴募款就棘手了。我一天到晚搭長程班機，不論人在哪裡，每三小時就得擠一次母奶，還得確保它在我回家前保持冷藏或冷凍。我搭過很多紅眼班機，在早上七點睡眼惺忪、跌跌撞撞地進家門，等艾碧嘉兒起床後開始值媽媽班。過了幾個小時，我又得回辦公室面對另一輪緊湊的競選行程。每當一天終了，睡眠不足又氣力用盡的我總覺得被徹底榨乾。

天娜有件事說對了：競選讓我覺得像是被五馬分屍。從前競選眾議員的時候，我最大的心理和情緒挑戰是對手的攻訐。不過競選參議員至今，我最大的挑戰是跟新生的孩子長期分離。又因為參議員選戰十分漫長，我總覺得一個月又一個月沒完沒了。我在全國各地匆匆趕場，拚命募款、衝高民調數字，進展卻總是不如預期。同一時間在我們家，艾碧嘉兒一瞑大一吋，我也錯過

---

* 譯註：陸天娜（Kirsten Gillibrand）於二〇〇九年接替希拉蕊的位置成為紐約州參議員，曾旅居台灣，中文流利。因其娘家的姓氏Rutnik而姓「陸」。

了她生命中一去不復返的點點滴滴。

那種壓力就像頂著堤防的大水，潰堤只是早晚的事。

八十分就好

二〇一六年三月，我在黨內初選毫無懸念擊敗另兩名候選人，可是我扎扎實實競選了一整年，又是第一年當媽，已經精疲力竭。更何況，除了至親之外沒人知道，我跟布萊恩又在嘗試懷孕。

這個時間點並不理想，但我們想讓艾碧嘉兒有個伴，年屆四十八歲的我可沒有等待的餘裕。經過多次體外受精，最後總算好孕臨頭！我們夫妻倆樂不可支，不敢相信自己運氣這麼好，又有個小生命要來到我們家。我們心知懷孕的風險很大，所以絕口不對任何人說，我在孕期最初幾週屏息以對，等不及要做第六週的超音波產檢。

到了四月下旬，我在懷有數週身孕的情況下集合競選團隊，召開一場異地「衝刺檢討」會議，商討競選策略（競選團隊大多說這是「靜休會」，但我可是美國退伍陸軍，我們不「靜休」，「衝刺」才是王道）。這是一場大型的季度會議，與會者有各機構的資深黨工、民調專員和選戰幕僚，例如民主黨參議員競選委員會和艾蜜莉名單（EMILY's List，譯按：民主黨內針對女性政治人物的培力組織）的成員，總共約有二十五人。

在芝加哥市中心，我們全體在會議室圍坐一桌，大家紛紛拋出衝高民調的點子。雖然我對科克參議員的支持度保持穩定領先，數字卻停滯不前，所以我們想找出拉大差距的辦法。不意外地，大多數提議都需要我更常巡迴拜票、打更多電話、辦更多造勢活動。

我坐在那裡聽大家討論，情緒直落谷底。我整個人累到骨子裡，為了身孕神經緊繃，每天都要打抗凝血劑和黃體素（用的是超粗大的針頭）。我日以繼夜燃燒生命，想完成行程表上的幾百萬件事，卻怎麼做也不夠。感覺好像倉鼠踩滾輪，永遠沒有停止的一天。我愈是為競選打拚，離我的寶寶就愈遠，當我想花時間多盡點媽媽的責任，又會拖累競選工作。想與伴侶來點親密相處時間更是想都別想——就像從前眾議員競選一樣，我們夫妻就像在夜間擦身而過的船隻。為了面面俱到，我每件事都做得差強人意。而且不知為何，即使競選之路已經走了一年，竟然還是有五個月要走。

在那一刻我突然覺悟，雖然競選團隊需要我做這件事、那件事、還有另一件事，這世界上真正需要我的人其實只有一個：艾碧嘉兒。她人生的第一年，我都沒陪在她身邊，現在這幫人又想削減我和她相處的時間。**做這個、做那個，去這裡、去那裡。**我像是發條娃娃，開關被扭轉到底，一次又一次重複同樣的舞步。

會議廳裡每個人都察覺我心情低落，於是我的幕僚長凱特琳・費希（Kaitlin Fahey）宣布休息吃個點心。有人抱了一堆零食進來，扭扭糖、蝴蝶捲餅、小魚餅乾，就那些競選活動常見的垃圾食物。我本來很喜歡吃扭扭糖，可是剛懷孕的我超想吃酸的。這堆零食終於讓我受不了了。

我說：「嗯哼，每次都這樣，沒人肯費心弄個我真正愛吃的零食。當然囉，因為你們才懶得在乎我，**你們只是覺得我有利可圖嘛！**」

整間會議室安靜下來，二十幾張驚訝的臉龐轉向我。我氣沖沖地說：「這也太荒謬了吧！」積壓一年的怨氣一股腦爆發。「每個人都要我做一堆事情，可是我呢？誰在乎我有什麼需要！」

有那麼尷尬的一瞬間，整間會議廳一片沉默。然後凱特琳開口了。

她平靜地說：「譚美，我很確定我們大家來到這裡，真的都是為了妳跟妳的競選，不是為我們自己。沒人逼妳做任何事情。是妳雇我們來告訴妳怎麼勝選，現在妳又拿這來對我們發脾氣。」

她說的當然沒錯，可是我氣得聽不進別人講道理。我整個人氣到失去理智。我是生競選團隊的氣，但最氣的其實是自己。我到底在為誰辛苦為誰忙啊？我是哪根筋不對，為何同意在心肝寶貝成長的第一年半到處跑，就為了累積政治資本？我厭倦了當個三流候選人和三流媽媽。

我把自己推離會議桌，滑進旁邊的小廚房，午餐要吃的三明治已經在那裡準備就緒。幾分鐘後，凱特琳和我的民調專員吉兒走進來，吉兒說：「我們可以加入妳嗎？」我其實想獨處，但還是點點頭，於是她們把分隔門拉上，把我們三人與其他人隔開。

吉兒柔聲說：「妳知道嗎，有人認為女性可以樣樣兼顧，可是我們辦不到。」我看著她，不發一語。我知道吉兒和她太太有個兒子，但我們從沒聊過媽媽經。她繼續說：「『兼顧工作與生活』才不是真的，只是我們在這個國家一再拿來騙女性的話術，而且是很爛的謊話。」

我就像很多職業婦女，這輩子都在注意「兼顧工作與生活」的這回事。我參加過女性座談會，就像我遇見茱蒂那一次，在這些場合中，大家動不動就在問如何找到兼顧之道。雪柔・桑德伯格（Sheryl Sandberg）的《挺身而進》（*Lean In*）在幾年前剛出版，我聽過別的女性針對這本書的討論與反駁，所以吉兒說的話我並不陌生。可是，這是我頭一次真正把這些話聽進去。我既疲倦又分身乏術，每天都覺得力有未逮。光是聽到另一個職業媽媽肯認了這些感受，就讓我如釋重負。

吉兒說：「我們的工作就是向妳提要求，可是妳絕不可能達成全部的要求。妳一定要有所取捨，而不是為了每次都追求完美，把自己逼瘋。」我感到淚水盈眶，因為自從艾碧嘉兒出生以來，我一直在做的正是吉兒說的事情。她說：「別再怪自己了，盡力就好。」

吉兒的話讓我想起在陸軍學到的一個概念：八十法則。身為陸軍指揮官，我們受的訓練就是承認百分之百、絕對完美的解決方案不切實際，所以我們把目標放在百分之八十的解決方案：把事情大致安排妥當，然後就採取行動達成任務。你要是做好八成準備，又有一組訓練精良的團隊，什麼意外狀況都能應付。但你要是把全副時間花在設想十全十美的解決方案，士兵就不會有時間準備和演練，更無暇實際執行任務。

我從沒想過把八十法則應用在母職上，不過這完全有道理。其實，這也是唯一有道理的解決方案。我窮極一生都在追求一百分的表現，而且失敗總比成功的時候多。可是我拿到的分數——大多是A，少數幾個B，或是那百分之九十六的測驗成績——已經綽綽有餘了。除此之外，世界上也沒有完美母親這回事，所以身為一個新手媽媽，我若不設法放下執念，就是在冒險把自己、家人和下屬全部搞瘋。

我只能量力而為，盡能力所及當個好媽媽和好候選人，而且這也就該足夠了。

凱特琳哭了

那次異地會議不久後，我做了孕期第六週的超音波檢查，終於照到寶寶微小的心跳。我看了心花怒放，對康菲諾醫師笑得合不攏嘴，他也報以微笑。他說：「這麼早就看得到心跳，是好兆頭。」接著又提醒我，我們要像懷艾碧嘉兒一樣，等到第九週超音波沒問題，再把我轉到婦產科皮斯曼醫師的門診。

於是在三週後的二〇一六年六月，我又回診照超音波。我躺在檢查室裡，技師一邊跟我閒聊，一邊拿著超音波探頭在我肚皮上滑來滑去，過了一會兒她突然安靜下來。她說：「等一下喔，我去找康菲諾醫師過來。」接著就出去了。她只離開了一下下，但已經夠我被恐懼淹沒了。康菲諾醫師走進來，沉默地拿起超音波探頭滑過我的肚子。我盯著螢幕，拚命想認出胚胎的樣子。螢幕上空空如也。

他說：「譚美，我很遺憾。這次懷孕失敗了。」我錯愕地躺在那裡，技師開始幫我擦掉肚皮上的潤滑液。康菲諾伸手搭住我的手臂說：「等妳穿好衣服，到我診間來。」便轉身出去了。

我麻木地穿回衣服，把自己推進走廊。那天布萊恩沒辦法一起來，所以診間裡只有我跟康菲諾醫師兩個人。他柔聲說：「胚胎要是有染色體異常，不能存活，人體通常會自動終止妊娠。回家休息吧，然後我們得幫妳排個時間做子宮擴刮。」這是為我清理子宮內部的手術。

他又說：「到時候會更清楚是怎麼一回事，我們就能討論你們接下來可以怎麼做。」接著又提醒我，我們還有別的冷凍胚胎可用。

康菲諾與他的護理師離開診間，給我獨處打電話的空間，然而我只是楞楞盯著牆面不知有多久，腦袋一片空白，全身動彈不得。這種感覺很陌生，因為我面對人生挑戰的第一反應向來是採取行動。當我一覺醒來發現自己沒了雙腿，對布萊恩一開口就說要動起來做復健。不過在那個生殖科的小診間，我只是坐在那裡，腦袋空白又動彈不得。真奇怪，我心想。**我不是應該大哭嗎？我這人有什麼毛病？**

我好像靈魂出了竅，看著自己拿起電話打給布萊恩。他沒接，於是我改打給凱特琳，她知道我那天要去看康菲諾醫師的診。

我平靜地說：「嘿，我還在看診。只是想跟妳說一聲，我流產了。」我沒想過她會有什麼反應，大概是安慰我兩句，接著就跟我討論行程安排吧。出乎我意料之外，一年前自己剛生了第一個寶寶的凱特琳哭了起來。她說：「喔，譚美，我很難過，真的、真的很難過。」

凱特琳情不自禁的反應粉碎了悶住我的麻木，突然間，我被這輩子有過最生猛、最痛苦的情緒打倒。在那一刻，失去這孩子，比我有過的任何感受都來得更椎心，甚至比聽見我先生說我失去了雙腿還糟糕。那個狹小的診間彷彿裂開一個空隙把我整個人吞沒，我坐在那裡握著電話，撕心裂肺地大哭。

過了幾分鐘，我又打給布萊恩，這次打通了。我用仍然傷心哽咽的聲音告訴他事情經過，他在電話那頭不發一語，好像過了很久很久。然後他溫柔地問：「譚美，妳還好嗎？」雖然感覺一點都不好，我說我還好。我們很快結束通話，等我離開診所再慢慢談不遲。

我做了幾個深呼吸，逼自己平靜下來好回到車上。我剛要把自己推出診間，康菲諾的護理師主動說要讓我從私人通道出去，我就不必擔心被別人認出來，又不得不與對方交談。我最不想要的就是被人問起我為何出現在這裡，或是讓他們看見我滿臉淚痕，然後猜出箇中原因。這個消息是很糟糕，但我們只能保密。

沒有人知道這件事。不論是民主黨內盟友、競選團隊（除了凱特琳和凱西）或是媒體，沒有任何人知情。要把如此椎心的悲痛深深埋藏，假裝一切如常，感覺非常孤單。布萊恩陪我去做子宮擴刮，之後我讓自己臥床休息兩天，然而這段時間電話還是響個不停，電郵也不斷進來，需要我付出時間精力的請求繼續湧入。我要是想贏得那個參議員席次，就得繼續奔波打拚、賣命工作——即使同時也要承受此生最嚴重的情緒打擊。

所以我繼續競選。因為這是向前進唯一的方法，我一直以來也只會前進。現在的我更別無選擇，只能衝刺到底。

最後我以百分之十四的差距擊敗科克，贏得那場選戰。你絕對能說勝利讓競選帶來的一切痛苦都有了回報，躋身參議員自然也令我無比自豪。但我要是知道這場選戰會讓我那年夏天多麼痛苦，應該會三思。二〇一六年的選戰以我料想不到的方式把我推到生涯頂點。雖然我最終在參議院贏得一席，不過那次大選也以川普入主白宮畫下句點。如今正是捲起袖子做事的時候，而且比以往都來得更為迫切。

三代同堂

二〇一七年一月三號在參議院，在副總統拜登主持之下，新任與連任參議員全體正式宣誓就職。布萊恩帶艾碧嘉兒來觀禮，她坐在議場上方的迴廊，伸長脖子張望我坐在樓下什麼地方。

艾碧嘉兒剛滿兩歲，那年冬天她過得可精采了。因為十一月是她的生日，十二月又有耶誕節，所以她看慣了成堆禮物像變魔術一樣出現。拜登副總統開始致詞時，提到我們「蒞臨」（presence）議場，艾碧嘉兒聽了尖叫：「禮物?!」（presents）因為相距太遠所以我沒聽見，不過據布萊恩說，她細小的聲音在參議院議場的拱頂迴盪，迴廊上的人聽了多半開懷大笑。

根據傳統，共同宣誓就職後，在參議院舊議場又舉行一場小型的典禮，參議員個別進行正式宣誓，家屬在場觀禮。我站在副總統面前舉起右手、左手放在布萊恩捧著的《憲法》上。媽站在我身旁抱著艾碧嘉兒，這個小妞身穿她最標緻的粉紅外套和亮亮鞋。

那天拜登副總統的「老喬叔叔」模式全開，滿口長輩冷笑話又忙著逗小孩，他為我主持宣誓儀式到一半，竟然轉身對艾碧嘉兒唸出誓詞，問她願不願意「忠實履行你即將入主的職位所應承擔的義務，願你有上帝相助！」相機快門聲響起，雖然拜登沒看著我，我還是說：「我願意。」艾碧嘉兒就在那一刻耐不住性子，仰天長吐一聲哀號，又逗得哄堂大笑。

我們的副總統也忍俊不住說：「她好像不太確定耶。」現場有幾個人注意到，經他宣誓就職的好像不是我，而是我女兒艾碧嘉兒。

那一刻實在搞笑，我也很高興艾碧嘉兒參與其中，不過真正讓我覺得別具意義的是我媽也在場。她一生多舛、歷盡風霜——自幼喪母，當童工維生，熬過了貧困又克服萬難拉拔我們姊弟倆長大——如今在我宣誓就任美國最高階的民選官員時也在我身邊。我們母女倆帶著我的女兒，三代亞裔美籍的女性齊聚一堂。身為我們深愛的國家的一份子，我們都引以為榮。

我進參議院那年，正逢民主黨馬里蘭州的傳奇參議員芭芭拉．米庫斯基（Barbara Mikulski）宣布退休。米庫斯基參議員成就斐然，是美國國會史上任期最長的女議員：她先當了十年眾議員，後來又連任五屆參議員。

她的身高只有一五〇出頭，最出名的是從不聽信任何人的廢話，而且為民服務數十載，總是不屈不撓為女性和少數族群爭取權益。參議院曾長年規定女性得穿連身裙裝才能進入議場，不過一九九三年有兩位參議員公然反抗這項規定，從此開啟女議員穿長褲套裝的時代，米庫斯基就是其中一位。

所以你可以想像，當我來到參議院議場，一拉開我被分配到的古董桃花心木議事桌的抽屜，赫然發現裡面刻著她的名字，我有多麼驚喜了。一百多年來，歷任參議員都把名字寫進個人議事桌的抽屜，留下一連串人名歷史紀錄。能跟服務布萊恩家鄉的「芭姐參議員」（Senator Barb）有這樣的緣分，讓我感到意義非凡。

用過我這張議事桌的傑出參議員也不只有她。我再往抽屜裡打量，發現還有巴拉克．歐巴馬、保羅．威爾斯通（Paul Wellstone）、伊利諾州前參議員保羅．賽門（Paul Simon）、羅伯特．甘迺迪（Robert Kennedy，譯按：約翰．甘迺迪的弟弟，於一九六八年遭暗殺）。我從沒想像過自己會成為美國參議員，光是置身議場已經很神奇了，但是知道我有天也會在這裡留名、就在這一連串用過這張桌子的偉人旁邊，感覺如夢似幻。

飛來的珮兒

二〇一七年七月，成為參議員的六個月後，我再度懷孕。

這次比從前懷艾碧嘉兒來得辛苦，幸好依然沒有孕吐的困擾，但還是累人很多。別的不說，我已經四十九歲了，再加上現在家有幼兒又有份吃重的工作，我沒辦法像從前那麼規律運動。每天我好像都要經歷一輪消化不良大冒險，自然也深怕又要失去這個孩子。

令我們欣慰的是，這次孕期以足月告終。二〇一八年四月，在我五十歲生日過後不到一個月，麥莉．珮兒．鮑斯比（Maile Pearl Bowlsbey）從我的肚子裡飛到這世上。我說「飛到這世上」是因為這個精力充沛的小女生一分鐘也沒浪費。我生艾碧嘉兒折騰了三十六個小時，最後還是緊急剖腹，相較之下，我幾乎是在趕去醫院的救護車上生下麥莉，距我首次察覺宮縮不到一小時。

這次我們也請阿卡卡參議員為寶寶取夏威夷名字，當時他已高齡九十三歲，身患重病，後來也在麥莉出生兩天後過世。不過他還是賜名我們家老二「麥莉」，這是一種以芬芳的高山藤蔓編成的慶典花環，夏威夷人會在最隆重的場合穿戴。穿戴花環是我最喜歡的夏威夷傳統之一，代表愛、尊重和祝福，也就是「阿囉哈」（aloha）的精神。我跟布萊恩都很喜歡阿卡卡參議員選的這個名字。

給我們的女兒取夏威夷名字，是為了向我在美國的第一個家致敬，那是我從孩子轉大人的地方。至於麥莉的中間名，我們決定向布萊恩一位備受家人愛戴的長輩致敬。

布萊恩的曾姑婆珮兒．鮑斯比．強森（Pearl Bowlsbey Johnson）是家族中的叛逆分子。大蕭條年間她在馬里蘭州一座農場長大，到了一九四〇年代初期正值青春年華，卻沒有結婚，而是選擇加入陸軍。她成為軍護，在「法蘭西斯．史藍傑號」（USAHS *Frances Y. Slanger*，譯按：美國唯一在二戰歐洲戰場上殉職的軍護）服役，那是將美國傷兵和德國戰犯從歐洲載往美國的陸軍醫療船。珮兒除了穿制服也總是加披一條披肩，但不是為了好看。她在披肩下藏了一把M1911手槍，以防德國戰犯造反。

珮兒姑婆從前住在乞沙比克灣，布萊恩小時候在夏天裡總是打著赤腳，在她家裡裡外外亂跑。那是一棟搖搖欲墜的小屋子，沒有自來水，想上廁所得去戶外茅房。珮兒在小屋牆上掛了一幅史藍傑女士的照片，也保留著戰爭年間用的水壺和鋼盔。她還買了一輛陸軍過剩出售的吉普車，老開著它橫衝直撞，一邊對布萊恩說：「這條路有一半歸在我名下，我中意的是中間那一半。」

我跟布萊恩交往時，珮兒七十多歲了，已經住進佛羅里達州一家養老院。我們通過幾次信，也在電話上聊過，可惜我從沒見過她本人。不過到了要幫麥莉取名字的時候，我跟布萊恩都想向她致敬。珮兒是個絕佳的前輩名字，我就希望我女兒以她為榜樣，也當個陸軍的霹靂嬌娃。

參議院的寶寶門

大家喜歡說我是美國第一個在任期間「生小孩」的參議員，但我總是很快糾正這些人：我是第一個在任期間「懷孕生產」的參議員。歷代以來，男性參議員一直都在任期間生小孩，即使他們未必承認那是他們的種。

我還有孕在身時，曾經商請民主黨參議員艾美．克羅布查（Amy Klobuchar）幫忙更改參議院的規定，因為她是章程委員會的資深成員。那時嬰幼兒不准進入參議院議場，要是這規定不改，我就不能投票或提案了。

我打算親餵麥莉，就跟從前對艾碧嘉兒一樣，所以沒辦法長時間與麥莉分開。我也不能把麥莉丟給幕僚就趕去議場投票——我的幕僚是聯邦政府雇員，就算只請他們幫忙帶一下下孩子，都構成利益衝突。此外，參議院經常連續進行好幾小時的馬拉松式投票，所以規定要是不改，我總有一天會錯失投票機會。在參議院有四十七席民主黨、五十一席共和黨（另有兩席無黨派）的情況下，每一票都事關重大。

艾美找共和黨大老洽談，他們幾乎立刻開始推託。年屆八十四歲的奧林．哈奇（Orrin Hatch）似乎非常擔心，一旦為我的寶寶改變規定，參議院就會莫名地被嬰兒淹沒。他極其嚴肅地問：「要是議場來了十個嬰兒怎麼辦？」

艾美說：「那就太棒了，多逗人開心呀。」

不過共和黨人還是憂心忡忡。要是我得在場中給寶寶換尿布怎麼辦？太有礙觀瞻了！議場禮節又怎麼辦？該要求寶寶遵守服儀規定嗎？艾美以耐心和幽默感一一化解這些可笑的問題。她提議毋須要求寶寶穿長褲、裙子、領帶或鞋子，並使出冷面笑匠的功力說：「寶寶也不必別參議員徽章，這實在太危險了。」

後來才發現，共和黨人是為了掩飾他們最深切的憂慮，在打迷糊仗。最後他們總算從黨內找來一名願意開口的女性，向我們打聽他們真正想問的那件事。我是不是打算……**在議場內哺乳**？

我說：「我跟你講，在一群七老八十的男人面前掏出胸部，聽起來雖然誘人，可是我一點興趣也沒有。我真的只想投票而已。可是寶寶要是餓了，我就會餵她。」

這並沒有讓他們放心，「寶寶門」也繼續熱烈上演。有人又提議了，我不用進議場，只要帶寶寶進議場後面的衣帽間不就得了？投票時間一到，我就把頭從衣帽間連通議場的那扇門伸出來，揮手表態！這做法還真有先例：陸天娜的兒子亨利還是幼兒時，她就用這個法子迴避兒童禁止入場的規定來投票。

這個盤算只有一個難點：我進不去衣帽間。衣帽間有兩扇門，一扇連通議場（帶著麥莉就不能走這扇），另一扇距離議場外的電梯只有幾步路，但還要爬幾階樓梯才到得了，坐輪椅就沒轍了。即使我想訴諸這條權宜之計，就為了讓他們記下我這一票，也行不通。

我們陷入了僵局，不論我和艾美為更改規定說再多道理，共和黨人就是堅決不肯。我失望透頂，於是要凱特琳為我下最後通牒。

我說：「告訴他們我一定會去投票，他們可以選擇要給外界什麼觀感。要麼就是他們讓我帶寶寶進議場，要麼就是我進場投個票馬上回家。又或者，如果得從衣帽間投票，我也照辦。」凱特琳看著我，心知我絕無屈服的可能，等著聽我要使出什麼殺手鐧。

我繼續說：「可是呢，妳或許也可以提醒他們，衣帽間入口就在媒體廳旁邊。為了投票，我會把輪椅推到衣帽間的樓梯前，叼住寶寶爬到地面，一階一階撐上去。妳問問他們想讓媒體拍到哪種照片吧。」

凱特琳為我傳了話，不可思議的是共和黨人還是不同意，顯然帶小孩進參議院議場實在太大逆不道了。直到共和黨的密蘇里州參議員羅伊·布朗特（Roy Blunt）當上章程委員會主席（恰好在麥莉出生隔天），他總算說服黨內同志改變規定。經過數週的爭辯和討論，二〇一八年四月十八號，參議院無異議投票通過，允許一歲以下的嬰兒進入議場。

第二天，我就帶著麥莉進場投票。她才十天大，比一個玩偶大不了多少。為了遵循服儀規定，我在她的小鴨鴨連身衣外頭還加了件迷你綠色外套，不過我也只能守規矩到這個程度了——我打死也不會為了遵守「場內不得戴帽」的規定把她的小軟帽脫掉。

我把自己推進議場，寶寶緊緊裹在胸前，很快投下自己那一票——對一個人選有欠理想的太空總署人事案投下反對票。我原本想倒轉輪椅滑出議場，有趣的是，場內的參議員向我們團團圍過來。查克．舒默（Chuck Schumer）快步上前來，面露大大的笑容俯身下來看麥莉，就連米契．麥康諾（Mitch McConnell）都在艾美敦促之下走來看了一眼。我的小麥莉在那天締造了歷史，成為史上第一個進入參議院議場的嬰兒。當下我唯一的想法是：**也該是時候了**。很多女性想必心有同感。

重返伊拉克

擊落事件發生的十五年後，我的生命是如此豐富圓滿，令我不知從何謝起。美國參議院是全球最偉大的民意機關，我在其中占有一席之地。我的身體健康，心靈平靜，還有一雙超酷的鈦合金腿。我還有個一路不離不棄、陪我走過風風雨雨到今天的先生，我們又生了兩個美麗的女兒。

現在，我的人生只剩一個心願未了。

二〇一九年四月，我重返伊拉克，但不是以軍人的身分。身為參議院軍事委員會成員，我與參議員強尼．艾薩克森（Johnny Isakson）和安格斯．金（Angus King）率領一個議會代表團，前往伊拉克實地聽取作戰和情資的最新報告。能重返舊地令我興奮莫名，除了履行代表團的職責，我也有個個人目的想達成。近十五年前，我失去意識又身受重傷，被後送班機匆匆運出伊拉克。這一次——也是第一次——我想要意識清醒地離開。我一直想在這件事上扳回一城。

因為我不想丟下艾碧嘉兒和麥莉太久，所以代表團只排了五天參訪。前後兩天都耗在往返上，真正的行程只有三天，每天都排滿了與伊拉克和庫德族領導人、美國外交官和陸軍的會議。這段時間我們都待在綠區的美國大使館，多年前，我就在這一區吃了美味的熱炒加奶昔，還買了巴比倫造型的耶誕小飾品。

身在伊拉克自然擾動了我內心的一潭止水。要我旁觀軍人來去值勤向來不容易，因為我最渴望的就是重新歸隊，享受袍澤情誼、感受每次穿上制服都會燃起的使命感。在戰區以平民身分與軍人同處一地，又格外令我無所適從。更教人難受的是，我們是搭乘直升機在伊拉克境內移動，我得坐在後機艙，而不是曾經屬於我的駕駛艙。

我們抵達伊拉克的第一個上午，預計從巴格達的美國大使館搭乘契努克直升機前往塔吉營基地。一名軍人發給我們每人一件防彈衣，其他參議員摸索了老半天，我三兩下就把防彈衣穿過手臂、牢牢繫好。我心想：**太好了，就是這個感覺**。這是純粹的肌肉記憶：拉鍊拉、拉、拉，黏好魔鬼氈，戴上鋼盔，待命出發。我把大拇指勾在防彈衣上，熟悉的重量令我倍感安慰。

我們走向著陸區——我在駐外期間起降無數次的著陸區——我做了個深呼吸，那些感覺又回來了：那股再熟悉不過的氣味，就像我整個人的一部分。直升機燙手的金屬機殼、沙漠粉塵、旋翼打出的強烈下洗氣流、液壓劑和JP－8燃油。我聽見引擎轟轟作響，看見轉得飛快的旋翼捲起迴旋的飛沙。直升機升空後，我發現時間不再是二〇一九年——我正重返戰火方熾的二〇〇四年，與組員一起出任務。飛升到巴格達的天際線上，看著底格里斯河在東側蜿蜒而過、遼闊的沙漠在城市外圍展開，我感到淚水盈眶。

光是在伊拉克重登直升機已經夠教人激動了，不過當天稍晚，一名陸軍飛行員說他們為我準備了一個驚喜。他對我說：「參議員女士，我們想帶您飛過事發地點。」他們研究過擊落事件當天歸檔的方格座標，得以精確定位我的黑鷹在哪裡著陸。他們想帶我去看看那個地方。

我聽了一時失語。這不是我提出的要求，我根本想都沒想到。不過我在腦袋轉過來的那一瞬間，發現自己確實想重返事發地點。我過了一會兒才找回說話的聲音，然後只說了一句：「謝謝你。」

隔天下午，我們代表團全體成員為了飛越沙漠，再度穿戴上安全裝備。直升機組長遞給我一副耳機，讓我在空中與組員通話。我們在大約六百公尺的高空呼嘯而過——比我從前出任務的飛行高度高很多——我跟組員聊直升機的事，就那些駕駛同行間會有的閒話家常。契努克機尾有個裝載斜道能在飛行時打開，讓人一覽更完整的地面景象。組長把斜道下放，我就這麼看著熟悉的沙漠風貌在身下疾馳而過。

然後，我看到了那些棕櫚樹。

我們飛過那片棕櫚樹叢，突然間，那一小片空地映入眼簾。這塊地方在多年前救了我和丹恩、麥特、克里斯一命。我那架黑鷹早已不見蹤影，美軍在擊落事件過後把它炸毀，杜絕敵方趁勢利用的機會。空地上除了高高的草叢什麼也沒有——那些草是我那天昏迷前看到的最後一樣東西。我們的直升機在空地上方盤旋，當全機成員沉默地向下凝望，我突然閃過一個念頭：說不定我的右腳還在下面某個地方，又或許只剩一隻靴子了。金參議員在此時為我拍了一張照片，為這一瞬間留下印記。照片中的我穿著義肢，重建的右臂握著枴杖，從直升機機尾向外遠眺，想心事想得出了神。雖然那只是一張快照，卻也蘊含更深刻的意義：影中人不只是今天這個我，也正在回顧造就了今天這個我的種種往事。

這一刻讓每個人都倍感沉重，所以在返航途中，我開玩笑問直升機組員：「你們確定那是正確地點嗎？我沒看見我的腳在下面耶！」弟兄們聽了哈哈大笑，顯然也知道飛這一趟對我來說是多麼意義重大。當天稍晚，他們送給我一隻有全體組員簽名的靴子。其中一名弟兄在把靴子遞給我的時候說：「女士，不好意思，我們沒找到妳的靴子，不過妳可以把這一隻帶回家。」

隔天我把靴子好好收進行李箱，把自己推上直升機離開伊拉克。多年前在華特里德清醒後便萌生的夢想，如今終於實現。我為那起事件畫下圓滿的句點，依我想要的方式離開。雖然這是我第一次在意識清醒之下離開伊拉克，卻不會是最後一次。我打算回來與伊拉克人民攜手合作，希望幫他們重建遭戰火摧殘的家園。不論在實質或象徵上，我這個人都有一部分留在這裡，與這個國家結下不解之緣。

那群直升機組員送我的靴子，現在就放在我參議員辦公室的書架上。每當我看著它，我想起的不是自己在伊拉克喪失了什麼，而是從那裡的經歷獲得了什麼。我與軍中同袍共同的情誼、任務和使命感，透過這隻靴子表露無遺。每當看著它，都是在提醒我，再重的傷也可能痊癒，人生的最低潮有時會帶人走向顛峰。

還有，活著的每一天，都是實實在在的恩賜。

謝詞

我有太多人要感謝，本書篇幅實在不足以列出全體姓名。如果沒有直接提及您的大名，還請見諒，請知道我沒有忘記您的慷慨和幫助，也感激不盡。

首先我要感謝本書的共同撰寫人麗莎・迪奇（Lisa Dickey），她投入大量精力揣摩我的說話方式，並且一一訪談了救我一命的重要人物，沒有她，本書不可能問世。麗莎，妳從頭到尾對我耐性十足，我非得緊抓陸軍認同這條心靈保護毯不可，妳也容忍了我。沒人能有妳的能耐，讓這本書以這樣的方式訴說我的故事。謝謝妳。

在此也感謝我的好友、在我成年後擔任我的嚮導超過十年的凱特琳・費希。有些人可能會說妳是我的榔頭，但要是沒有妳的井井有條、慈悲寬厚、協商和編輯能力，這本書絕不可能成形。妳的洞見和率直分析是我的寶貴資產，我永遠感激妳對我不離不棄。

感謝凱西，妳嚇唬我的功夫以驚人速度成長到與凱特琳不相上下，感謝妳的問題解決力和持續的支持，不論我自以為能在永遠爆表的行程表再塞進多少東西，妳都面不改色。感謝Ben Garmisa，謝謝你支持我的提案，自始至終擔任團隊的堅實台柱。感謝Sean Savett總是在角落為我守候，協助我改善說故事的技巧，讓不曾從軍的讀者看得懂我的意思。感謝蘭迪・史考斯基，你永遠是我看齊的陸軍領袖，我在伊利諾州國民兵團隊為你工作時獲益良多，現在我們一起為選民服務，我還是繼續向你學習。感謝你為我做事實查證，並協助我徹底查核軍事相關知識。

二〇〇四年十一月十二號那天，若不是一群大無畏的弟兄拯救我的生命，為了我將個人生死置於度外，今天的我不可能存在：感謝丹恩・米爾伯安全降落直升機，又與麥特・巴克攜手把我抬出來。感謝克里斯・菲史在我一息尚存時向醫療人員示警。感謝庫特・漢尼曼即使自己身受重傷仍站上防禦線。感謝派特・明克斯分秒不漏地啟動救援程序。我的國軍弟兄，感謝你們。

從漫天飛沙的塔吉營北方，經巴格達、巴拉德、蘭茲圖爾、華特里德到我今天的人生，感謝在這一路上參與了我的救援、照護、康復的所有人。感謝Dan Halvachek和所有拚盡全力救我一命的後送飛行醫療團隊成員。感謝含Dan Ravasio和亞當・漢馬威在內的巴格達戰地外科醫院全體成員。感謝華特里德陸軍醫療中心的大家庭，包括雅絲翠・史壯、Carol Gandy、邦妮・韋考夫、Bob Bahr中校（已退伍）、Harvey Naranjo、Steve與Barb Springer夫婦、John Nerges、Paul Pasquina、傑洛德・法柏、Benjamin Potter，與許許多多其他成員。感謝你們在我康復的每一天為我付出的無價時間、技能與奉獻，我永遠報答不起，可是今天，如同在每個重生日上，我發誓把人生每一分鐘都活得不辜負你們的英勇和犧牲奉獻。

沒有提及我的良師益友迪克・德賓，我的謝辭就不可能完整。你在二〇〇五年與我相遇時，看到的既不是創傷或輪椅，也不是一個該可憐的對象。你的眼光超越了這一切，看見我在苦苦搜尋新任務的軍人魂。你挑戰我以擔任公職的嶄新方式報效國家，也從那時起陪我走過每一步。我這個新人生的點點滴滴都是你帶來的贈禮，功勞不下於我的直升機組員和營救我、保住我一命的官兵。

感謝Sean Desmond和包含Rachel Kambury及Stacey Reid在內的Twelve出版社團隊，謝謝你們讓這本書成真。感謝Bob Barnett和Deneen Howell的忠告與智慧。也感謝Annie Leibovitz惠准本書封面使用妳的攝影大作。

感謝我的媽媽和弟弟，我們這麼一路走到今天，我每次想來都覺得不不可思議。我們不只熬過苦難，人生也開花結果，看到我們每個人如今成就的境地，我感到再自豪不過。感謝你們，總是設法讓我們一家人彼此支持。

感謝我的先生布萊恩、自從在預官訓練營相遇便與我攜手至今的伴侶，謝謝你選擇和我走這一生。你那有點壞壞的笑容、無比撩人的眼神，在我們初次相遇就讓我傾心，至今還是會融化我的心。我們一起面對過生死關頭，還是熬了過來，享受了這麼多恩賜。現在在我們的女兒身上，我也看見了你的笑容和淘氣的幽默感，她們兩個真像爸爸，也各自以獨一無二的方式像你。

感謝我的女兒艾碧嘉兒與麥莉。妳們是我在這世上所有的喜悅。不論我在一天中有什麼遭遇，只要看到妳們、聽見妳們的聲音、把妳們摟在懷裡，我的心和靈魂就充滿了愛，也令我驚嘆自己何德何能可以當妳們的媽媽，真是無價的恩賜。妳們都是依堅強的女性取名，我也知道妳們一定會長成有力量、有愛心的女性，不論立定怎樣目標都有能力達成。只是要記得，妳們每天養尊處優長大，不過天底下不是所有孩子都跟妳們一樣。在妳們過自己的人生時，希望妳們把這本書的教訓謹記在心，時時練習設身處地為人著想，把妳們獲得的恩賜與人分享，尤其是可能正在奮力熬過人生挑戰的那些人。

照片出處

1A, 1B, 1C, 2A, 2B, 2C, 3A, 3B, 3C, 4A, 4B, 7A, 7B, 8A, 9A, 10A, 11A, 12B, 14A, 16B: 達克沃絲家族照片。6A, 6B: 美國陸軍檔案照。8B, 9B, 11B: David Carson/聖路易郵訊報（Post-Dispatch）/Polaris影像。10B: Chip Somodevilla/路透社。12A: 美國退伍軍人事務部。12C: Saul Loeb/法新社照片，經Getty Images授權。13A: Jessica Rinaldi/路透社。13B: Cory Booker參議員惠准使用。13C: Stan Honda/法新社照片，經Getty Images授權。14B: Pat Muenks惠准使用。14C: 每日先驅報/Mark Welsh。15A: 美聯社照片/Kevin Wolf。15B: Alex Wong/Getty Images。16A: Angus King參議員惠准使用。

美國學12

活著的每一天

譚美・達克沃絲回憶錄

Every Day is A Gift: A Memoir

作　者　譚美・達克沃絲（Tammy Duckworth）
翻　譯　郎淑蕾
編　輯　王家軒
校　對　陳佩伶
封面設計　蕭旭芳

企　劃　蔡慧華
社　長　郭重興
發行人兼出版總監　曾大福
出版發行　八旗文化／遠足文化事業股份有限公司
地　址　新北市新店區民權路108-2號9樓
電　話　02-22181417
傳　真　02-86671065
客服專線　0800-221029
信　箱　gusa0601@gmail.com
Facebook　facebook.com/gusapublishing
Blog　gusapublishing.blogspot.com
法律顧問　華洋法律事務所／蘇文生律師

印　刷　前進彩藝有限公司
定　價　460元
初版一刷　2022年（民111）2月
ISBN　978-986-0763-75-1　978-986-0763-79-9（EPUB）　978-986-0763-78-2（PDF）

國家圖書館出版品預行編目（CIP）資料

活著的每一天：譚美・達克沃絲回憶錄／譚美・達克沃絲（Tammy Duckworth）著；郎淑蕾譯. -- 一版. -- 新北市：八旗文化出版：遠足文化事業股份有限公司發行，民111.02
面；　公分. --（美國學；12）
譯自：Every Day is A Gift: A Memoir
ISBN 978-986-0763-75-1（平裝）

1. CST：達克沃絲(Duckworth, Tammy, 1968-)　2. CST：女性傳記　3. CST：美國

785.28　　110022723